자퇴할까 학교에 남을까

자퇴를 고민하는 학생 그리고 교사,
학부모를 위한 가이드

자퇴할까

자퇴를 고민하는 학생 그리고 교사, 학부모를 위한 가이드

학교에 남을까

신민경·이숙명 지음

- 한 해 학교를 떠나는 아이들 6만 명
- 자퇴 문제에 직면한 이들을 위한 균형잡힌 지침서
- 학교밖을 선택한 부모와 청소년을 직접 취재한 생생한 인터뷰
- 선택 가능한 꼼꼼한 대안 제시

씨네스트

CONTENT

PART 02

학교 밖의 길, 무엇이 있을까?

• 다른 길을 걸어가고 싶을 때 •

　학교를 그만두는 것은 결코 쉬운 일이 아니다. 외부적인 요인이 아니라, 자신의 선택에 따라서 결정한다 해도 마찬가지다. 여전히 사회라는 곳은 그리 유연하지 않고, 누구나 가지 않은 다른 길을 가는 것은 몇 배 이상으로 힘이 든다. 기왕이면 학교에 남아서, 조금만 더 참고 견디는 것이 좋다고 생각한다. 하지만 세상일이란 그리 마음대로 되는 것이 아니다. 충분히 노력하고도 도저히 학교에 남을 수 없다고 느껴질 때, 다른 곳에서 새로운 출발을 하고 싶은 순간이 찾아올 수 있다.

　『자퇴할까 학교에 남을까』를 처음 생각한 것은 2000년대 중반이었다. 결정적인 계기는 딱히 없었다. 90년대 중반부터 대안교육에 관한 이야기를 많이 들었고, 학교를 그만두는 아이들이 많다는 것도 알고 있었다.

부적응, 따돌림, 학업부진, 가정문제 등등의 이유로 학교를 그만두는 일은 이제 낯선 일이 아니다. 다른 이유도 있다. 현재의 교육 제도는 이미 낡았다. 즉 근대적 의미의 시민을 만들기 위해서 기본적인 정보와 지식을 전해주는 기관으로서의 학교는 커다란 의미가 없다. 가정에서 가르칠 수 없는 다양한 지식을 배우는 곳이 학교였지만, 지금은 학교보다 인터넷이 더 많은 것을 가르쳐준다. 적어도 정보와 지식이라는 점에서, 학교는 일종의 사회부적응자다.

그렇다면 학교는 무엇을 가르쳐야 할까? 이를테면 지식을 다루는 법 혹은 진짜 지식을 가려내고 만들어내는 법 같은 것은 어떨까. 혹은 인간으로서 갖춰야 할 기본 소양을, 단순 지식이 아니라 몸으로 체득하게 하는 것, 혼자서는 절대로 할 수 없는 토론 수업이라든가 팀 작업 같은 것들은 어떨까. 지금 대안 교육이 각광받는 이유는 결코 광대한 이상 때문이 아니다. 현실의 교육 시스템 자체가 너무 시대에 뒤떨어졌을 뿐 아니라 지나치게 권위적이고 폭력적이기 때문이다. 물론 대안교육이라고 해서 모두 옳다고 말할 수도 없다. 한국의 대안교육은 또 하나의 엘리트 교육이 되는 경향이 있다.

지금 한국의 교육 시스템에 뭔가 문제가 있다는 것은 분명하다. 나는 거기에 대해 뭔가 주장할 생각도, 능력도 없다. 다만 『자퇴할까 학교에 남을까』를 기획하게 된 이유는 분명하게 있다. 아이들이 학교를 그만두고 싶다고 했을 때, 부모는 어떻게 할 것인가. 일단은 말리고, 설득하고, 때로 혼내기도 할 것이다. 당연하다. 나라도 일단은 말릴 것이다. 하지만 중요한 것은 본인의 선택이다. 그렇다면 필요한 것은 정보다. 아이가 학교를 그만두고 싶다고 했을 때, 미래에 어떤 일이 벌어질 것인가. 부모에게 필요한 것은 바로 그러한 정보다. 하지만 자퇴 이후의 정보를 찾기는 쉬운 일이 아니다. 여기저기 찾아다니고 알아보면 구할 수야 있겠지만, 평소 대안교육에 관심이 있었던 부모가 아니라면 쉬운 일이 아니다.

『자퇴할까 학교에 남을까』는 제목 그대로, 자퇴 이후의 과정에 대한 다양한 정보를 모은 책을 원했다. 학교를 그만두었을 때 선택할 수 있는 길이 무엇이 있는지에 대해 최소한 다른 대안학교라든가, 직업교육 또는 단순하게 검정고시를 치는 법이라도 모아서 다양한 선택지를 보여주려 했다. 지금 선택을 하기 위해서는, 적어도 미래의 다양한 선택지를 알아야 하니까. 그리고 보다 중요한 것이 있다. 최대한 자퇴는 안 하는 게 더 낫다. 그래서 자퇴를 하기 전에, 무엇을 할 수 있는지를 알려주고 싶었다. 상담을 받거나, 학교 밖에서 위안을 얻을 수 있는 방법 같은 것들.

『자퇴할까 학교에 남을까』를 기획하게 된 개인적인 이유는, 나 역시 학교를 다니면서 끊임없이 도망치고 싶었기 때문이다. 결국은 그만두지 않고 정규 교육을 다 마치게 되었지만, 그 과정이 썩 마음에 드는 것은 아니다. 70, 80년대에는 학교를 그만두고 내가 무엇을 할 것인가, 가 전혀 보이지 않았기 때문이었을 뿐이다. 그 시절에『자퇴할까 학교에 남을까』같은 책을 만났다면, 그런 정보를 알게 되었다면 아마 자퇴를 진지하게 고민했을 것이다. 그러다가 결국 용기가 부족해서 그냥 다녔을 것도 같지만.

『자퇴할까 학교에 남을까』는 학교를 그만둬야 할까 고민하는 학생들만이 아니라 오히려 부모를 위한 책이다. 그리고 무엇보다, 학교를 그만두라고 말하는 책이 아니라 학교 바깥에 어떤 길이 있는지 알려주는 책이다. 이미 말했듯이 가급적이면 그만두는 것보다는 다니는 것이 낫다. 남들이 가지 않은 길을 갈 용기가 있다면, 지금 힘들어도 부딪쳐보는 것이 더 좋다. 그러니 학교를 그만두는 것은, 자퇴를 하는 것이 나에게 확실한 도움이 될 것이라고 믿을 때, 새로운 길을 가는 것이 희망이라고 믿어질 때에만 결단하는 것이 좋다. 『자퇴할까 학교에 남을까』가 그런 다양한 선택의 과정에서 도움이 되기를 바란다.

무엇보다 직접 뛰어다니면서 정보를 모으고, 사람을 만나고 글을 쓴 신민경, 이숙명 씨에게 감사 드린다. 기획만으로는 책이 나올 수 없는 것이니, 그들이 아니었다면 『자퇴할까 학교에 남을까』는 머릿속에서만 맴돌았을 것이다.

2015년 2월

김봉석

• 초심자의 시선에서 •

'자퇴하는 사람이 그렇게 많을까?' 처음 『자퇴할까 학교에 남을까』에 대한 기획(초판 제목은 『자퇴 매뉴얼』)을 접했을 때 든 생각이다. 자율적이건 강제적이건 대부분의 학생들이 착실하게 제도교육권 안에 있을 것 같은데, 군이 자퇴에 대한 '가이드'가 필요할 거란 생각이 들지 않았다. 하물며 대안교육 전문가가 써도 모자랄 판에, 글쓴이는 초등학교부터 고등학교까지 교실에서 12년을 버틴 '제도교육의 수혜자들'이다. '발도르프 교육이 뭐지? 대안고등학교도 모자라 대안대학도 있어?' 평소에 관심을 두지 않았던 생소한 부분을 파고들자니, 처음에는 쉽게 발동이 걸리지 않아 막막하기만 했다.

그러나 막상 취재에 들어가면서, 오히려 이 책은 완전 초보의 시선으로 만들 때 더 의미가 있겠다고 생각했다. 그러니까 『자퇴할까 학교에 남을까』를 한 줄씩 써 내려가는 과정은 곧 우리의 선입견을 깨는 과정이나 마찬가지였다. 우리는 책을 준비하면서 생각보다 많은 학생들이 학교를 떠나고 있다는 것을, 그리고 학교를 떠나서도 씩씩하게 자기 삶을 꾸려가는 젊은이들이 많다는 것을 알게 되었다. 학교 밖의 다양한 삶을 만나면서 '내가 만약 학창 시절에 이런 선택을 했으면 어땠을까' 하는 생각에 잠겨보기도 했다.

취재하는 과정에서 가장 즐거웠던 건, 무엇보다도 똑똑하고 멋진 청소년들을 만나는 것이었다. 현재를 즐기되 미래에 대한 주관이 확고하게 선 친구들을 만나면서, 오랜만에 신선한 자극을 느낄 수 있었다. 그 친구들은 10대가 30대의 스승이 될 수 있음을 멋지게 증명했다. 사실 이런 사람들에게는 '가이드'가 필요하지 않다. 그러나 자퇴를 결심한 학생들이 모두 잘나고 대단하기만 할까. 학교도 부모도 포기한 청소년들, 막연하게 자퇴를 생각하고 있는 청소년들이나 그들의 부모는 어디서 어떤 정보를 얻을 수 있을까.

탈학교 청소년들에게 필요한 정보란, 거창한 교육철학이 아니라 실질적인 지도다. 그러나 현재 학교 밖 청소년들이 선택할 수 있는 길은, 지나치게 편중된 감이 있다. 취재하면서 만난 공교육 교사들 역시, 학교에 적응하지 못하는 학생들에게 제대로 된 정보를 주지 못한다는 점에 공감했다. 게다가 서로 활발한 교류가 이뤄져야 할 공교육 현장과 대안교육 현장 사이에 접점이 없는 것도 아쉬웠다. 그래서 이 책이 학교와 학교 밖을 연결시켜줄 수 있는 징검다리가 되어주길 바란다. 공교육과 대안교육을 구분 짓지 않고, 청소년들에게 학교 밖 길을 최대한 객관적이고 폭넓게 제시하려 한 것도 그런 이유에서다.

언뜻 『자퇴할까 학교에 남을까』란 제목이 위협적으로 들릴지도 모르겠다. 자퇴를 부추기는 불량한 책이란 인상이 들 수도 있다. 그러나 역설적이게도 이 책은 오히려 '자퇴를 다시 한번 생각하라'고 권하는 책이다. 다만, 학교 밖의 삶이 이렇게 다양할 수 있음을 열어주고 싶었다. 학교 밖의 삶을 꿈꾸는 청소년들, 그로 인해 고민하는 학부모들, 더 나아가 학교 안팎의 모든 청소년들에게 이 책이 성실한 길잡이가 될 수 있길 바란다.

책을 준비하는 과정에서 많은 분들의 도움을 받았다. 이 책의 기획의도를 반겨준 서울시대안교육센터 관계자 분들, 하자센터와 풀뿌리사회지기학교 교사들, 그리고 인터뷰를 하면서 사적인 부분까지 용기 있게 말해준 취재원들께 감사를 드린다. 특히 섭외에 지대한 몫을 책임져준 '더 라이터스'의 동방생, 류한원에게 특별한 감사를 전한다.

2015년 2월

신민경, 이숙명

Part 1

학교, 정말 그만둬야 할까?

아침에 눈 뜨자마자 학교에 갈 생각을 하니 한숨부터 나온다. 왜 그럴까? 학교에 다닐 경제적 여건이 안 돼서, 친구들한테 왕따를 당해서, 선생님이 싫어서, 학교 수업이 따분해서…… 혹은 그냥 학교를 때려치울까, 하는 생각도 들 것이다. 하지만 잠깐! 무작정 교문을 박차고 나오기 전에 곰곰이 생각해보자. 내가 왜 학교를 그만두고 싶은지, 학교를 그만두면 과연 무엇을 할 것인지. 원인이 분명해야 목적도 뚜렷해진다. 자퇴하고 싶은 이유부터 학교 밖의 삶을 미리 체험할 수 있는 방법. 그리고 일반학교와 대안학교 교사들이 들려주는 생생한 조언까지 일단 들어보자. 결정은 그 후에 해도 늦지 않다.

왜 학교에 가기 싫을까?

우리 사회는 '청소년=학생'이라는 등식을 자연스럽게 받아들이고 있지만 현실은 그렇지 않다. 교육통계연보에 따르면 2014년 전체 초·중·고교의 학업 중단자는 60,568명에 이른다. 학업을 중단하는 주된 이유는 일반계 고등학교와 전문계 고등학교, 초등학교, 중학교 각각 다르지만 대체로 품행, 질병, 부적응, 가사 등의 순으로 나타난다.

언론에 보도되는 건 누가 학교를 중퇴한 뒤 독학으로 미국 대학입시에서 만점을 받았다는 식의 성공 사례들이지만 그런 뚜렷한 의지를 갖고 학교를 나서는 아이들은 흔치 않다. 집이 가난해서, 친구들에게 왕따를 당해서, 선생님들이 싫어서, 혹은 그냥 학교 가기 싫어서 그만두는 청소년들도 있고, 소위 '사고'를 쳐서 자퇴를 권고 받는 경우도 많다.

2009년 주간지 『시사in』은 서울 특정 구의 전문계고 학업 중단비율이 16%를 상회하며 그 대부분이 경제적 문제와 관련이 깊다고 밝혔다. 이 기사에서 권영길 국회의원은 "고교 진학률이 99.7%이고, 대학 진학률이 84%인 나라에서 고교를 마치지 않고 안정적인 직장을 가질 확률이 얼마나 되겠는가. 학업 중단은 그 자체로 빈곤과 불안정 노동의 시작으로 봐야 한다."고 밝히기도 했다.

해마다 수만 명씩 생겨나는 자퇴생들은 모두 어떻게 될까? '청소년=학생'이라는 선입견이 팽배한 사회에서 공식적인 정체성을 부여받지 못한 자퇴생들이 가는 곳은 어디일까? 그나마 부모가 교육열이 있어서 대안학교나 홈스쿨링으로 방향을 잡은 경우는 바람직하다. 그러나 실제로는 공부도 뜻대로 안 되고 친구도 다 잃고 오갈 데가 없어서 학교로 돌아가는 경우도 많고, 아예 학업을 포기한 채 아르바이트를 전전하며 하루하루 힘들게 살아가는 청소년들도 부지기수다.

학교를 박차고 나온다 해서 누구나 서태지가 되는 건 아니다. 그 사실을 아는 부모들은 아이들이 자퇴의 '자'자라도 꺼낼라치면 무시하거나 윽박지르고 본다. "네가 뭘 안다고 그래?" "세상이 그리 호락호락할 것 같아?" "쓸 데 없는 생각 말고 공부나 열심히 해." "그 정신으로 학교생활을 열심히 해봐라." 교사들은 또 어떤가? 일반계고에서는 학생들의 이탈이 자기 과실처럼 보일까봐 일방적으로 만류하는 교사들도 있고, 정반대로 다른 아이들의 학업에 방해가 된다는 이유로 부적응 학생들에게 자퇴를 권고하는 교사도 있다. 학업 중단율이 높은 전문계고의 경우엔 상담이 형식적이었다는 증언도 많다.

학생들은 누구나 한번쯤 자퇴를 생각한다. 멀쩡히 초중고와 대학까지 마친 직장인들도 걸핏하면 회사 가기 싫다는 생각을 하는데 청소년들이라고 왜 안 그렇겠나. 한창 진로에 대한 고민도 많고, 준거집단에 따라 정체성에 크게 영향을 받기도 하는 청소년들에게 학교는 가장 중요한 세계다. 특히 청소년들에게 학업 외의 다른 길을 보여주지 않는 한국사회에서, 학교는 그들의 '모든 것'일 수밖에 없다. 그럼에도 불구하고 아이들이 학교를 뛰쳐나올 수밖에 없는 이유는 뭘까? 정말 그 길밖에 없는 것일까? 또 그럼에도 불구하고 부모와 교사들이 만류할 수밖에 없는 이유는 뭘까? 정말 학교 밖은 그렇게 무시무시한 곳일까?

본인이, 혹은 자녀가 자퇴에 대해 구체적으로 생각하고 있다면 가장 먼저 점검해야 할 것은 그 원인이다. 그것이 정말 학교 안에서는 도저히 해소될 수 없는 문제인지, 전학을 가거나 휴학을 하거나 마음가짐을 바꾸거나 단지 시간이 흐르면 해결될 문제는 아닌지 학생 자신은 물론이고 주변의 어른들이 함께 머리를 맞대고 고민해보아야 한다. 동기분석 결과에 따라 대처법도 완전히 달라질 수 있다. 막연히 "난 남들과 다르니까 잘할 수 있을 거야."라는 생각으로 학교를 뛰쳐나왔다가 실패하는 경우, 주변의 부정적인 반응들에 지레 겁먹고 잘 맞지 않는 학교에 꾸역꾸역 다니다가 마음의 병을 얻는 경우 모두 위험하다. 학교에 가기 싫은 원인을 제대로 파악하지 못하면 남든 떠나든 어느 쪽이건 간에 고민은 계속될 것이다.

엄밀히 말해 학교에 가기 싫은 것이 아니라 가지 못하게 되는 경우도 있다. 2014년 초·중·고 학생 학업중단 현황 조사에 따르면 청소년 학업중단 사유 중 가장 많은 것이 '부적응'이다. 폭력, 원조교제, 절도, 방화, 강간 등 범죄에 연루되어 어쩔 수 없이 징계를 받고 퇴학을 당하는 경우도 있고, 무단결석, 흡연, 음주, 복장불량, 지각, 반항, 수업태도 불량 등 규정위반이 거듭되어 자퇴를 권고 받는 사례도 있다. 소위 말하는 '문제아'들인 것이다.

권고 자퇴 대부분은 해당 학생의 행동이 교정되기 어렵고, 다른 학생들의 안전이나 심리상태에까지 부정적인 영향을 미칠 정도로 심각하다고 판단되는 경우다. 이 정도가 되면 '품행장애'를 의심해볼 수 있다.

청소년 품행장애란 심할 경우 사람과 동물에 대한 공격성을 수반한다. 타인을 괴롭히거나 협박하고, 성적인 행위를 강요하고, 무기를 동원해 싸움을 하거나, 기물 파손과 방화, 거짓말, 도둑질을 일삼는다. 가출과 무단결석 등 교칙위반은 일상이나 다름없다. 품행장애는 TV 프로그램 〈우리 아이가 달라졌어요〉에 나오는 사례들처럼 10세 이전에 발생하기도 하고, 가정불화나 나쁜 친구 등으로 인해 청소년기에 발생하기도 한다. 또한 사회·경제적 지위가 낮은 가정 및 도시에서 발생률이 더 높다.

품행장애 청소년 대부분은 부모가 자녀들에게 제대로 신경을 써주지 못하는 가정환경에 속해 있다. 때문에 아기 때부터 가족과의 관계에서 은연중 터득하는 '해도 되는 일과 하면 안 되는 일', '남들을 기쁘게 하는 행동과 불쾌하게 하는 행동', '보상이 돌아오는 행동과 체벌을 유발하는 행동'에 대한 기준이 제대로 정립되지 못한 상태다. 또한 자신이 누군가에게 사랑받고, 존중받을 수 있는 존재라는 확신이 부족하다. 그 외에도 빈곤, 부모의 불화, 부모의 질환, 애정결핍, 열악한 주거환경 등이 품행장애에 영향을 미친다.

이와 정반대로, 부모의 과도한 교육열과 억압, 독재적인 양육태도 때문에 어릴 때 모범생이었던 아이가 비행청소년으로 변하는 경우도 있다. 의도적으로 학업을 거부하고 반사회적인 행동을 하는 것이다. 세로토닌의 감소와 테스토스테론의 증가, 중추신경계의 기능 이상, 유전 등 의학적 요인 때문에 품행장애가 발생하기도 한다.

타인의 권리나 존엄성, 규칙과 도덕을 무시하고 충동적으로 행동하는 품행장애는 방치하면 성인이 되어서도 범죄, 알코올중독, 우울증 등의 형태로 계속된다. 정상적인 도덕발달이 이루어지지 않은 청소년들은 잠시 반성하는 듯 하다가도 곧 같은 행동 패턴을 되풀이한다. 이를 치유하기 위해서는 가정과 학교 모두의 지속적인 관심이 필요하다.

부모와 교사가 해당 청소년과 유대감을 갖고, 아이의 문제에 공감하며 일관되고 확실한 기준을 적용해 아이의 도덕관을 재정립해나가야 한다. 또한 이런 과정을 참을성 있게 장기간 지속함으로써 사회와 성인들에 대한 신뢰감을 서서히 회복시켜주어야 한다.

그러나 수많은 아이들을 돌봐야 하는 일선학교 교사들로서는 그들을 감당할 시간과 에너지가 턱없이 부족하다. 아동심리와 교육에 대한 전문지식이 없는 부모들은 자녀가 품행장애를 보일 경우 원인조차 제대로 파악하지 못하고 당황하거나 좌절감, 공포에 휩싸이기 십상이다. 원인은 부모에게 있는데 아이만 윽박지르다가 더욱 관계가 틀어져버리기도 한다.

다년간 현장 경험을 쌓은 교사들은 품행장애 학생들이 교정되기 어렵다는 데 동의한다. 그러나 교사들이 이를 인정해버리고 품행장애 청소년을 학교 밖으로 몰아내는 순간, 그 아이들은 더욱 사회에 반발심을 갖고 더 큰 범죄자로 자라날 수 있다. 대부분의 무고한 아이들을 지키기 위해 심각한 문제가 있는 아이를 포기하는 것이 좋은가, 많은 손실을 감수하고 시간을 들여서라도 끝까지 문제 청소년들을 학교라는 울타리 안에서 보호해야 하는가, 이는 교사라면 누구나 한 번은 겪는 딜레마다. 이런 학생들을 위한 대안학교나 위탁교육 기관도 있지만 연계가 거의 이루어지지 않는 실정이다.

품행장애가 발생했다는 것은 일단 본인이 학업의지가 희박하고, 아이가 스스로 믿고 따르거나 아이를 통제할 수 있는 인물이 없다는 말이므로 학업을 계속 이어가기가 어렵다. 이들은 대부분 장기간 가출 후 부모가 와서 자퇴 처리한다. 부모도 자식을 포기했고, 미래에 대한 대책도 없다.

스스로를 존중하고, 인생에 애착이 있고, 학업의지가 있는 청소년들은 학교 밖에서도 충분히 잘해나갈 수 있다. 그러나 품행장애 학생들은 학교를 벗어나는 순간 그대로 품행장애 사회인이 되어버린다. 혹은 공포의 대상인 '학교 짤린 형, 누나'가 되어 비행을 퍼뜨린다.

아이가 도저히 학교에 머물 수 없을 만큼 품행에 심각한 문제가 있다면 담당교사나 부모 어느 한쪽이 책임을 떠안기보다 전문상담교사와 심리치료사, 병원 등의 도움을 받는 것이 좋다(p. 28~29 청소년 상담 프로그램 참조).

아직 개선의 여지가 있고, 부모나 담당교사가 이들을 도우려는 의지가 있다면, 지켜야 할 원칙들이 있다. 우선 아이와의 관계 형성을 위해 무조건적인 존중, 수용과 공감을 실천해야 한다. 청소년의 비행행동은 그들 나름대로 문제를 해결하려는 몸부림이자 이해받고 싶다거나 조력자를 찾고 싶다는 마음의 발로이기도 하다. 대화를 할 때는 그들의 경험과 의지를 존중하고, 무엇이든 칭찬거리를 찾아내고, 그들의 이야기를 주의 깊게 들어줄 필요가 있다. 어른 대 아이로 충고하고 설명하기보다 서로 동등한 입장에서 공감하는 인간관계를 형성해야 한다.

사회생활이 어려워요!

학교를 중퇴했다고 하면 대부분의 사람들은 품행이 나쁘거나, 지나치게 자아가 강해서 사회화가 힘든 학생일 거라 짐작한다. 이런 선입견

자퇴할까 학교에 남을까

은 자퇴생들을 괴롭히는 가장 큰 요인 중 하나다. 그러나 실제로는 정반대의 경우, 즉 성격이 약해서 또래집단에 잘 끼지 못하고 규율화된 학교생활에 적응하지 못해 겉돌다가 학교를 떠나는 청소년들이 더 많다. 또한 진로에 대해 뚜렷한 계획이 있는 것은 아니지만 '어쨌든' 여기는 아닌 것 같다는 막연한 불안감 때문에 학교에 흥미를 잃는 청소년도 많다.

학교에 가기가 귀찮고, 가봤자 마음 붙일 곳이 없다고 느낄 때, 학생들은 학교에 갈 수 없는 이유들을 만들어낸다. 등교시간만 되면 몸이 아프다고 하거나, 눈에 띌 정도로 무력감을 드러내는 식이다. 학교라는 집단에 적응하지 못했을 때 발생하는 대표적인 징후들은 무기력, 목표 상실, 우울증 등이다. 학습부진, 학교폭력, 가정불화, 대인관계 등은 학생들이 공동체 생활에 적응하지 못하는 주된 이유다.

학교에서 학생을 평가하는 절대적인 기준은 뭐니 뭐니 해도 성적이다. 대부분의 사람들은 이것이 전적으로 기성세대의 횡포라고 생각하지만 이미 거기에 물든 학생들 스스로도 성적에 따라 교우관계를 결정하는 경향이 강하다. 때문에 학습부진이 지속되면 교사들뿐 아니라 또래집단으로부터도 무시당할 가능성이 커진다. 간혹 저학년 때 성적이 좋아서 주변의 높은 기대를 받다가 그것이 압박감으로 작용하여 공부에 흥미를 잃는 학생들도 있다. 이런 경우에도 학업포기가 곧 학교에 대한 거부감으로 이어진다. 어느 쪽이든 학업부진은 학교와 친구들로부터 멀어지는 계기가 되기 쉽다.

따돌림, 학교폭력 등은 더욱 심각한 문제다. 교실은 수십 명의 아이들이 만들어내는 복잡다단한 관계망으로 채워진다. 학생들은 그 안에서 우정, 사랑, 호감, 동경, 우월감, 질시, 배척, 혐오, 무관심 등 여러 가지 감정을 느끼고, 리더와 추종자, 모범생과 문제아, 이기주의자와 아웃사이더 등 다양한 캐릭터를 만들어내고, 서로에게 주입하고, 각자 소화해낸다. 이때 학생들이 소화하는 캐릭터는 결코 영구적이지 않다.

학교에서의 친구 관계는 졸업과 동시에 전혀 다른 국면으로 접어든다. 어릴 때의 골목대장이 무능하고 추레한 중년이 되기도 하고, '범생이'라고 놀림 받던 아이들이 자신만만한 엘리트로 변하기도 하며, 학교에선 왕따였던 아이가 사회조직에서 리더가 되기도 한다. 그러나 "지나고 보면 학교생활 따윈 아무 것도 아니니 몇 년만 참고 다녀라."고 말하는 어른들 역시 한때 학교가 인생의 끝인 줄 알았던 사람들이다. 학창시절 친구들 그룹에서 따돌림을 당하거나, 나아가 폭력에 시달린다는 것은 해당 학생으로선 세상이 무너지는 것과 같은 충격이다. 그런 상태가 지속되면 학생의 마음에 돌이킬 수 없는 상처가 남을 수도 있다.

만일 상황이 개선될 가능성이 없다면 휴학, 전학, 자퇴 등은 충분히 고려해볼 만한 해결책이다. 그러나 그 전에, 이 문제로부터 도망친다는 기분이 들지 않도록 상황을 개선하기 위해 모든 노력을 기울여야 한다. 그렇지 않으면 학교를 떠난 이후에도 자신에 대한 긍지를 회복하는 데 오랜 시간이 걸릴 수 있다.

위와 같이 학교에서 벌어지는 문제들은 그나마 학교를 떠나면 대부분 해결된다. 마음과 정신에 흔적이 남을 수는 있지만 말이다. 그러나 부모의 불화나 부재, 가정폭력, 무관심 등 집안에서 벌어지는 문제들은 해결하기가 더 어렵다. 학생이 말하지 않는 한 주변에서 알아채고 도와주기도 힘들다.

가족으로부터 정신적으로 독립하는 시기는 사람마다 각기 다르다. 어떤 사람은 성인이 되어서도 캥거루처럼 부모 품을 떠나지 못하고, 어떤 사람은 어릴 때부터 독립적인 성향을 유지한다. 후자의 경우 가정불화로 인해 타격을 받긴 하지만 그것 때문에 인생에 심각한 손상을 입을 정도는 아니다. 그러나 부모로부터 정신적으로 충분히 분화되지 못한 상태에서 가정불화를 경험하는 아이들은 다르다. 언제든 자기편인 줄 알았던 사람들이 자기 곁을 떠날 수도 있다는 사실에 눈을 뜨면서 아이들은 막연한 불안과 상실감, 두려움에 시달린다.

말 그대로 다 큰 '성인'이라고 생각했던 어른들의 불완전한 면을 목격함으로써 도덕적, 윤리적 가치체계에 혼란이 생기는 것이다. 또한 미처 정서적 분화가 준비되지 않은 상태에서 일방적으로 끊겨버린 가족과의 유대관계를 대체하기 위해 이성이나 친구들에게 집착하는 성향이 생기기도 한다. 부모의 관심을 끌기 위해서일 수도 있고, 부모의 간섭이 사라져서 욕구에 충실해진 것일 수도 있지만 어쨌든 가정에서의 문제는 반드시 학교생활에도 영향을 미친다.

이러한 원인들 외에도 학교 부적응을 유발하는 사례는 수도 없이 많다. 때론 여러 가지 이유가 복합적으로 영향을 미치기도 하고, 시쳇말

알아두세요

청소년 상담 프로그램

흔들리는 청소년들에게 가장 필요한 것은 가정, 그리고 교육 전문가들의 도움이다. 비슷한 고민을 가진 또래 집단과의 교우관계는 위로는 되지만 미래에 대한 혜안을 주지는 않는다. 학교가 무의미하다 느끼고 적응을 못하거나, 비행을 일삼던 청소년들이 헌신적인 교사들의 노력 때문에 교화됐다는 이야기는 요즘도 자주 들을 수 있다. 그러나 이 같은 인생의 멘토를 만날 기회가 모든 청소년들에게 주어지는 것은 아니다. 가까운 곳에서 조력자를 찾을 수 없다면 청소년 상담전화나 지역사회의 상담프로그램 등을 이용해보자. 아래 연락처들은 심각한 고민을 겪기 이전이라도 학부모들이 반드시 알아둘 필요가 있다.

○ Education + Emotion = Wee!

Wee는 학교, 교육청, 지역사회가 연계해 학생들의 건강하고 즐거운 학교생활을 지원하는 다중의 통합지원 서비스망이다. 학습부진, 부적응 학생뿐 아니라 일반 학생들도 Wee를 이용할 수 있다. 학교에는 Wee클래스, 지역교육청에는 Wee센터, 시·도 교육청에는 Wee스쿨이 있다. 대인관계, 학교폭력 등으로 고통 받는 학생들을 위해 학교에 'Safe-net Wee 클래스'를 운영하기도 하고, 학교에서는 관리가 어려운 학생들을 위한 진단-상담-치유프로그램과 기숙형 장기 위탁교육 프로그램도 운영한다. 또한 위기학생의 보호와 성장을 위해 지역사회와 연계한 1:1 멘토링 네트워크 체제도 갖추었다. 홈페이지(www.wee.go.kr)를 방문하면 클래스/센터 위치와 상담 서비스 사이트들을 확인할 수 있다.

1388

'청소년 전화 1388'은 전문 상담원들이 24시간 심리상담, 인권상담을 제공하는 콜센터다. 가족, 대인관계, 진로, 학업 등 다양한 영역의 상담 서비스를 제공하며, 청소년의 신변에 위험이 있을 때 전화하면 즉시 구조하여 보호해준다. 자원봉사나 참여활동을 원하는 청소년에게도 정보를 제공해준다. 일반전화에서는 1388, 휴대전화에서는 지역번호 + 1388로 걸면 된다. 홈페이지(www.cyber1388.kr)로 신청하면 집단상담도 받을 수 있다. 전화(02-730-2000) 예약을 할 경우 전문적인 심리/적성검사도 받을 수 있다. (문자상담 시 휴대폰에서 #1388)

한국청소년상담원 KYCI

전국 청소년 상담, 복지 관련기관을 총괄하는 곳이다. 상담 교사 양성 및 위기청소년을 위한 통합지원 체계를 운영한다. 홈페이지의 사이버상담센터(http://1388.kyci.or.kr)에서는 비밀상담, 공개상담, 채팅상담, 또래상담, 웹심리검사 등을 제공한다. 또한 상담원 홈페이지를 통해 신경정신과, 진로/학업 관련 상담쉼터, 불안장애클리닉, 정신분석 상담소, 청소년 폭력 예방 재단 지킴넷 등 협력기관에 대한 정보도 찾아볼 수 있다.

로 '그냥' 학교에 흥미를 잃는 경우도 있다. "제가 공부를 엄청 못하고, 학교 다니기도 귀찮고, 잘 놀지도 못해요. 학교 가면 만날 잠만 자거든요. 꼭 자퇴를 하고 싶은데 부모님이 화내실까봐 무서워서 말을 못하겠어요." 이런 말을 하는 학생들은 부모가 타이른다고 말을 듣는 타입이 아니다. 이들은 스스로를 '이도 저도 아니다'라고 설명하는데, 정작 부모가 화를 내서라도 그들을 학교에 잡아두고 싶어하는 이유가 바로 이것이다.

"어릴 때 공부 안 하면, 커서 더울 때 더운 데서 일하고 추울 때 추운 데서 일한다."라는 개그맨 박명수의 유행어처럼, 우리 사회에서는 고된 육체노동을 피하기 위한 최소한의 조건이 학력이다. 집안에 돈이 있어서 자영업을 하거나, 본인의 수완이 좋아서 이력서 대신 실력으로 승부할 수 있는 직업을 갖게 되면 괜찮지만 그게 아니면 중퇴 학력으로 어딘가의 정규직을 얻는 것은 거의 불가능하다.

자식이 공부를 못하더라도 어디 내놓든 굶어 죽지 않겠다 싶을 만큼 강단이 있고 똑똑해 보이면 부모가 무작정 자퇴를 만류하지는 않는다. 그러나 본인 스스로를 '이도 저도 아니다'라고 말하고, 부모를 겁내고, 미래에 대한 뾰족한 대안도 없이 무작정 학교를 그만두고 싶다면 부모 눈에는 그저 철부지 어린애로 보일 수밖에 없다. 그럴수록 부모는 아이의 사회생활을 위한 일종의 보험으로써 고등학교 졸업장까지는 따게 해야겠다고 생각하는 것이다.

예술이나 체육 등 하고 싶은 건 따로 있었는데 그것이 불가능해지면서 어쩔 수 없이 진로를 변경했다거나, 게임이나 연예인, 포르노 등에 중독돼 학교에 가기 싫어졌다는 아이들도 많다. 심지어 준비물을 챙기지 못해서, 혹은 숙제를 못했는데 혼날까봐 두려워서 그 길로 무단결석을 하다가 자퇴했다는 학생들도 있다.

이런 청소년들은 닻을 잃어버린 배와 같다. 삶의 의욕과 의미를 잃어버리고 방황하는 이들을 붙잡아줄 부모나 교사, 친구 등이 있다면 극단적인 상황까지는 가지 않는다. 하지만 집이건 학교에서건 마음 붙일 곳이 없고, 모두가 아이를 포기하면 결국 손쉽게 자퇴를 해버리고 그 이후엔 역시 무의미하게 하루하루를 보내다가 뒤늦게 후회하기 십상이다.

더 좋은 대학에 가고 싶어요!

초중고 자퇴가 곧 학업중단을 의미하는 것은 아니다. 요즘은 유학•이민 때문에 초중고 자퇴를 하는 학생들이 한 해 14,000명을 넘는다. 이것은 가족 내에서 합의가 이루어진 경우이므로 이 책에서 다룰 내용은 아니다.

이와 비슷한 사례로 내신 성적 때문에 자퇴를 하는 경우가 있다. 수능은 웬만큼 나올 것 같은데 내신이 부족해 원하는 대학을 못 갈 것 같으니 아예 자퇴를 해서 내신을 없애겠다는 것이다. 지금도 수능 1~2등급을 받는데 단지 내신만 걸리는 학생이라면 괜찮은 전략이다.

문제는, 학교 그만두고 학원 다니면서 공부하면 수능 성적도 올리고 내신도 없앨 수 있을 거라 생각하는 학생들이다. 그들은 시간을 마음대로 쓰면서 부족한 공부만 하면 성적이 더 오를 거라 말한다. 그럼 대체 그 많은 재수생과 삼수생들은 왜 다 명문대에 못 가는 걸까?

더구나 1~2학년 때 내신 최저점을 받다가 갑자기 3학년 때 정신 차리고 공부해서 대학 가려는 사람이 아니고서야, 아직 1~2학년인데 내신 성적 때문에 학교를 그만둔다는 건 설득력이 떨어진다. 학교 그만두고 수능 성적을 올릴 자신은 있는데 학교 안에서 내신을 올릴 자신은 없다?

이런 예가 있다. 지방의 비평준화 지역 상위권 고등학교를 졸업한 A의 경우다. A는 1학년 내내 공부를 팽개쳤고, 내신은 최저점을 기록했다. 그런데 2학년에 올라가면서 공부 못한다고 무시당하는 것도 싫고, 남들 공부할 때 혼자 빈둥대는 것도 재미없어서 덩달아 공부를 시작했다. 해보니 꽤 재미있었다. 내친 김에 대학에 가겠다는 목표도 세웠다. 그런데 2학년 2학기가 되자 내신의 벽을 절감했다.

1학년 내신 성적이 낮아서 문제라는 게 아니다. 남들은 2학년 내신 공부만 하기에도 벅찰 시간에 1~2학년 과정을 한꺼번에 공부해야 한다는 게 문제였다. 수능은 출제범위가 정해진 게 아니라서 공부를 하면 하는 만큼 조금씩 오르는데, 내신은 한 번 놓치니까 따라잡기가 쉽지 않았다. 2학년 2학기 중간고사를 치르면서 A는 진지하게 자퇴를 결심했다. 남들은 이번 출제범위에 해당되는 부분만 공부하면 되는데 자신은 이번 출제범위의 내용을 이해하기 위해 1학년 과정까지 함께 공부해야 하니까 도저히 높은 성적을 받을 수가 없었던 것이다.

이럴 거면 차라리 자퇴를 하고 수능 공부에만 '올인'하는 게 좋을 것 같았다. 그런데 한편으로, 학교에서는 전반적으로 공부하는 분위기가 조성되어 있으니 그나마 수능 공부라도 열심히 하는 것이지, 나가서 혼자 공부를 하면 과연 내가 열심히 할 수 있을까 고민이 됐다. 학원에 다닐 수는 있겠지만 학교처럼 강제적인 곳이 아니기 때문에 귀찮다고 한두 번씩 빼먹기 시작하다가 결국 그만두지 않을까 걱정이었다. 결국 A는 학교에 남기로 결심했다.

대신에 누가 뭐라든 내신 성적은 철저하게 포기하기로 했다. 중간고사, 기말고사 때면 쉽게 따라잡을 수 있는 암기과목만 공부했고, 나머지 기간에는 혼자서 커리큘럼을 정해놓고 학교 교과과정과는 무관하게 한 과목씩 자습을 해나갔다. 이번 달에는 물리, 다음 달에는 역사, 그 다음 달에는 지구과학…… 그런 식이었다. 수학은 가장 두꺼운 문제집 한 권을 정해놓고 매일 꾸준히 풀었다. 영어는 어떻게 시작할지 몰라서 '선공부 후시험'이 아니라 '선시험 후공부' 방식을 선택했다. 시험에 대비해서 공부를 하는 게 아니라 시험이 끝난 후에, 이번 시험에 나온 어휘와 문장들을 모조리 암기하는 식이었다.

교과과정과 무관한 스케줄로 진도가 나가다보니 과외나 학원은 엄두도 내지 않았다. 그렇게 1년이 지나자 A는 수능 성적이 전국 상위 1% 수준으로 올랐다. 내신은 중하위권이었다. 서울 상위권 대학에 진학한

A는 그때 자퇴하지 않기를 잘했다고 말한다. 만약 자퇴를 해서 내신 성적 없이 수능으로만 진학을 했다면 더 좋은 대학에 갔겠지만 그 경우 실제로 그렇게 높은 수능 점수를 받으리란 확신이 없었기 때문이다. 만일 학교를 떠나 혼자였다면 그렇게 규칙적으로 끝까지 열심히 공부하지 않았을 것이라는 게 A의 설명이다.

모든 학생들이 이와 같은 방법으로 문제를 해결할 수는 없다. 하지만 내신 성적 때문에, 혹은 학습방식이 나와 맞지 않아서 학교를 그만두고 열심히 공부하고 싶다는 학생들에게는 A의 사례가 시사하는 바가 크다.

많은 학생들이 이런 질문을 한다.

"내신 성적 받기 어려운 학교예요. 차라리 자퇴하고 수능에 올인하고 싶어요. 쓸 데 없는 과제가 너무 많아요."

"학교에선 공부가 안 돼요. 수업시간에 집중도 안 돼요. 학원이나 집에서 인터넷 강의로 자습하고 효율적으로 시간을 쓰는 게 낫지 않을까요?"

"내신 성적이 엉망이에요. 수능도 별로고요. 이제부터라도 열심히 공부해서 대학 가고 싶은데 검정고시 치면 내신 없어지나요?"

그러나 옆에 수십~수백 명의 학생들이 함께 공부를 하며 자극을 주고받을 때와 혼자 공부할 때 마음가짐이 똑같을 리 없다. 주말에 집에서 혼자 알람을 맞춰두고 평일과 똑같은 스케줄로 공부를 해보라. 50분 공부, 10분 휴식을 아침부터 저녁까지 지속할 수 없다면 미안한 얘기지만 자퇴는 답이 아니다. 정말 뜻이 있다면 학교 안에서 스스로에게 맞는 학습법을 찾아내는 것이 오히려 더 쉽다.

또 다른 사례도 있다. 연예인이 되고 싶은데, 예술가가 되고 싶은데, 장사를 하고 싶은데, 학교 공부가 무슨 상관이냐는 거다. 진로가 명확하다 보니 마음이 급해져서 학교에서 보내는 시간이 소모적으로 느껴지는 경우다. 그러나 개중에는 목표를 정했다는 게 '학교 가기 싫다'는 마음을 긍정적으로 포장하기 위한 일시적인 핑계인 경우가 많다. 그런 꿈은 자퇴를 하고 막상 기회가 주어지면 곧 흐려지기 일쑤다.

몇 해 전 중학교를 중퇴하고 일찌감치 프로의 길을 걷기 시작해 주목받은 재즈 피아니스트 진보라는 어느 인터뷰에서 이렇게 밝힌 바 있다.

"저는 자퇴를 권하지 않아요. 자퇴를 하면 그 순간 사회인이 되는 거예요. 모든 걸 스스로 책임져야 해요. 또래 친구도 사귀기 힘들어요. 저는 학교를 그만두고도 가끔 교복을 입고 돌아다녔어요. 학교가 너무 그리웠거든요. 그래서 친동생이 자퇴를 하겠다고 할 때도 뜯어말렸어요."

그녀의 경우 잠시도 피아노와 떨어져 있을 수 없어서 학교를 나왔다고 할 만큼 스스로의 길에 확고한 의지와 열정, 더불어 실력까지 있었기에 그런 선택을 할 수 있었다. 그러나 누구나 자퇴를 하고 자유롭게 살다 보면 부족한 재능이 꽃을 피울 거라 생각하는 건 환상에 지나지 않는다.

청소년기에는 인생의 목표나 롤모델이 매스미디어에 등장하는 유명인들에 국한되기 십상이다. 여러 가지 경험을 쌓고, 이해의 폭을 넓혀 뒤늦게 빛을 발하는 사람들보다는 젊은 유명 인사들의 성공신화에 더

목표를 분명히 하라

학생들은 학교의 강압적인 분위기가 꿈꾸는 걸 방해한다고 한다. 미디어들은 획일적이고 경쟁적인 교육제도가 아이들을 망친다고 걱정한다. 일정 부분 옳은 얘기다. 아무런 목표도 없이 무작정 공부하고, 성적 맞춰서 대학에 진학하고, 그러다 대학을 졸업한 후에야 '이 산이 아닌가봐' 후회하는 사람들도 많다. 번듯한 대학 나오고, 돈 많이 버는 직업을 갖는다고 행복한 건 아니다. 때문에 맹목적으로 공부만 하는 것은 결코 권할 바가 못 된다.

그렇다고 미디어에서 떠들어대는 일부 유명인들의 사례처럼 어린 시절 운명적으로 천운을 발견해서 학교고 뭐고 팽개친 채 그 길을 향해 곧장 질주해야만 멋진 인생을 살 수 있는 것도 아니다.

맹목적으로 공부만 하는 것도, 그렇다고 작은 호기심을 필생의 꿈인 것처럼 포장해 다른 기회들을 놓쳐버리는 것도 바람직하지 않다. 중요한 건 인생의 최종 목표가 무엇인가 하는 점이다. 목표는 추상적인 것에서 구체적인 것으로, 장기적인 것에서 중·단기적인 것으로 세워나가야 한다.

가장 중요하게 생각하는 인생의 가치가 무엇인가? 부자가 되는 것? 행복해지는 것? 하고 싶은 일을 하며 사는 것? 예쁜 가정을 만드는 것? 사회에 도움이 되는 사람? 자유? 좋다. 그렇다면 그 가치를 실현할 수 있는 직업에는 무엇이 있는가? 그 직업을 갖기 위해 필요한 것은 무엇인가? 대학? 독서? 세상 공부? 기술교육? 부단한 실습? 그걸 위해 얼마나 시간을 들여야 할 것인가?

예를 들어 인생에서 중요하게 생각하는 가치가 하고 싶은 일을 하면서 사람들을 기쁘게 하는 것이라 치자. 나는 요리하는 걸 좋아하고, 맛있는 걸 먹을 때 사람들이 가장 행복하다고 믿기 때문에 요리사가 되어야겠다고 생각할 수 있다. 요리사가 되는 데는 여러 가지 방법이 있다. 다니던 고등학교 앞에 떡볶이집을 차릴 수도 있다. 요리전문학교를 나와 레스토랑에 취직해 경력을 쌓은 뒤 창업을 할 수도 있다. 혹은 외국 유학을 가서 세계 고급 레스토랑을 누비는 셰프가 될 수도 있다. 유럽에는 아직 과거의 도제 시스템이 남아 있어서 중고등학교를 중퇴하고 유명 레스토랑에서 실습을 하다가 셰프가 되는 경우가 많다. 미국은 레스토랑 문화가 1970~80년대 지식인들을 중심으로 발달하면서 다른 전공으로 대학 학위까지 받은 뒤 일종의 전문대학원처럼 요리학원을 나와 셰프가 되는 사람들이 많다. 자, 나에게 적합한 길은 어느 쪽인가?

일단 국내에서 요리 관련 대학에 진학하기로 결심했다 치자. 그 대학의 입시요강은 어떤가? 수능 커트라인은 어느 정도인가? 내신은? 혹은 입학사정관제가 도입되어 실습을 하는 게 더 유리한 대학은 아닐까? 그리하여 만일 수능을 보기로 결심했다면, 어떻게 공부를 할 것인가? 하루에 어느 정도 분량씩을 해나가야 제때 준비를 마칠 수 있는가?

막연히 '요리사가 되고 싶어요'라는 건 결코 꿈이 될 수 없다. 그건 그냥 일시적인 호기심일 뿐이다. 이 정도 목표 설정과 분석, 실천력도 없으면서 그 꿈을 좇아 자퇴를 한다는 건 무모하다. 그냥 학교를 다닐 거라 해도 목표는 필요하다. 아무 생각 없이 어른들이 시키는 말만 듣거나 맹목적인 공부만 한다면 쉽게 지칠 수밖에 없다.

아직 목표가 정해지지 않았다면, 훗날 어떤 목표가 세워지더라도 대처할 수 있도록 일단 공부를 하는 게 좋다. 이미 목표가 정해졌다면 대세에 지장 없는 것들은 잊어버려야 한다. 자신의 길이 분명히 있는데 학교에서 받는 사소하고 일시적인 스트레스들이 무슨 상관이란 말인가?

현혹되는 것이다. 그러나 인생은 생각보다 길고, 운동선수나 댄스가수처럼 체력에 좌우되는 몇몇 직업을 제외하면 학교를 포기할 정도로 일찍 시작해야만 성공할 수 있는 직업은 거의 없다. 심지어 연예인이라 해도 평범한 학교생활을 거치며 사회성을 쌓은 사람과 어릴 때부터 연예인만 꿈꾸며 달려온 사람의 내공을 비교하면 오히려 전자가 낫다는 게 해당 업계 전문가들의 설명이다.

공부만 하는 게 힘들어요!

사람들은 "공부만 하면 되는 학창시절이 얼마나 좋으냐?"라고 쉽게 말하지만 공부만 하는 것이 불가능한 청소년도 많다.

"저희 집은 가난한데 아버지가 살아계셔서 생활보호대상자 지정을 못 받고 있습니다. 아버지는 오래 전 집을 나가 연락도 없고, 어머니는 정말 힘들게 일을 하시는데요. 수업료 낼 돈이 없어서 밤에 우시는 어머니를 보니까 학교를 그만두고 싶습니다."

"지금 집안 사정이 말도 못하게 안 좋아져서 학교 수업료도 밀려 있고, 방세도 밀리고, 전화도 끊겼습니다. 학교는 정말 다니고 싶은데 돈이 없어서 취직을 해야 할 것 같습니다. 학교를 다니면서 아르바이트를 하니까 돈을 조금밖에 못 벌어요. 학교를 그만두고 더 보수가 많은 아르바이트로 옮겨야 할까요?"

본인에게 학업 의지가 있음에도 여건상 자퇴를 한다면 그 후에도 깊은 상대적 박탈감에 시달리게 된다. 교육은 삶의 질을 향상시키고 사회적 격차를 해소하기 위한 가장 효율적인 수단이다. 그러나 그 교육의 기회조차 제대로 누려보지 못하는 사람들이 많다. 가정 형편이 어려워 사교육을 받을 수 없는 건 그렇다 쳐도, 학교에서마저 내몰리면 그들은 평범한 방법으로 계층 이동을 이뤄낼 가능성이 희박해진다. 가난이 대물림되는 것이다.

가정 형편이 어려워 자퇴를 한 청소년들은 편의점, 패스트푸드점, 주유소, PC방 등을 전전하며 아르바이트를 하곤 한다. 법정 시간당 최저임금은 5,210원(2014년 기준) 선이지만 이보다 열악한 조건을 제시하거나, 그나마도 체불하는 사업장들이 많다.

이런 현실을 아는 사람들은 학교나 복지기관의 도움을 받아서라도 어떻게든 고등학교는 마치라고 조언한다. 일찍 사회에 나가면 당장 한 달에 몇 십만 원은 벌 수 있겠지만 남들이 고교와 대학을 졸업하고 몇백만 원을 받기 시작할 때도 여전히 한 달 몇 십만 원의 수입에 만족해야 할 수도 있기 때문이다.

급식이나 수업료 지원을 받는 게 부끄럽고, 그게 공개되어 마음의 상처를 입었다는 청소년도 많다. 물론 부주의한 교사나 당국자들이 가장 큰 문제지만, 그런 것이 학교를 그만두는 이유가 될 수는 없다. 그나마 학생 때는 도움을 청할 곳이나 있지, 사회에 나가는 순간 아무리 자존심을 굽혀봤자 대가 없는 돈은 한 푼도 없다.

단지 수업료가 없어서가 아니라 가족의 생계가 염려스러워 학교를 다닐 수 없다면 상대적으로 수업 부담이 적은 실업계에 다니며 아르바이트를 병행하는 방법도 있다. 전문계고 중에서도 단지 공부하기 싫은 아이들이 가는 곳이 아니라 미국 유명 대학 입학생을 해마다 배출하는 곳도 있고, 기숙사나 장학금 혜택이 잘 된 곳들도 많다.

남들이 부모님에게 용돈 받고 편하게 공부하면서 투정이나 부릴 나이에 어려운 가정 형편 때문에 고생하는 것은 물론 슬프고 안타까운 일이다. 게다가 노골적으로 부잣집 아이들만 싸고돌거나, 방관적인 교사를 만나면 더욱 학교 다니는 게 괴로울 것이다. 이는 학생의 책임이 아니라 정부와 사회가 다 같이 해결해야 할 숙제다. 그렇다고 자기연민에 빠져 학업을 그만둔다면 그런 종류의 괴로움을 더 오래 겪을 수밖에 없다.

혹시 경제적 어려움은 핑계일 뿐이고, 실제로는 그저 학교를 그만두고 싶은 것이 아닌가? 혹시 자퇴를 하겠다는 것이 정말 어려워서가 아니라 '나 이렇게 힘들어요'라고 세상에 응석을 부리고 싶어서는 아닌가? 혹은 힘겨운 가정사 때문에 정신적으로 약해져서 일단 모든 걸 팽개치고 쉬고 싶다는 마음은 아닌가? 이런 일시적인 심리 상태로 인해 학업을 중단하는 것은 어리석은 일이다. 일단 고등학교만 졸업하면 취직을 하든 대학을 가든 어떻게든 빨리 안정될 기회가 주어지는데, 왜 더 오래, 더 가난하게 사는 길을 택한단 말인가?

정보 소외와 무관심, 지역 청소년들의 이중고

어떤 학생들은 입시경쟁과 어른들의 채찍질 때문에 힘겨워하는 반면, 어떤 학생들은 무관심과 방임 속에 목표를 잃고 방황한다. 지역사회 전체가 전반적으로 교육열이 낮고 저소득층, 결손가정이 많은 농어촌에서는 특히 이런 무목적형 자퇴가 많다. 그들은 가정이나 학교로부터 별다른 기대를 받아본 적이 없어서 자아존중감이 매우 낮은 편이다.

이들은 아무도 관심을 두지 않으니 무단결석을 일삼다가 자연스럽게 자퇴를 선택하는 경우가 많다. 애초 공부나 입시에는 관심이 없고, 기술교육도 제대로 받지 않고 고교까지 중퇴해버리면 이들의 진로는 단순노무나 유흥업소, 서비스직 등으로 제한된다. 그나마도 여의치 않아 빈곤의 악순환에 빠져들기도 한다.

농어촌 지역에서 최근 또 문제가 되고 있는 것은 다문화 가정 자녀들의 높은 학업 중단율이다. 그들은 피부색, 인종 등으로 인해 괴롭힘이나 왕따를 당하기도 하고, 이주민이라 한국어가 완전하지 않은 어머니나 아버지의 영향으로 언어지체와 학습장애를 겪으면서 더욱 큰 차별에 시달리기도 한다. 도시 학생들의 경우는 다양한 대안교육 프로그램을 이용할 수 있지만 농어촌 지역의 자퇴생들은 변변한 사회적 지원을 받지 못하고 문제아나 낙오자로 낙인 찍힌 채 소외된 어른으로 성장해간다.

농촌, 중소도시의 학교 안팎 소외 청소년을 위한 프로그램 '학교너머'(p.77~79 참고) 같은 것도 있다. 하지만 이런 청소년들은 애초 교육 관련 정보에 스스로 접근할 일이 없는데다, 프로그램에 대해 알게 된다 해도 참여 동기를 부여하기가 매우 어렵다. 이들에게 필요한 것은 헌신적이면서 끈기 있는 교육자들과 지역사회 지도자들의 도움이다.

혹시 그럼에도 불구하고 학교를 그만둬버렸다면, 정말로 고등학교 졸업까지 몇 년을 더 버티기가 도저히 불가능할 정도로 형편이 어렵다면, 이제 남은 길은 열심히 사는 것이다. 중고등학교 때 학업을 중단하거나, 가정사 때문에 대학 진학을 포기하고 일찍 사회에 진출한 사람들 중에 그게 아쉬움으로 남아 뒤늦게 사회교육원을 가거나 유학을 떠나는 사람들도 많다. 여기서 중요한 것은 두 가지다. 배움은 언제든 계속할 수 있다는 것, 그리고 못 다한 학업은 반드시 아쉬움으로 남는다는 것이다.

학교에서는 꿈을 펼칠 수가 없어요!

학교는 공부만 시키는 곳이 아니라 생각을 키워주고, 올바른 가치관과 철학을 심어주고, 제2의 가정이 되어 학생들을 보호하는 곳이다. 교사들이 학원 강사들과 다른 점은 그들이 '참 되거라 바르거라 가르쳐주'는 '마음의 어버이'로서 모든 아이들에게 공평한 애정과 관심을 쏟는 지도자라는 것이다. 교실은 우정과 정의, 배려를 배울 수 있는, 한 인간이 속하게 되는 최초의 사회이며 평생의 친구들을 만날 수 있는 곳이다. 청소년기는 사회적·경제적 책임으로부터 자유로운 상태에서 개성과 재능을 싹 틔우고 지식을 쌓아 미래에 대비하는 단계다.

이상은 그렇다. 현실은?

자퇴할까 학교에 남을까

오늘날 학교에서 그런 기능들을 기대하는 것은 낭만적인 생각으로 치부된다. 학교는 입시학원이 되었고, 친구 대신 경쟁자만 남았으며, 교사들은 무기력하거나 무식하거나 부패했고, 학문의 원리가 아닌 결과만을 무작정 주입시키고, 학생들의 창의력은 말살되고, 교실은 부모의 경제적 능력에 따라 계급이 갈리는 자본주의 사회의 축소판이 되었다는 비난을 공공연히 들을 수 있다.

모든 학생들이 새벽부터 밤늦게까지 학교에 앉아서 전교 석차 한 칸이라도 안 밀리려고 아등바등하고, 인간적으로 존경할 만한 교사는 없고, 공부 못한다고, 남들보다 작은 집에 산다고, 외모가 어떻다고 차별하고 무시하는 폭력적이고 유치한 조직에서 생활하다 보면 반발심이 드는 것도 당연하다. 형이상학적인 사고에 눈떠버린 조숙한 학생들이라면 더하다.

학생들 스스로 이런 현실을 체감하고 학교에 거부감을 갖게 되는 경우가 많지만, 때로는 부모의 공교육에 대한 불신이 자녀에게 전이되기도 한다. 이런 이유로 자퇴를 결심하는 학생들은 그나마 다른 유형들에 비해 학교 밖에서의 삶을 잘 꾸려갈 가능성이 크다.

자의적인 결정이라면 이미 일정 수준 이상의 가치관이 형성되어 있다는 뜻이고, 때문에 스스로를 크게 망칠 법한 행동은 자제하는 편이다. 설령 후자의 경우라 해도 부모가 교육제도에 대해 관심을 갖고 있기 때문에 가정이나 대안교육기관에서 학업을 이어갈 수 있다. 그렇지만 여기에도 함정은 있다. 학교에 대한 막연한 비판의식으로 자퇴를 하긴 했으나 학교 밖 또한 이상과는 다르다는 사실을 발견할 때, 또 한 번의 좌절을 맛보게 되는 것이다.

학교를 그만둘 때는 여행 다니고, 책 읽고, 친구들과 아름다운 추억도 만들고, 자유롭게 꿈을 펼쳐보리라 다짐한다. 하지만 막상 그만두고 나서는 같이 놀 친구가 없으니 뭘 해도 재미가 없고, 오후 늦게 일어나 인터넷 검색 좀 하고 TV 좀 보다가 잠드는 나태한 생활이 반복되고, 하고 싶은 일이 선뜻 떠오르지도 않는다며 뒤늦게 후회하는 이들도 많다. 일찌감치 사회에 나갔더니 거기는 학교보다 더욱 불공평하고 부조리하며 경쟁이 심해서 졸업장 없이는 이도 저도 안 된다는 걸 절감하고 복학했다는 학생들도 있다.

대안학교나 자퇴생 커뮤니티는 이들을 위한 대안이 될 수 있을까? 그럴 가능성이 크다. 하지만 거기에도 문제는 있다. 대안학교의 분위기도 천차만별이다. 공교육 기관과 정반대로 너무 창의성과 자유, 사회적 책임 같은 이상만 강조한 나머지 입시교육에는 전혀 공을 들이지 않아서 공부를 하고 싶어졌음에도 도움을 주지 않았다는 곳도 있다.

친환경, 생태운동 쪽에 주력하는 학교는 도회적이고 세련된 것을 좋아하는 청소년들이라면 피하는 편이 좋다. 중산층 지식인 집안의 자녀들이 주로 모이는 곳도 있는데, 이런 곳에 다른 계층의 청소년들이 섞이면 본의 아니게 위화감을 느낄 수 있다. 물론 정말 높은 도덕심과 사회의식, 현실감각을 동시에 갖추고 학생들의 갖가지 요구에 유능하게 대처하는 대안학교들도 있다. 다만 실패의 가능성은 어디나 있음을 잊

자퇴할까 ♂ 학교에 남을까

지 말아야 한다.

학생 본인의 가치관과 윤리의식이 확고하고, 공교육 안에서 도저히 해답을 찾을 수 없다고 판단되면 같은 기준으로 학교 밖의 다른 대안들도 평가를 해보자. 나는 어떤 사람이 되고 싶은가? 어디에서 어떻게 그 목표를 이룰 것인가?

학교는 자퇴를 하면 끝이다. 하지만 사회는 자퇴를 할 수도 없다. 학교보다 몇 배 더 부조리하고 불공평하고 비윤리적이고 경쟁적이며 폭력적인 사회에서 졸업장이라는 기본적인 무기도 없이 상처받지 않고 살아갈 자신이 있는가? 그 확신에 대해, 스스로의 선택에 대해 책임질 수 있는가?

학생들에게 자퇴를 한 뒤 무얼 하고 싶으냐 물으면 대부분 "다양한 경험을 하고 싶어요."라고 말한다. 자퇴를 하면 '자퇴생의 삶'을 경험하게 될 것이다. 하지만 학창시절에 대한 경험은 남들보다 부족할 것이다. 훗날 두 가지 경험 중에 어떤 것이 더 값지게 느껴질지는 생각해보았는가?

일단 학교를 벗어나서 천천히 생각하며 해답을 찾겠다는 건 크나큰 모험이다. 2010년부터 중졸, 고교 자퇴생이 또래 학년으로 복학할 수 있게 되었지만 고등학생들 사이에서 한 살 차이는 무척 높은 벽이다. 어차피 자퇴를 해도 좋다는 판단이면, 학교 안에서도 생각할 시간을 가질 수 있다. 일단 생각하고, 그 뒤에 결정해도 늦지 않다. 심사숙고 하라. 이것은 누가 대신 살아줄 수 없는 당신의 인생이다.

결정은 잠깐이지만 결과는 오래지속된다

품행에 심각한 문제가 있어 강제·반강제로 그만두는 경우를 제외하면, 학교를 그만두는 학생들의 유형은 크게 세 가지로 나뉜다.

첫째는 '능동형'이다. 학생 스스로가 자신의 문제에 대해 명확히 인지하고, 그 문제에 대한 적극적인 해결책으로서 자퇴를 선택하는 경우다. 더 좋은 대학에 가기 위해, 일찍 취업을 해야 해서, 학교에서는 할 수 없는 재능 계발을 위해 자퇴를 하는 것이다. 이런 청소년들은 학교를 그만둔 후에도 건전하게 직장에 다닌다거나, 직업교육을 받거나, 특기적성을 계발하고 진학 공부를 하는 등 적극적으로 삶을 꾸려간다. 본인이 뚜렷한 목적이 있기 때문에 부모를 설득하기도 쉽다. 또한 이들은 자퇴생에 대한 오해와 편견 때문에 상처 받고, 목적 없이 방황하거나, 나쁜 친구들과 어울려 다니는 등의 시행착오도 덜 겪는 편이다.

둘째는 '도피형'이다. 말 그대로 학교로부터 도피하는 것이 그들의 일차적인 목적이다. 학교를 벗어난 뒤 어떻게 살겠다는 구체적인 계획은 없다. 학교에 다니기 싫고, 여기 아닌 어딘가로 가고 싶다는 막연한 바람만 있다. 자퇴 후 목적 없이 방황하며 시간을 흘려보낼 가능성이 크다.

셋째는 '불가피형'이다. 집안형편, 건강 등의 문제로 학업을 계속할 수 없는 경우다. 자퇴 후의 상황은 개인마다 다르다. 그러나 선택권이 없는 이들에게 학교 밖의 생활에 대한 단점을 늘어놓고 겁을 주는 것은 아무런 도움이 되지 않는다. 그들에게 필요한 것은 격려와 정보다.

어떤 이유로 그만두든 학교 밖 청소년의 삶은 숱한 암초로 뒤덮여 있다. 그들이 알아 두어야 할 것은, 자퇴를 했다고 해서 학교와의 관계가 영영 끝나는 건 아니란 사실이다. 적어도 청소년기가 끝날 때까지는 실패하거나 후회될 때 최후의 보루로 복학을 고려해볼 수 있다.

자퇴생들 중 학교에서 만난 또래나 교사들에 대한 긍정적인 기억이 있는 아이들은 실패했을 때 재빨리 방향을 수정할 수 있다. 그러나 학교에 대해 부정적인 기억만 가득하다면 사회에서 실패했을 경우 영영 돌아갈 곳이 없다고 느낀다. 때문에 어떤 유형이 되었건, 자퇴생들에게 끝까지 학교에 대한 좋은 인상을 심어주기 위해 교사와 부모 모두 최선을 다해야 한다. 또한 학교를 그만두고자 하는 청소년들은 이것이 정말 최선인지, 다른 누군가가 아닌 자기 자신을 위해 올바른 선택인지 고민해보아야 한다. 학생이라는 안전한 지위를 버리는 순간 모든 것을 스스로 책임져야 한다.

결손가정의 청소년이 있다 치자. "부모님은 이혼하셨고, 양친 모두 저를 키우기 싫어하세요." 학교에서 공부를 안 하고, 걸핏하면 지각하고, 태도도 불손한 학생이 상담실에 불려가서 이런 말을 하면 동정의 여지가 있다. 아마도 교사는 학생을 위로하고 어떻게든 마음을 바로잡게 하려고 노력할 것이다. 하지만 일터에서 걸핏하면 지각을 하고, 일에 집중도 안 하고, 대인관계도 좋지 않은 직원을 불러다 나무랐는데 그런 대답을 하면 상사의 반응은 그리 다정하진 않을 것이다. "그건 네

사정이지!" 아마 이런 대답이 돌아오리라.

공부가 싫고, 꽉 막힌 교사들도 싫고, 친구들도 싫어서 학교를 그만둔다 치자. 사회에서는 "아, 그런 사정이 있어서 공부를 못 했구나." "그래서 중퇴를 한 거였군." 하면서 고개를 끄덕여주지 않는다. 그런 이유 따위 물어보지도 않고 "학교 성적이 이 모양이었다니 머리가 나쁜가봐." "자퇴를 했다니 참을성이 없거나 사회성이 부족한가봐. 우리 그룹에 적응할 수 없을 거야."라고 생각해버린다.

그러므로 학교를 그만두는 것이 학교를 다니는 것보다 확실히 이득이라는 판단이 설 때까지는 되도록 학생의 신분을 유지하는 것이 좋다.

자퇴를 결심한 학생들의 가장 큰 고민은 "어떻게 부모님을 설득할까?"이다. 이 역시 본인이 능동적으로 삶의 비전을 제시할 수 있어야만 해결되는 문제다. 여기에 대해서는 다음 장에서 보다 자세히 얘기해보자.

다시 생각하고 결정해도 늦지 않다.

자퇴를 결심한 학생과 부모가 마주앉았다.

학　생 : 저 자퇴하렵니다.

부모 1. : 그러거나 말거나.

부모 2. : 헛소리 말고 들어가서 공부나 해.

부모 3. : 왜 그러는지 얘기를 좀 해볼까?

물론 3번이 가장 합리적인 반응이다. 그러나 대부분은 2번과 같이 대답할 것이다. 진심으로 1번과 유사한 반응이라면, 부모야말로 아이가 학업을 중단하고 싶어 하는 결정적인 이유인지도 모른다. 앞 장에서도 언급했다시피 대부분의 학생들이 자퇴를 결심했을 때 가장 고민하고 두려워하는 부분은 자신의 훗날보다 부모의 허가를 받는 과정이다.

부모들은 말한다. "그런 생각할 시간에 책을 한 자 더 봐라." "네가 세상에 대해 뭘 안다고 그래?" "동네 망신스럽게." "부모 등골 빠지는 건 모르고 철딱서니 없는 소리는." "나중에 뭐가 되려고 그러냐?" 기타 등등.

이 모든 게 과연 쓸 데 없는 잔소리일까? 화법이 어떻든 간에 적어도 "나중에 뭐가 되려고 그러냐?"라는 건 이유가 있는 질문이다. 자녀가 이에 대한 답변이 준비되어 있지 않다면, 섣불리 자퇴서를 내서는 안 된다.

물론 계획은 언제나 수정되기 마련이고, 지금 뜻을 세운다고 그대로 이루어진다는 보장은 없다. 그러나 부모가 자녀에 대해 걱정하고 잘 되길 바라는 만큼, 자녀가 스스로의 인생을 걱정하고 잘 살기 위해 노력 중이라는 걸 증명하지 못하면 자퇴건 뭐건 철없는 소리로 들릴 수밖에 없다.

자신의 인생을 스스로 책임질 수 있다는 건, 자신의 선택이 불러올 변화들에 대해 예측하고, 효과적으로 대처할 준비가 되어 있다는 뜻이다. 자퇴 이후 나의 삶은 어떻게 바뀔 것인가? 학생들은 그에 대한 답을 알고 있다고 생각한다. 남들은 실패했지만 나는 그렇지 않을 거라고 믿는다. 나름대로는 학교에 다니는 것보다 안 다니는 편이 낫다고 판단이 선 것이다. 그러나 그 판단에 필요한 모든 근거들을 파악하고 충분히 고려했는가 하면, 아닌 경우가 더 많다.

이 장에서는 재학생들이 겪어보지 않은 학교 밖의 삶에 대해 보편적인 증언들을 몇 가지 소개하려 한다. 또한 학생들만큼이나 부모들도 모르고 있는 자퇴에 관한 몇 가지 쟁점들을 함께 고민해보자.

자퇴 후 겪는 부작용들

자퇴 경험자들에게 조언을 구하면 십중팔구는 자퇴하지 말라고 한다. 학교 밖의 삶이 예상과는 많이 달랐다고 한다.

우선 외로움이 가장 크다. 청소년기는 한창 또래집단에 영향을 많이 받는 시기인데, 자퇴를 하면 소속될 집단이 없어지면서 외톨이가 되기 십상이다. 막연히 친구들 만날 시간도 더 많아지고, 새로운 친구들을 사귀기도 쉽겠다고 생각하지만 환경이 달라지면 아무리 친한 친구들이라도 공통의 관심사를 유지하기 힘들다. 기존의 친구들이 학교 얘기, 진로 얘기를 할 때 끼어들 수가 없고, 서로 생활하는 시간대가 다르니 만나기도 쉽지 않다.

학교 밖 청소년들을 위한 대안 공간, 혹은 학원 등에서 새 친구들을 사귈 수는 있다. 하지만 막연히 '이도 저도 귀찮아서' 그만둔 학생들은 여기에도 적응 못하기 십상이다. 어떤 경우든 기존 교우관계에서 단절되는 것은 각오해야 한다.

주변의 시선 역시 녹록지 않다. "어느 학교, 몇 학년?" 우리 사회가 청소년에게 던지는 첫인사다. "자퇴했습니다"라고 말하는 순간 상대방은 당황하기 마련이다. 품행이 나쁠 것이다, 공부를 못했을 것이다, 무책임할 것이다, 사회성이 떨어질 것이다, 고집이 셀 것이다, 기타 등등의 편견이 덤으로 따라붙는다.

심한 경우 단지 자퇴생이라는 이유로 전에 다니던 학교에 근거 없는 소문이 퍼져 친구관계가 다 끊겼다는 경험담도 있다. "걔는 왜 자퇴했대?" "~때문 아니겠어?" 이런 말들이 끊임없이 돌고 도는 사이 살이 보태지고 확신이 더해져서 전혀 하지도 않은 일의 주인공이 되기도 하는 것이다.

이런 시선은 학생 자신은 물론이거니와 부모에게도 고통스럽다. 그러다 보니 이웃 친지들 앞에서 당당하게 "우리 애는 자퇴했어요."라고 말하지 못하는 부모도 많다. 이런 사소한 것들이 학교 밖 청소년들에게는 상처로 남는다.

많은 자퇴생들이 방만한 생활로 인한 무력감과 좌절감을 호소한다. 일반 학생들보다 효율적으로 공부해서 여러 가지 지식도 쌓고, 남들보다 일찍 좋은 대학에 가서 자퇴생이라고 색안경 쓰고 보던 사람들에게 멋지게 복수해야지, 라고 생각하지만 몸이 따라주지 않는다.

밤낮은 바뀌고, 잡생각은 많아지고, 늘어져 있거나 무의미하게 보내는 시간이 많아진다. 남들 공부할 시간에 컴퓨터 게임이나 아이돌 스타에 빠져 있기 십상이다. 쉽고 재미있는 일에는 가속도가 붙고 관성이 생기지만, 어렵고 재미없는 일은 외부적 요인이 없는 한 지속하기 힘든 게 인간의 속성이기 때문이다. 꼭 대안학교에 다니지 않더라도 학교 밖 청소년들이 활용할 수 있는 다양한 교육기관들이 있지만 정보에 어두워서, 혹은 지레짐작만으로 자신과 맞지 않을 거라 생각해 포기해버리는 경우도 많다.

입시학원은 이런 방만한 생활에서 탈출하는 가장 확실한 방법이다. 그러나 학원의 종류에 따라 또 다른 문제들이 발생한다. 상위권 학생들을 위한 입시학원은 학교보다 훨씬 타이트하게 수업이 진행된다. 정말 공부만 열심히 해야 하는 곳이다. 그렇지 않은 곳들은 너무 느슨하고 강제성이 없어서 금방 다시 나태한 생활로 돌아가기 십상이다.

목표는 희미해지고, 친구들 사이에서는 소외되고, 생활이 나태해지니까 살도 찌고, 매일 집에서 그런 꼴을 보고 있으니 부모의 잔소리는 심해지고, 딱히 나가서 놀만한 곳도 없다. 그런 생활이 반복되면 혼자만 뒤처지고 있다는 불안감이 든다. 나아가 세상의 낙오자가 된 것 같은 기분이 들고, 자신감마저 잃어버리게 된다.

무시무시한 얘기처럼 들리지만 이미 수많은 자퇴생들이 경험한 현실이다. 이따금 그런 자신이 싫어서 정신 차리고 잘 살아보자 다짐하지만 다음 날이면 오후 늦게 일어나서 밥 먹고, 인터넷 하고, TV 보다가 잠드는 생활이 똑같이 반복된다. 하루만 더 놀까? 이틀만 더 놀자…… 하는 사이 몇 개월이 후딱 지나가버린다.

아르바이트를 할라치면 면접에서 늘 듣는 질문이 "왜 자퇴했느냐?"

는 것이다. 불가피한 상황이었다면 동정표를 살 수 있지만 그냥 도피형 자퇴였을 경우 솔직히 얘기했다간 십중팔구 탈락이다. 검정고시를 치르고 대학 면접을 보러 가도 같은 질문을 듣는다. 이때 뚜렷한 소신을 내세우지 못하거나 남들보다 성적이 처진다면 당연히 불이익을 받기 마련이다.

학교 밖 청소년들에게는 숱한 유혹이 따라다닌다. 시간이 남아돌다 보니 몰라야 할 세계, 가지 말아야 할 곳들, 어울리지 말아야 할 유형의 사람들과 접하게 되는 것이다. 그러나 무엇보다 위험한 것은 자기 자신으로부터의 유혹이다. 한 순간 편하고 싶다는 유혹, 한 순간 즐겁고 싶다는 유혹, 그런 유혹들이 쌓이고 쌓여서 이룬 것 없이 허송세월을 보내게 되는 것이다.

위에 열거한 것은 가장 보편적인 유형의 부작용들이다. 강한 의지력과 집안의 후원이 맞아떨어져서 자퇴 후 곧장 입시학원으로 직행, 열심히 미래에 대비할 수 있는 사람이 아니라면 섣불리 자퇴를 결심해선 안 되는 가장 큰 이유이기도 하다.

부모는 무엇을 해야 하나?

교육 수준이 높고 진보적인 성향의 부모들 중에는 공교육의 틀에서 벗어나는 것을 오히려 긍정적으로 받아들이는 사람들도 있다. 이들은 아이들이 학교에서 겪는 문제들에 관심을 갖고, 그것이 제도권 내에서 해결될 수 없다는 확신이 들면 아이와 협의 하에 자퇴를 결정한다. 혹은 부모 자신의 철학이 교육제도와 상충되어 먼저 자퇴를 권하기도 한다.

대안학교의 학부모들 얘기를 들어보면 일반학교가 아이들에게 공동체 의식보다 경쟁과 차별을 먼저 내면화하게 만드는 것이 불만스러워 그만두게 했다는 사람들이 많다. 암암리에 촌지를 요구하거나, 부모의 관심도에 따라 아이들을 차별하거나, 그릇된 가치관을 주입시키는 교사들에게 실망해 공교육에 반감을 갖게 된 부모들도 있다.

부모들이 스스로 문제의식을 갖고 대안을 찾아 나설 정도로 자녀교육에 관심이 있고 열성적이라면 자퇴가 더 긍정적인 결과를 낳기도 한다. 그러나 이런 부모는 소수에 불과하다.

대부분의 학부모들은 교육 전문기관의 권위에 순응하는 편이다. 부모가 가르치지 못하는 많은 것들을 학교가 가르쳐줄 것이라 믿는다. 적어도 그들 눈에 마냥 철부지 같은 자녀들을 부모 대신 장시간 '맡아 준다'는 점에서 학교가 반드시 필요하다고 믿는다. 일반 서민 가정에서는 부모가 심리적 압박 없이 경제활동에 종사하려면 자녀 교육과 보호의 임무를 학교가 일정 부분 대신해줘야 하는 게 사실이다. 자녀가 스스로를 보호하고, 독학을 할 수 있을 정도로 철이 들었다 해도 부모의 눈에는 그렇게 보이지 않는다.

학벌 중심 사회인 대한민국에서 공교육을 포기한다는 것은 큰 용기를 필요로 한다. 특히 그 자신이 학벌의 벽을 넘지 못해 사회적 신분 상승에 실패했다고 생각하는 부모라면 말할 것도 없다. 설령 그렇지 않더라도, 우리 사회에서는 특별한 재주가 있는 게 아니라면 대학까지는 나오는 것이 평범하게라도 살아갈 수 있는 마지막 안전장치라는 인식이 팽배하다. 때문에 자녀가 자퇴를 하면 어지간히 무관심한 부모가 아니고서는 심한 불안감에 시달린다.

부모들이 자녀의 자퇴에 반대하는 또 다른 이유는 사회적 편견이 뻔히 예상되기 때문이다. 자퇴아를 곱지 않게 보는 시선은 자녀뿐 아니라 부모에게도 상처가 된다. 심할 경우, 부모들은 자녀의 자퇴를 자기 인생의 큰 시련이나 실패로 여긴다. 어떤 부모들은 '이렇게 자신을 망신 주는' 혹은 '자기 뜻대로 되지 않는' 자녀를 원망하고, 어떤 부모는 아이가 학교에 적응을 못하는 것이 자신의 탓이라고 죄책감을 느끼기도 한다.

부모의 사정이 이런데도 학생이 자퇴를 고집한다면 충돌은 불 보듯 뻔하다. 이때 부모마저 일방적으로 자기주장만 하면 갈등은 더욱 커진다. 부모에게 말을 꺼낼 정도면 학생 스스로는 자퇴의 가능성을 매우 높게 보고 있는 것이다. 생각이 소위 한군데로 '꽂힌' 상황이라 공부가 손에 잡히지 않고, 학교생활의 부정적인 면만 자꾸 보일 수도 있다. 이럴 때 강한 반대의견에 부딪히면 오히려 반발심만 커진다.

자퇴는 학생 스스로에게도 큰 결심이기 때문에 자녀와의 대화에 익숙지 않은 부모라도 이럴 땐 이성적으로 대처해야 한다. 그렇지 않고

자퇴할까 학교에 남을까

아이의 의견을 무시하거나 묵살한 채 학교로 돌려보내면 더 큰 부작용을 각오해야 한다. 학교와 멀어지는 것보다 부모와 멀어지는 것이 훨씬 더 인생에 심각한 문제를 초래한다.

아무리 충격을 받았더라도 자녀와 대화를 할 땐 믿고 의지할 수 있는 조력자의 모습을 보여주어야 한다. 부모의 입장을 떠나 친구로서 말을 들어줄 수 있다면 더 좋다. 그래야 자녀가 솔직하게 마음을 털어놓을 수 있다. '무조건 안 된다'라는 전제 하의 대화는 금물이다. '자퇴해도 좋다. 단, 네가 그 결정을 후회하지 않을 수 있다면'이라는 자세로 대화를 시도해보자.

실제로 자퇴가 부모의 생각만큼 끔찍한 것은 아니다. 아이가 학교에서 겪는 일들이 부모의 생각 이상으로 고통스러워 자퇴를 하는 편이 나을 수도 있다. 학교를 떠난 후 오히려 스스로에 대한 책임감을 갖고 삶을 잘 꾸려가는 청소년도 있다. 또한 학교 밖의 아이들을 돕기 위한 기관들도 많고, 여차하면 복학을 할 수도 있다.

부모는 눈치 채지 못했지만 실제로 학교가 포용할 수 없을 만큼 큰 이상과 깊은 생각을 가져서 오히려 스스로의 길을 가는 것이 나은 성숙한 아이들도 있다. 열린 마음으로 자녀의 동기와 심리상태에 대해 대화를 나눠보자. 그게 어려워도 최소한 자녀의 의견을 존중하고 신뢰한다는 의사표시는 하는 것이 좋다.

"고등학교 2학년 때 자퇴를 결심했어요. 내신은 바닥이었고, 자율학습은 당연히 땡땡이 치는 거고, 선생님들에겐 문제아로 찍혀서 똑같은 잘못을 해도 저만 야단을 맞는 일이 반복됐어요. 가정에 불화가 있어서 반항심도 작용했던 것 같아요. 크게 싸울 걸 각오하고 아버지께 자퇴하겠다 말씀드렸는데 의외로 너무 쉽게 '그래라' 하시는 거예요. 첨엔 황당했죠. 이 영감이 바람을 피우더니 자식 인생도 나 몰라라 하는 건가 싶어서 섭섭하기도 하고요. 근데 일단 그렇게 타이밍을 뺏고 나서 아버지가 하신 말씀이 '네 인생이니까 네가 알아서 해야지. 부모니까 네가 어떤 선택을 하든 최대한 돕겠지만 결국 자기 인생은 자기가 책임지는 거고, 내가 이래라 저래라 할 수 있는 문제는 아닌 것 같다.' 그런 식이었어요. 정작 그러니까 뭐가 뭔지도 모르겠고, 기세가 한 풀 꺾였다고 해야 하나? 그냥 욱하는 기분에 자퇴하고 싶은 거였나 봐요. 자퇴해도 된다고 생각하니까 '학교 나가서 뭐하고 살지?' 이런 생각도 들고……."

대학생 D씨의 경험담이다. 결국 자퇴의사를 철회하고 그때부터 공부를 시작한 D씨는 3수 끝에 대학에 진학했다. D씨는 아버지가 인생의 모범을 보이지도 못하면서 이래라 저래라 간섭을 했으면 상황은 더 나빠졌을 거라고 말한다. 오히려 스스로 인생을 책임지게 하고, 또래들보다 일찍 정서적 독립을 할 수 있도록 만들어 준 것에 대해 아버지에게 감사하다고도 한다.

어쩌면 아버지는 D씨의 자퇴를 말리고 싶었지만 외도와 가정불화로 인해 자녀의 신뢰를 잃었다는 사실을 인지하고 다른 방식으로 이를 해결하려 했던 것이리라. 물론 이것은 극단적인 경우지만 한번쯤 생각해 볼 만한 문제다.

자식이 그릇된 생각으로 인생을 망칠까봐 걱정된다면 부모가 대신 판단을 해줄 게 아니라 아이의 판단력과 책임감을 길러줘야 한다. 부모의 생각을 일방적으로 강요하면 당장은 가이드라인에 따라 제대로 된 길을 가는 것처럼 보이겠지만 결국 아이가 스스로 자기 인생에 대해 생각할 기회를 박탈하는 것이다. 당장 욱해서 학교를 그만두겠다는 무책임한 태도는 부모나 교사 같은 권위적인 어른들이 늘 생각을 대신해주는 것에 길들여진 나머지 앞날에 대해 스스로 생각하지 않기 때문에 가능한 일일 수도 있다. 자녀를 무책임한 인간으로 만들고 싶지 않다면 결코 일방적으로 강요해선 안 된다.

자녀의 말을 들어줄 마음가짐이 준비되었다면, 물어야 할 것은 두 가지다. 원인과 대안. 학교를 그만두고 싶은 이유가 무엇인가? 한두 가지가 아닐 것이다. '그냥'이라는 것은 말하기 싫거나, 생각하기 싫거나, 자기가 생각해도 이유가 변변찮다는 의미일 뿐, 정당한 이유는 될 수 없다.

원인을 알게 된다면 대안을 생각해보자. 시간이 지나면 해결되는 문제는 아닌가? 노력하면 해결될 문제는 아닌가? 휴학, 전학 등은 어떨까? 물론 자퇴도 대안의 후보 중 하나다. 열린 마음으로 가능한 경우의 수들을 자녀와 상의해보자. 이때 학교나 사회단체, 병원 등의 상담 프로그램을 활용하는 것도 좋다.

부모가 고민해야 할 문제들도 있다. 아이가 자퇴를 하고 나면 집에서 보내는 시간이 많아진다. 부모 말고는 자녀를 통제할 사람도 없다. 집에서 마냥 늘어져 있는 자녀를 보면 우리 아이만 도태되는 것 같아 걱정도 되고 화도 난다. 그러다 보면 자연스레 갈등이 생긴다.

대안교육기관이나 쉼터, 캠프, 학원, 홈스쿨링 등 학교 밖 청소년들이 갈 곳도 많지만 아무래도 학교에 보내는 것과는 비교도 할 수 없게 돈도 많이 들고 부모의 손도 많이 간다. 기존에 교사가 하던 역할까지 부모가 도맡아야 하는 상황이 발생할 수도 있다. 아무리 초기라고는 하지만 우리나라에서 발표된 홈스쿨링 사례들 중 유독 교육을 전공한 프리랜서나 전업주부들이 주체인 경우가 많다는 건 시사하는 바가 크다.

때문에 학생뿐 아니라 부모도 마음의 준비가 필요하다. 이 점에 대해서도 자녀에게 인지를 시켜야 한다. 그럼 정말 자퇴를 하고 싶은 학생들은 부모를 설득하기 위해 대안들을 제시할 것이다. 혹은 부모가 대안을 제시해보라고 숙제를 낼 수도 있다. 친구처럼 대화를 하되, 어쨌거나 부모는 자녀가 성인이 될 때까지 행동의 책임을 나눠지는 보호자이자, 그들을 먹여 살려야 하는 후견자라는 것을 명심해야 한다. 그런 부모를 설득하고 충분한 보호와 후견을 받아내도록 신임을 얻는 것은 피보호자로서 마땅히 해야 할 일이다.

인생의 장단기 계획표를 작성하고, 그것을 실천할 능력이 있음을 증명하게 하라. 왕따나 학교폭력, 부당한 처우 등으로 인해 당장 학교를 그만두는 게 좋다는 판단이 섰더라도 이 과정은 필요하다. 이것은 학교를 그만둔 후 겪을 수 있는 방황, 목표상실, 위축감 등을 감소시킬 수 있는 방법이다.

자녀의 계획표와 실천의지를 검토하는 것은 부모의 교육철학을 테스트하는 일이기도 하다. 부모는 열심히 공부해서 명문대에 진학하고 전문직이나 대기업 직원이 되는 것만 성공이라 생각하는데 자녀의 꿈은 예술가, 자원봉사자, 기계 수리공, 또는 청소부일 수도 있다. 이럴 때 '단지 사회가 그러니까'라고 말하는 어른은 '그냥 학교 다니기 싫다'는 학생과 다를 게 없다.

인생에서 정말 중요한 게 무엇인지, 어떻게 사는 게 잘 사는 것인지, 정말 내 자녀를 위하는 길은 무엇인지, 행복한 삶을 위해 중요한 가치들은 무엇인지 부모도 심사숙고해야 한다. 부모가 자식을 위해 고민하는 모습을 보일 때, 자녀들도 스스로의 인생과 부모의 마음에 대해 고민하게 된다.

좋은 부모는 잘 가르치는 부모가 아니라 잘 사는 부모다. 아이들은 부모의 말보다 행동에서 더 많은 것을 배운다. 전보다 더 많은 시간을 자녀와 함께하면서도 나쁜 영향을 미치지 않으려면 부모부터 제대로 모범을 보여야 한다. 자신이 곧 교사이자 친구라는 마음가짐으로 일관된 교육철학을 갖되 친근한 태도로 자녀를 대해야 하는 것이다.

정말 학교와 화해할 수 없는가?

학교는 세상의 끝이 아니다. 아무리 괴롭고 힘들어도, 학창시절은 언젠가는 끝난다. 재수 없는 친구들과 답답한 교사들이 있어도 그들과 함께하는 시간은 인생의 10분의 1도 안 된다. 지금 자신을 괴롭히는 문제가 시간이 지나면 아무 것도 아닌 것이 될 수도 있다.

교사들이 아무리 꽉 막히고 까다롭고 불공정해도 직장 상사에 비할 바는 못 된다. 학교에서는 "불공평해요!"라고 항변할 수나 있지, 사회에선 불공평하다고 징징대봤자 저만 손해다. 부모님 때문에 고통스럽고, 학교는 지겹고, 삶은 우울하겠지만 그나마 부모 탓, 친구 탓, 학교 탓, 사회 탓 할 수 있는 시간도 학창시절 밖에 없다.

한마디로 학창시절이 좋을 때고, 학교는 웬만하면 참고 다니는 편이 낫다. 공부도 할 수 있을 때 해두는 것이 좋다. 그런데 이런 생각에 동의한다고 해도 여전히 학교생활을 즐기기란 쉬운 일이 아니다. 참는 것과 즐기는 것은 엄연히 다른 문제다. 학교생활이 어려운 건, 즐기려 하지 않고 참으려고 하기 때문이다.

학교 부적응을 호소하는 청소년들은 이렇게 말한다. 아침마다 학교 가기 싫어서 눈물이 난다, 친구들은 모두 가식적이고 나는 점점 감정이 메말라간다, 야자시간이면 내가 왜 이러고 있는지 한심한 기분이 든다, 공부가 다 무슨 소용인지 의미를 모르겠다, 나는 외톨이고 성격이 소심해서 아이들에게 말도 못 걸겠다, 아침 일찍 일어나고 정해진 틀 안에

자퇴할까 학교에 남을까

서 움직이는 규칙적인 생활이 나와 맞지 않는 것 같다…….

그들이 고민해야 할 건 학교에 다니느냐 마느냐가 아니라, 어떻게 삶의 활력을 만들어낼 것인가 하는 문제다. 공부가 삶의 활력소가 될 수 있겠는가? "서울대에 진학해서 내가 얼마나 똑똑한지 증명하겠어." 같은 기성세대 취향의 목표를 가진 학생이라면 모르지만 대부분의 청소년에겐 불가능한 문제다. 차라리 운동, 취미활동, 자원봉사 같은 게 도움이 된다.

시간이 없다는 건 핑계에 불과하다. 자퇴를 결심할 정도로 학교가 무의미하고 쓸모 없다고 느낀다면 왜 학교에 다니면서 시간을 내지는 못하는가?

소심한 성격 때문에 늘 위축되어 있었는데 연극반에 들어가 주인공 역할을 맡으면서 적극적인 성향으로 변했다거나, 고3 때도 주말이면 무술학원에 다니거나 피아노학원에 다녔다는 학생들이 있다. 혹은 방학 때 짬을 내어 여행을 떠나거나, 캠프를 다니는 것도 일상의 고단함을 잊는 데 도움이 된다.

코믹 감초연기로 유명한 중견 탤런트 임현식 씨는 한 인터뷰에서 "40년 가까이 같은 길을 갈 수 있는 비결이 뭐였는가?"라는 질문에 "여러 가지 취미를 가진 것"이라고 대답한 바 있다. 기업가들이 공통적인 성공의 비결로 꼽는 것은 독서이며, 예술가들은 창작의 영감이 떨어졌을 때 하던 일에 계속 매달려 있는 것보다 차라리 취미활동을 하며 몸과 정신의 다른 근육을 활용하는 것이 도움이 된다고 말한다.

63

아무것도 안 하고 늘어져 있거나, 인터넷을 하거나, 게임을 할 시간에 자신을 위해 건설적인 뭔가를 시도해보자. 모든 시간, 에너지, 관심사가 한 곳에 집중되어 있으면 당연히 그곳에서 오는 스트레스도 커지고, 배출할 통로로 없어진다. 그런 스트레스가 극대화되었을 때 해답처럼 불쑥 '자퇴'라는 카드가 등장하는 것이다. 차라리 신경을 분산해보라. 학교라는 곳이 자기가 속한 여러 세계의 일부분에 불과하다는 것을 알게 되면 학교에서 벌어지는 문제들이 예전처럼 크게 느껴지지 않을 것이다.

교사나 부모와의 타협이 어렵다는 건 정당한 불평이 아니다. "공부하기 싫으니까 야자 빠지고 힙합 댄스 학원이나 다닐래요."라고 말하는 것과 "열심히 공부하고, 학교생활에 집중하고 싶지만 거기에서 오는 스트레스가 너무 큽니다. 일주일에 몇 시간이라도 다른 즐거운 일을 해보면 좀 더 견디기 쉬울 것 같습니다."라고 하는 것은 천지차이다. 아무리 강압적인 분위기의 학교라도 아이들을 이해하고 도와주려는 교사가 한두 명은 있게 마련이다. 그들을 상담창구로 활용하는 것도 좋다. 혹시 학교 안에서 그런 사람을 찾을 수 없다면 전문 청소년상담센터 같은 곳을 이용할 수도 있다.

부모들 역시 학생을 한 가지 길로만 몰고 가서는 안 된다. 성인들이 보기에 청소년기는 불과 몇 년이니까 꾹 참고 견디면 되지 않겠느냐 싶지만, 몇 년이라는 세월도 결국 하루하루의 연속이다. 학생들은 3년의 중학생 시절 중 하루, 고등학생 기간 중 하루를 사는 게 아니라 아침에 눈 뜨면 학교 가고 꽉 짜인 체제 안에서 움직이다가 밤 되면 잠자리에 드는 숨 막히고 엇비슷한 하루하루를 살아가고 있는 것이다.

대인관계 때문에 고민하고 있다면 해줄 수 있는 조언은 한 가지다. 내가 대접받고 싶은 만큼만 남을 대접하면 된다. 그건 친구들뿐 아니라 부모, 교사들과의 관계에서도 마찬가지다. 교사들은 모든 학생들을 공평하게 사랑해야 한다고 하지만 그들도 예수나 부처가 아니다. 뛰어난 직업윤리 때문에 학생들의 어떤 무례한 행동에도 침착함을 잃지 않는 교사가 있는가 하면 분노 조절이 잘 되지 않는 교사들도 있다. 그러나 어떤 교사도 건전하게 잘 살아보려는 예의 바른 학생들을 막 대하지는 않는다.

가족 문제 역시 마찬가지다. 교사처럼 전문적인 교육을 받거나, 자격시험을 치르고 부모가 되는 사람은 없으므로 세상에는 부적절한 교사보다 부적절한 부모가 절대적으로 더 많다. 때문에 가족문제에 대해서는 일반화가 어렵다. 다만 행복한 가정을 만들 책임이 오직 부모에게 있다는 환상은 버려야 한다. 유아기에는 부모가 일방적으로 자녀의 정신세계에 영향을 미치지만, 시간이 지날수록 자녀가 부모에게 미치는 영향도 점점 커진다. 때로는 자녀의 변화가 가족 전체의 변화를 불러일으키기도 한다.

알아두세요

즐거운 학교생활을 위한 13가지 원칙들

1. 학교가 전부는 아니다. 자원봉사나 취미활동, 종교단체, 동아리 활동 등은 학교에 집중되었던 관심을 외부로 돌리게 함으로써 스트레스도 분산시켜줄 것이다.

2. 친구들이 다가와주길 원한다면 먼저 다가가라. 억지로 노력할 필요는 없다. 그냥 가벼운 눈맞춤과 웃음 정도면 충분하다. 한두 번 실패했다고 위축되지 마라.

3. 교과서, 문제집, 참고서 말고 인생에 도움이 되는 책을 한 학기에 한 권이라도 읽어라. 문학서적은 물론 좋다. 인생의 롤모델이 될 만한 명사들의 자서전도 좋고, 유행하는 자기계발서도 좋다.

4. 힘들 때 상담할 수 있는 선배나 어른들을 찾아내라. 또래끼리의 대화는 위로는 되지만 인생의 혜안을 주진 않는다.

5. 인생의 목표를 정하라. 추상적인 가치에서부터 구체적인 실천방안으로, 장기 계획에서 하루 일과표까지, 큰 것에서 작은 것으로 짜나가라. 그래야 자신이 여기서 대체 뭘 하고 있는 건지 의미를 알 수 있다.

6. 핑계, 변명, 부정적인 말들은 부정적인 에너지를 낳고, 그 에너지가 무럭무럭 자라서 인생을 좀먹는다. 그 시간에 자기반성과 미래를 위한 다짐을 하라.

7. 몸을 써라. 운동이나 야외활동은 긍정적인 에너지를 발생시킨다.

8. 주변 사람들이 나를 어떻게 대하는지를 보면 내가 그들을 어떻게 대했는지 알 수 있다. 좋은 친구들을 사귀어라. 주변에 좋은 친구가 아무도 없다면 내가 뭔가 잘못된 것이다.

9. 나의 가족, 내가 처한 환경이 못마땅하다는 이유로 스스로 인생을 망치지 말라. 미드 〈CSI〉의 그리썸 반장이 "난 어릴 때 가정폭력에 시달렸기 때문에 이 모양이 됐다"고 주장하는 연쇄살인범에게 한 말이 있다. "어릴 때 가정폭력에 시달린 사람들이 모두 연쇄살인범이 되는 건 아니다." 그렇다. 결국 당신 인생에 대한 책임은 당신이 지는 것이다.

10. 술, 담배, 유흥, 괴상한 머리 모양, 오토바이, 복장불량, 패싸움 같은 것들이 멋있어 보일 거라 착각하지 마라. 십 년 뒤 낙오자 자리를 예약해둔 것처럼 보일 뿐이다.

11. 경쟁에 대한 집착을 버려라. 자신만의 장점을 찾아내라. 공부 잘하고 돈 많고 얼굴 작고 키 큰 게 좋은 거라는 이 사회의 뻔한 선입견에 의문을 가져라. 진정으로 그런 획일적인 기준에서 벗어나면 "행복은 성적순이 아니잖아요!"라는 메아리 없는 외침으로 목청을 돋우며 반항하는 게 아니라 학교에서건, 밖에서건, 세상 어느 곳에서건 자신만의 페이스로 자유롭게 살아갈 수 있을 것이다.

12. 웬만하면 공부를 해라. 특히 아무런 목표가 없다면 더욱 그래야 한다. 좋은 학벌은 인생의 든든한 구명조끼나 보험, 혹은 '빽'이 되어줄 것이다.

13. 어떤 방법도 먹히지 않을 때 기억하라. 학창시절은 곧 끝난다. 그 뒤에는 돌아오고 싶어도 못 돌아온다

학교 밖의 삶 미리 보기

앞에서 웬만하면 학교는 계속 다니는 편이 낫다고 했지만 진심으로 그게 어려운 학생들도 있다. 그런 학생들에게 가정이나 사회가 계속 "학교 아니면 안 돼!"라고 몰아붙이는 건 냉정하고 잔인한 일이다. 모든 청소년들이 보호받고 교육받을 권리가 있다면, 학교에 적응 못하는 청소년들도 마땅히 그러하다.

자퇴를 하고 싶진 않지만 기성 교육체제에 적응 못해 상담이나 치유가 필요한 학생들, 자퇴를 하고 싶지만 두려워서 결심을 못하는 아이들, 자퇴든 무단결석이든 일단 학교를 벗어났지만 대안교육기관에 속하지 않은 채 떠도는 청소년들, 이들을 따뜻이 맞아주고 도와주기 위해 마련된 프로그램들이 있다.

자퇴에 따르는 시행착오를 최소화하기 위해, 미리 여러 교육 기관 및 사회단체들이 운영하는 청소년 지원 프로그램들을 활용해보자. 이들은 "공부가 인생의 전부고, 그걸 못하면 낙오자가 될 것이다!"라는 식으로 말하지 않는다. 또한 인생의 길은 단 하나만 있는 게 아니라는 사실을 가르쳐준다. 이런 기관들은 획일적인 공교육 시스템과 입시경쟁에 적응하지 못하는 청소년들을 위해 또 다른 세계를 보여주고, 새로운 가능성을 열어주기 위해 노력하고 있다.

학교가 너무 싫어서 어쩔 줄 모르겠거나, 오늘은 어디 가서 뭘 하나 고민 중이거나, 학교에서건 어디서건 '교육'이니 '학습'이니 하는 건 딱 질색이라는 청소년들, 혹은 열심히 살아보려 하지만 세상 어느 곳에도 자기가 낄 자리는 없다고 느끼는 청소년들, 그들 모두를 위한 열린 공간들을 일부 소개한다. 이들은 필요하다면 학교 적응을 도와주고, 학교 밖의 삶을 위한 정보들을 제공한다. 혹은 스스로 제 길을 찾을 때까지 마음껏 놀 수 있는 쉼터가 되어준다.

감성과 소통으로 나를 찾는 공간, Wee

Wee는 학교, 교육청, 지역사회가 연계해 학생들의 건강하고 즐거운 학교생활을 지원하는 통합 서비스망이다. 학습부진 및 학교 부적응 학생뿐 아니라 일반 학생들도 이용할 수 있다.

제천WEE센터
학교폭력근절을 위한 연극 공연 포스터

프로그램은 크게 세 가지인데, 일선 학교를 찾아가서 실시하는 Wee클래스, 지역교육청에서 운영하는 Wee센터, 시·도 교육청이 운영하는 Wee스쿨이 그것이다. 모든 서비스는 무료이며, 교육청이 주관하는 것이므로 Wee 프로그램을 이용할 때 사전에 학교와 상의하면 출석을 인정받을 수 있다.

정신보건센터, 알코올상담센터 등 보건의료기관, 청소년상담지원센터, 지역소재 대학, 박물관과 미술관 등 문화기관, 자원봉사기관, 법률자문기관, 청소년보호기관 등 다양한 시설들과 연계되어 있으므로 단지 심리적인 문제뿐 아니라 생활 전반에 대한 실질적인 해답들을 얻을 수 있다.

홈페이지에서 가까운 Wee클래스와 센터, 스쿨의 위치를 확인할 수 있다.

1. 운영 프로그램

- Wee클래스 : 아침 자습시간, 점심시간 혹은 방과 후에 진행되는 상담 프로그램으로 학업, 친구관계, 진로와 같은 보편적인 고민부터 아무에게도 말하지 못하는 개인적인 이야기들까지 무엇이든 상담

할 수 있다. 상담사들은 어려움을 겪는 학생들의 멘토가 되어 이야기를 들어주고 때로는 학생문제에 개입해 중재를 하며 해결점을 제시해준다. 뿐만 아니라 학부모나 교사를 대상으로 한 상담교육 프로그램도 제공하며 심리검사, 미술치료, 그림치료 등으로 마음의 상처가 깊은 부분 역시 전문적인 상담을 받을 수 있다. Wee클래스는 매년 지속적으로 확대되어 2013년 기준 전국 5,158개 학교에서 운영되고 있다. 클래스를 이용하려면 운영 담당자, 담임선생님과 상의하여 서비스를 받으면 된다.

• Wee센터 : 지역교육청 및 시·도 교육청에 있는 Wee센터는 학교 안에서 해결되지 않는 근본적인 어려움을 전문가들이 도와주는 것으로, 진단-상담-치료까지 한 곳에서 해결할 수 있는 원스톱 상담센터다. 임상심리사에 의한 심리검사 및 사례 진단, 전문상담사에 의한 가정문제, 학교폭력, ADHD 등의 위기 유형별 상담, 지역사회와 연계한 장학금 지원, 학습치료사에 의한 학습컨설팅 등의 서비스를 제공한다. 학생, 부모님, 선생님이 센터에 직접 방문하거나 전화, 인터넷을 통해 상담신청을 할 수 있다.

• Wee스쿨 : 원래 다니던 학교의 학적을 유지하면서 별도의 공간에서 교육, 치유, 적응훈련을 할 수 있는 소수정예의 기숙형 장기위탁교육기관이다. 학년, 학급이 구분되지 않은 통합교육과정으로 운영되며 학교교육 이외에도 심성교육, 직업교육, 사회적응력 프로그램 등을 함께 지원한다. 학생들의 자아존중감과 성취감을 높

여주는 감성교육을 우선으로 하며 교원, 전문상담사, 임상심리사, 사회복지사 등 전문가 팀이 상주하면서 학생들과 학교생활을 같이 한다. 해당 기관에 직접 문의하거나, Wee센터, Wee클래스의 의뢰를 통해 서비스를 제공받을 수 있다.

2. **홈페이지** : www.wee.go.kr

3. **전화번호** : '홈페이지〉Wee?〉Wee찾기'로 들어가 각 지역 Wee클래스와 센터 검색

서울은 즐거운 학교다, 징검다리 학습과정

길거리 청소년, 홈스쿨러, 쉼터와 보호관찰소 청소년 등 제도권 학교뿐만 아니라 대안학교도 다니지 않는 청소년들을 돕고자 마련된 프로그램이다. 자퇴를 하진 않았지만 학교 밖에서 헤매고 있거나, 자퇴 후 목적 없이 방황하는 청소년 모두에게 유용한 정보와 기회들을 제공해준다.

'징검다리 학습과정'은 한 곳의 시설만을 이용하는 것이 아니라 서울 곳곳에 있는 대안학교, 미술관, 박물관, 꽃집, 방송국 등 학습시설을 징검다리처럼 이용하는 프로젝트다. 서울시대안교육센터의 주도로 네트워크학교, 대안교육현장이 협력해 무용극, 영화, 여행, 게임, 글쓰기, 미술 등 다양한 프로그램을 운영한다.

이들은 학교 밖 청소년을 발굴해 다시 학업을 계속할 수 있도록 몸과 마음을 치유한 다음 학교로 돌아가도록 돕거나, 대안학교와 연결해주 거나, 직업교육과 창업교육 등을 통해 진로 찾기에 도움을 준다.

'징검다리 학습과정'이 단기 집중 체험 프로그램이라면, 상설로 학습 프로그램과 진로상담 및 학습 설계를 지원하는 '징검다리 거점공간'도 있다. 뒤에 소개할 틔움과 몽담몽담 등이 '징검다리 거점공간'들이다.

1. 운영 프로그램

※아래는 2010년 프로그램 예시이며, 기간별로 조금씩 달라지므로 홈페이지에서 확인할 것.

- **대안학교 탐방** : 대안학교가 궁금한 청소년들이 공간민들레, 성장학 교 별 등 관련 공간을 탐방해 자신에게 맞는 배움터를 찾는다.
- **10대여행백서** : 직접 계획을 세우고, 직접 경비를 마련해 친구들과 함께 떠나는 여행
- **영상 프로젝트** : 영화나 광고 등 미디어에 대해 배우고 직접 제작
- **도시 속 카멜레온** : 미술에 관심 있는 청소년들을 위한 실습과 놀이
- **드라마댄스** : 여러 가지 신체 표현을 배운 후 파사무용단과 함께 작 품을 만들어 무대에서 공연

2. 이용대상

13~19세 청소년. 학습 프로그램들이 서울 안에서 이루어지므로 원 칙적으로 서울 거주 청소년들이 대상이다. 그러나 거리상의 어려움을 감수할 수 있다면 지방 청소년들도 참여가 가능하다.

3. 이용방법

홈페이지에서 신청할 수 있으며, 접수 후 프로그램 운영 기관에서 참여 안내 연락을 한다. 학습 진로 및 상담을 원할 때는 틔움과 몽담몽담 등 징검다리 거점공간으로 문의하면 된다.

4. 홈페이지 : dari.seoulallnet.org

5. 전화번호 : 02-2675-1319

꿈을 틔우다 삶을 틔우다, 틔움

학교 다니는 것이 어렵거나 학교를 이미 나와서 자기 길을 찾고 있는 학교 밖 청소년들을 위한 자립교육센터다. 서울시 지하철 망원역 근처에 있으며, 취직이나 장사 등을 통해 일찍 경제적·사회적 자립을 하고 싶은 청소년들에게 유용한 프로그램들이 많다.

대안학교를 다니고 싶지만 매일 가기는 버거운 청소년들을 위해 일일학교를 운영하고, 학교 밖 청소년을 위해 거리에서 진로상담을 실시하기도 한다. 매일 갈 필요는 없지만 식사도 제공하고 분위기도 편안해서 한 번 발을 들인 청소년들은 제집처럼 드나들게 된다고 한다.

1. 운영 프로그램

• **찾아가는 심심탈출 대작전** : 학교 부적응, 학업 중단의 어려움을 겪

는 청소년들을 위한 맞춤형 진로진단 프로그램. 15~19세 청소년 8~15명이 모인 기관에서 신청하면 그룹의 특성에 맞는 프로그램을 기획한 뒤 전문가들이 직접 방문해서 진

광주 두드림존의 3GO 프로젝트

행해준다. 3~5일간 미술치료, 연극치료, 진로교육, 직업체험 등을 제공한다. 홈페이지에서 신청할 수 있다.

- **하루학교 위싱** : 대안학교에 다니고 싶지만 매일 가기는 버거운 청소년을 위해 일주일에 한 번씩 열리는 배움터. 꿈 찾기, 꿈을 실현하기 위한 준비, 장사 배우기 등 3단계가 있으며, 듣고 싶은 코스만 선택해 들어도 된다. 코스별로 각각 1~2만원의 수업료가 있다. 02-743-1319/02-743-3259로 전화한 다음 안내에 따라 메일로 신청서를 보내면 된다.

- **두드림존 프로그램** : 만 16~19세 사이 진로를 고민하는 청소년 누구나 무료로 참여할 수 있다. 내용은 진로 찾기, 주식 배우기, 진로적성검사 등이며 수료 후 인턴십 기회를 제공한다. 경제적 · 사회적 취약계층 청소년, 교정시설 및 보호시설에서 퇴소한 청소년, 새

터민·다문화가정 자녀 등 자립이 시급한 청소년들에게 특히 도움이 된다.

- **청소년 장사하기 프로젝트** : 17~20세 사이 장사에 관심 있는 청소년 모두 무료로 참여 가능하며 장사품목 정하기, 시장조사, 경제교육, 장사체험, 평가 등으로 구성된다. 와플, 비누 등을 직접 만들어 판매해볼 수 있다. 장사 자본을 제공하고, 수익은 참여 청소년들이 가져간다.
- **꿈＋프로젝트** : 16~20세 사이 학교를 다니지 않는 청소년들이 무료로 참여 가능. 이미지 메이킹, 이력서 쓰는 법, 인턴십 활동 등 꿈을 위한 준비 단계를 돕는다. 개별진로상담과 인턴십 활동비를 제공한다.

2. **홈페이지** : imyschool.com

3. **전화번호** : 02-743-1319, 3259

꿈과 이야기가 있는 공간, 몽담몽담

서울시 관악구에 있는 대안학교 '꿈꾸는 아이들의 학교' 내에 있는 징검다리 거점공간이다. 노원구의 거점공간인 틔움이 직업·자립 교육에 강하다면 몽담몽담은 학습 진로 탐색에 강점이 있다. 학교 밖에서 학습 진로를 찾고자 하는 학생과 학부모를 위한 정보 제공 및 대안 마련의

장이다.

1:1 멘토링을 통해 청소년에게 적합한 대안학교 선정 및 진로 선택을 돕고, 보충학습 및 인문학 놀이학습, 개인별 지도, 검정고시 지도 등을 실시한다. '꿈꾸는 아이들의 학교'와 연계해 방학캠프와 문화예술체험프로그램에 참여해 또래들과 소통할 수 있도록 한다.

1. 운영 프로그램

- **몽담중** : 청소년 개개인의 특성과 상황에 맞춰 진행되는 독서치료 프로그램이다. 주1회를 기준으로 아이들의 특성에 따라 짧게는 4

주, 길게는 12주까지 탄력적으로 운영한다. 책이라면 자지러지게 싫어하던 아이들, 잘 읽고 쓰지 못하던 아이들, 폐쇄적인 아이들도 독서치료를 통해 마음의 벽을 허무는 경우가 많다.

- 369학교 : 매주 3일, 6주간, 총 9개월 수업을 하는 단기학교로, 14~18세 청소년이 대상이다. 친구를 사귀고 싶은 학교 밖 청소년들, 공부와 거리가 멀었지만 새롭게 공부해보고 싶은 청소년, 대안학교를 경험해보고 싶은 청소년 등이 참여한다. 나와 타인을 이해하기 위한 표현력 키우기, UCC · 뮤직비디오 · 다큐 등 영상물로 생각 표현하기, 책 · 영화보고 토론하기 등으로 자신감을 길러준다. 학생 특성에 맞는 대안학교 탐색과 진로 설정을 돕는다.

2. 홈페이지 : www.dreamwe.org

3. 전화번호 : 02-855-2529, 02-883-2529

누구도 소외되지 않는 그곳, 학교너머

도시지역 청소년들은 학교를 벗어나도 광역시도 단위 '청소년지원센터'에서 다양한 프로그램이나 소모임 활동을 할 수 있다. 대안학교에 대한 접근성도 훨씬 높다. 그러나 중소도시나 농촌지역 청소년들은 학교를 벗어나면 교육은 물론이거니와 사회안전망의 보호도 제대로 받지 못한다. 특히 다문화 가정 자녀들 중 21.3%가 학교를 다니지 않는다는 통

계가 있다. (2012년 교육
과학기술부 다문화 가족 실
태 조사 자료)

학교너머 입구의 표지판

학교너머는 전국의 학
교 밖 청소년, 특히 농어
촌과 중소도시 청소년,
다문화가정 청소년들을
대상으로 한다. 교사와
멘토를 통한 일상적인
온라인 학습 지원, 국내외로의 여행, 월 1회 이상의 집중식 수업, 분기
별 가정 방문 및 상담 등을 실시한다. 또한 진로 개발을 위한 멘토링을
제공한다. 모든 탈학교 청소년이 참여할 수 있도록 경제적 부담을 최소
화했으며 입학 시기를 따로 정하지 않아 원할 때면 언제든 시작할 수
있다.

학교너머에 참여하려면 우선 관계증진 프로그램을 받은 후 학교너머
길잡이와 상의해 본래 학교로 복귀할지 학교너머 회원으로 활동할지를
함께 결정한다.

1. 운영 프로그램

※주요 대상이 지역 중소도시 및 농촌, 다문화 가정의 학교 밖 청소년이므로 교육과정은
이들의 특성에 맞춰 3단계로 구성된다. 정규과정 외에 단기 캠프들도 수시로 운영하니

카페를 참조할 것.

- **1단계, 정서적 심리적 치유** : 상설배움터에서 노작, 쉼, 치유를 하는 '관계증진 프로그램'에 참여한다. 이를 통해 사회적 · 정서적인 자신감을 되찾을 수 있다. 이후 청소년 각자의 특성에 따라 본인과 부모, 학교너머 길잡이들이 함께 활동 방향을 결정한다.

- **2단계, 자기주도적 문제해결능력 회복** : 학교너머 스태프와 함께 개인 학습계획을 세우고, 각 분야 전문가이자 재능기부자인 멘토와 연결해 1:1 온라인 학습을 진행한다. 최소 한 달에 1~2번(10일 이상) 전국 각지의 배움터에 모여 인문학, 문화예술, 체험학습에 참여함으로써 공동체성과 사회성을 학습한다. 이 기간에 집중적으로 동아리 활동도 이루어진다. 연말에 학교너머 축제로 배움의 내용을 공유한다. 또한 국내 도보여행('길을 걷다, 만나다')이나 300일간의 장기여행('공감버스'), 국제구호활동 전문가와 함께 떠나는 국외 여행('공감유랑') 등 대안적 여행 프로젝트를 통해 자존감과 사회성을 높이고, 아시아인 · 세계인으로의 성장을 도모한다.

- **3단계, 진로 과정** : 대학 진학을 포함한 다양한 진로 중 청소년 개인에 맞는 삶을 모색하고 이에 필요한 교육 및 인턴십 기회를 제공한다.

2. **공식 카페** : cafe.naver.com/schoolbeyond

3. **전화번호** : 041-753-7053

다시 시작하고 싶을 때, 위탁형 대안학교

위탁교육은 일반 중·고등학교를 다니는 아이들 가운데 학교가 맞지 않는 아이들이 원하는 교육기관에 가서 학습을 해도 출석으로 인정하는 제도다. 위탁형 대안학교의 교육과정을 모두 마치면 소속 학교에서 졸업장을 받게 된다. 정규 중·고등학교 학적이 있어야만 하고, 이미 중퇴했다면 재입학이나 편입학으로 학적을 회복한 후 지원할 수 있다.

학생·학부모가 소속 학교에 신청하면 소속 학교 측이 담당기관과 협의해 위탁기관을 선정한다. 그 후 학생이 5일~2주간 위탁교육기관에 등교해 준비적응 교육과정을 마치면 수탁여부가 최종 결정된다.

보통교과는 전체 수업의 3분의 1 정도고, 나머지는 인성과 진로, 체험 활동 등 대안교과로 구성된다. 대안교과의 내용은 대인관계, 심리치료, 봉사활동, 전통체험, 텃밭 가꾸기, 공예 등 다양하다. 요즘은 부적응, 질병 및 장애, 가사 등의 이유로 학업 중단 위기에 놓인 학생들뿐 아니라 공연예술, 미용, IT, 영어, 과학 등으로 특성화된 교육과정 때문에 위탁형 대안학교를 찾는 청소년도 많다. 프로그램은 학교마다 다르므로 소속 학교와 협의해 자신에게 맞는 대안학교를 고르는 일이 중요하다.

일반 교과에 대한 흥미를 잃었거나 꽉 짜인 학교생활을 감당하기 어려운 학생들이 위탁교육을 통해 극적인 변화를 보이는 경우도 많다. 2013년 기준 서울에는 38개 위탁형 대안학교가 있으며, 참여 학생은 863명이다.

1. 운영 프로그램

※일부 학교의 대안교과 과목 및 프로그램들을 예시하면 다음과 같다.

- **꿈타래학교** : 모둠북, 마술, 제과, 제빵, 비즈, 도자기, 집단상담, 환경, 컴퓨터, 일본어, 프로젝트 학습

- **도시속작은학교** : 대인관계, 미술심리, 진로탐색 및 실습(인턴십), 봉사나눔, 경제이야기, 영상, 사진, 디자인(옷만들기), 연극, 악기, 댄스, 아카펠라, 보컬, 요리, 문화체험, 여행

- **서울방송예술종합학교** : 기초연기, 대인관계훈련, 컴퓨터와 음악, 실용무용, 영상편집, 디지털영상편집, 성우연기, 방송체험활동, 기초촬영실기, 멀티미디어실무

이루다학교 입학설명회 포스터

- **미래학교** : 종이접기, 생활체육, 도예, 미술치료, 프로젝트학습, 논술, 노작활동, 컴퓨터과학

- **링컨학교** : 봉사와 나눔, 프로젝트 학습, 특별활동, 독서, 음악, 주제탐구, 재량활동

- **이루다학교** : 노작, 봉사, 미술, 문화체험, 주제탐구, 생활명상, 프로젝트 학습, 조리기초실습

- **난나학교** : 소리와 리듬, 창작 미술, 기와 몸짓, 봉사 나눔, 프로젝트 학

습, 힙합, 독서, 사회

- **세포학교** : 생명과학(기초, 인체, 지구, 동물, 식물, 곤충, 물리, 세포), 생태학습(공동체 활동, 노작, 자연탐구), 영어(회화, 과학영어), 인성개발(승마, 전통음악, 만화, 봉사활동), 기술개발(창의적 재량, 프로젝트 학습, 진로탐색, 자기계발)

- **사람사랑나눔학교(발달장애청소년 중심으로 특화)** : 프로젝트 활동(벽화, 건축, 공예 등), 프린지파티, 야외활동, 현장학습, 감각각성, 직업교육, 동아리 활동(연극, 미술, 음악, 난타, 댄스 등)

2. 문의

서울은 대안교육센터(www.daeancenter.or.kr)에서 총괄하고 있으며, 지방은 현재 소속된 학교를 통해 각 시·도 교육청으로 문의할 것.

교사들이 들려주는 이야기

공립학교 선생님과
대안학교 선생님이 증언하는 학교 안팎의 현실

    지금까지 학교를 벗어나고 싶어 하는 아이들의 유형과 자퇴 전 시도
해볼 수 있는 대안들을 살펴보았다. 그런데 학교에서 발생하는 이런 문
제들에 대해 교육의 또 다른 주체인 교사들은 어떻게 생각하고 있을
까? 또한 학교 부적응 청소년을 위해 마련된 여러 프로그램들은 실제
로 어떻게 활용되고 있을까? 공교육이 끝내 해답을 주지 못한다면, 그
에 대한 대안으로 가장 널리 알려진 대안학교는 어떨까? 거기에서 뭔
가 배울 점은 없을까? 이런 의문들을 해소하기 위해 일반학교 선생님

과 대안학교 선생님이 한 자리에 모였다.

심선생님은 학창시절 억압적인 공교육 환경에 문제의식을 품고, 그때의 선생님들을 반면교사 삼아 좋은 선생님이 되기 위해 사범대학에 진학했다. 10년째 수도권 공립학교에 근무 중이다. 열악한 교육환경에 이따금 분개하고, 어릴 때 꿈꾸던 모습과 너무나 다른 교단의 현실에 종종 좌절한다. 그럼에도 공교육 안에서 대안을 찾으려는 노력을 포기하지 않으며, 때론 친근하고 때론 존경스러운 교사로 아이들의 지지를 받고 있다.

이선생님은 어릴 때부터 학교를 좋아했고, 선생님이 되고 싶었다. 대기업에 근무하다가 뒤늦게 그 꿈을 실현하기로 결심했다. 현재 기숙형 대안중학교에 근무한다. 연봉은 대기업 시절의 1/3도 안 되지만 일주일 내내 밤늦게까지 아이들과 생활해도 마냥 행복하다. 하고 싶은 일을 하기 때문이다. 그래서 일반학교든 탈학교든 대안학교든 원하는 길을 택할 수 있도록 아이들에게도 선택지가 많아지기를 바란다. 공립학교 교사와 대안학교 교사, 그들이 증언하는 각 교육현장의 장단점을 보자.

Q. 일반학교에서 아이들이 적응 못하는 건 주로 어떤 경우인가요?

심교사_ 가장 큰 건 학교의 여러 가지 제약들을 못 견디는 거예요. 두발, 복장, 강제 야자 등. 지금 우리 반에 그런 애가 있어요. 치마 박은 거 뜯으라고 하면 보는 데서는 울면서 뜯어요. 잠시 소홀하면 며칠 후 또

박아놔요. 이걸 열 번~스무 번 반복하는 거예요. 정말 지쳐요. '이게 뭐라고 내가 지금 이 아이랑 실랑이를 하고 있나' 저도 회의가 들어요.

근데 문제는, 학교는 단체라는 거죠. 한 학급이 40명인데 "저 봐라, 개기니까 봐준다. 선생 말 안 들어도 된다." 이런 인식이 형성되면 끝장이에요. 그래서 교칙이 정해지면 지켜야 해요. 교칙이 저 개인의 철학이랑 안 맞는다고 해서 우리 반만 눈감아주면 다른 학급 아이들이 불만을 가져요. 한 학년에 4백 명이고 하나의 규칙에 따라 돌아가도록 되어 있는데 그렇게 되면 조직 자체가 흔들려요. 그래서 "머리 좀 길면 어떠냐!" 하고 싶어도 그럴 수가 없어요. 다른 교사들과도 마찰이 생기고.

전에 있던 고등학교에서 진짜 그런 선생님이 있었어요. 고3이 다 강제 야자를 하는데, 그 선생님 반만 말 그대로 자율을 선언한 거예요. 여러분 공부 잘 되는 곳에서 하세요, 그러니까 야자 남는 애들이 10명밖에 안 돼요. 끝까지 자율을 유지하려고 이 선생님이 얼마나 싸웠을지 상상을 해보세요. 학년 부장님, 교감, 교장에다가 학부모들까지 민원을 넣어요. 학생위원회 열리고. 자기 소신을 지키기 위해 너무 많은 싸움을 해야 하는 거죠. 다른 선생님들도 "그러다 애들 성적 떨어지면 어쩌느냐!" 걱정하고.

Q 그 반은 결국 어떻게 됐나요? 성적이 떨어졌어요?

심교사_ 성적은 별 차이 없었어요. 공부 막 시킨다고 성적 오르는 건 중학교 때나 그렇죠. 고3 정도면 머리 다 컸는데 그게 되겠어요? 그런데도 학교는 보이는 게 너무 중요한 거죠. "우리 학교는 공부 많이 시킨다." 이런 거 보여주려고. 그 학교는 밤 10시 50분까지 야자를 시켰어요. 감독하다 보면 교도소 간수가 된 느낌이에요. 그리고 집에 가면 11시 반이에요. 너무 울적한 거죠. 근데 아이들은 그렇게 야자를 하고 또 학원을 간다니까요. 애들은 1~2시에 집에 가요. 너무 불쌍하죠. 그러니 당연히 학교에선 잠이 오지. 그건 고등학교고, 지금은 중3 가르치는데 영재반 애들이 밤 10시 반까지 자습을 해요. 그 후에 또 학원을 가고.

Q. 앞으로 3년을 더 그렇게 살 텐데, 그럼 뭐가 되는 거예요?

심교사_ '인 서울'이 목표인데, 못 가요. 왜냐면 모두가 그렇게 하니까.

Q. 해도 못 가고 안 해도 못 가면 안 하는 게 나을 거 같은데요?

심교사_ 내 말이! 근데 부모들이 포기를 못하죠.

Q. 대안중학교는 학생이 몇 명 정도 있어요?

이교사_ 70명이요. 한 학년에 12명씩 두 반 있어요.

심교사_ 부럽다! 지금 저희 반 40명이에요. 출산율 떨어져서 학생이 줄어든다고 하는데, 그럼 교사당 학생 수가 줄 것 같지만 그렇지 않아요. 학급수와 교사수도 같이 줄이는 거죠. 그러다 보니 처음에 35명으로 시작하는데 슬금슬금 늘어나서 40명이 됐어요. 진짜 교실에 애들이 가득해요. 애들하고 눈 보고 얘기할 시간이 없어요.

Q. 대안중학교에서도 국영수를 가르치나요?

이교사_ 저희 학교에선 오전에 지식교과를 가르치는데 교과서는 사용하지 않아요. 각 과목 선생님들이 아이들에게 맞겠다고 생각하는 시중 교재로 수업을 해요. 오후에는 자립감성이라고 프로젝트 수업이 있어요. 목공, 도예 같은 핸드메이드 아니면 사진, 기타, 드럼, 수영 등 예체능, 그리고 하루는 프로젝트 수업을 하죠. 예를 들어 학생들끼리 정자 만들기를 하는 거예요. 그럼 그 안에 목공도 들어가고 수학적인 것도 들어가고 과학적인 것도 들어가잖아요. 풍력발전기를 만들거나 벽화 그리기를 할 수도 있고.

심교사_ 제가 입학하고 싶습니다! 근데 중학교가 의무과정이잖아요. 이선생님 학교는 비인가인데 어떻게 학생들이 입학할 수 있는 거죠?

이교사_ 초등학교 졸업할 때 취학유예신청을 해두고 나중에 검정고시를 보면 돼요. 저희는 편입은 안 받아요. 1학년부터 들어오는데, 중학교를 일 년 다니다가 문제가 있어서 대안학교 1학년으로 들어오는 아이들이 종종 있어요.

Q. 대안학교에서는 선생님하고 학생들이 마찰 빚을 일이 거의 없겠네요?

이교사_ 마찰은 있죠. '교권에 도전한다' 이런 식의 마찰은 아니지만 저희도 교칙이 있거든요. 술, 담배, 외부 간식, 무단외출 안 되고……. 그런 교칙을 어기면 아이들이 직접 벌칙을 정해요. 외부 간식을 먹으면 전교생 간식을 두 번 만들어주게 한다든가, 싸움을 한 아이들이 있으면

자퇴할까 학교에 남을까

일주일 동안 서로 점심을 떠먹여주게 한다든가. 자기들 머리에서 나오고 합의한 거니까 그걸로 교사와 싸울 일은 없어요. 저희가 힘든 건 생활 규칙으로 통제될 수 없는 왕따 문제나, 도덕성이 결여된 아이들을 상담할 때입니다.

심교사_ 정말 부러워요. 저흰 사소한 데다 진을 다 빼서 정작 중요한 데 힘을 못 써요. 내가 가르치는 애들이 2백 명이에요. 수업시간에 눈 한 번 안 마주친 애들이 있고, 교실에선 늘 지적, 지적, 지적이죠. "치마 뜯어, 바지 늘여, 사복 벗어, 귀걸이 빼, 쓰레기 주워, 실내화 왜 안 가져왔어?" 갈등이 생길 수밖에 없는 구조예요. 애들도 너무 안 됐고, 저도 화장실 가서 거울 보다가 깜짝 놀라요. 인상이 찌그러져 있어서. 차라리 그런 규제가 다 없어지면 아이들과 훨씬 잘 지낼 수 있을 것 같아요. 머리 마음대로 못하게 하니까 거기 목숨 거는 거지, 풀어두면 오히려 신경 안 쓸 걸요?

게다가 선생님들 잔무가 진짜 많아요. 선생님, 일반학교 오시면 기절할 거예요. 내가 도대체 뭐하는 사람인지 헷갈릴 때가 있어요. 온갖 공문에, 왜 그렇게 국회의원 요구 자료는 많아? 상장 하나 만드는 데도 문구가 맘에 안 든대, 고쳐서 가면 글자 간격이 이상하대, 그거 고쳐 가면 또 딴 걸 지적해요. 수업준비 할 시간도 부족한데 상장 하나 때문에 교장실을 다섯 번 가는 거예요. 내가 전교조라서 괴롭히려고 그러나? 그런 생각도 했어요. 그런 잡일을 하다 보면 애들을 붙잡고 5분도 얘기를 못하는 거예요. 그러면서 공교육의 질을 얘기하고, 학생 상담 잘 하라고 하죠. 아침 자율학습 시간에라도 애들 상담을 좀 하려고 했더니 그 땐 책 읽어야 되니까 상담하지 말래요. 수업 끝나면 애들은 학원 가야 하는데 그럼 상담은 언제 하란 말이야? 행정전담직원이라도 두고 그런 얘길 해주면 좋겠어요.

Q 대안학교에도 적응 못하는 아이들이 있나요?

이교사_ 있어요. 적응의 문제는 아니고, 어릴 때부터 너무 많은 걸 해서 지쳐버린 아이들이 있어요. 갑자기 자유가 주어지면 뭘 해야 할지 모르는 거죠. 심하게 무기력하죠. 또 초등학생 때 왕따 같은 거 시키는 애들 있잖아요. 그런 문화를 갖고 들어와서 여기 애들은 만만하고 인원도 적고 순진해 보이니까 '내가 여기를 장악해야지' 이런 생각하는 애들이 있어요. 초등학생 때 이진, 삼진 하던 애들이 여기서 일진하겠다는 거죠.

그리고 간혹 일반학교 친구들이 국영수 열심히 공부하는 데 비해 자기는 뒤쳐진다고 생각하는 애들이 있어요. 우리 학교에선 다 선택수업이라 자기가 수학을 싫어하면 3년 내내 수학을 안 해도 졸업할 수 있거든요. 거기서 오는 불안감이죠. 똑같이 졸업해서 고등학교 갈 때 나는 멍청이가 돼 있고 다른 애들은 똑똑해져서 올까봐. 주로 여자애들이 그래요. 남자애들은 오히려 여자애들보다 어려서 엄마랑 떨어져 있는 걸 힘들어해요. 집에선 엄마가 다 해주는데 여기선 기숙사 생활 하니까 빨래, 설거지해야 하잖아요. 그런 게 힘들어서 그만두는 아이들도 있어요.

Q 일반학교에 적응 못하는 아이들에겐 대안학교가 말 그대로 대안이 될 수 있는데, 몇몇 부모들을 제외하면 공교육 이외의 정보를 전혀 몰라요. 게다가 대안학교들이 의외로 학비가 만만치 않더라고요?

이교사_ 저희는 한 달 학비가 35만 원이고 기숙사비가 30만 원이에요. 거기에 먹고 자는 게 다 포함되죠. 물론 그마저도 서민들에게 큰 부담이긴 한데, 어떻게 보면 비싼 돈은 아니다 싶어요. 일반학교 다니면서 사교육 시키면 한 달 1백만 원 이상 들잖아요. 근데 저희 같은 비인가학교는 처음 입학할 때 후원금을 받아요. 그게 많이 부담되실 거예요. 금액은 학교마다 다르고, 안 받는 학교도 있지만 저희는 5백만 원 정도에요.

심교사_ 사실 가장 심각한 건 돈보다도 부모가 아이를 버린 경우예요. 그런 부모들은 자기 자식이 문제가 있어도 그냥 혼내거나 하지, '애한테 더 잘 맞는 교육환경을 찾아줘야겠다.' 이런 생각은 없어요. 방치하는 거죠. 이런 책 찾아서 보실 정도면 관심 많은 부모인 거고, 국립학교는 그렇지 않은 온갖 가정의 아이들이 오거든요. 학습의욕도 없고, 학교에 몸만 왔다 갔다 하는 아이들이 정말 많아요. 대안학교는 생각해볼 여지도 없죠. 강제로 시켜서 나오니까 얼마나 문제가 많겠어요? 그러니까 계속 부딪치고, 학교는 점점 더 싫어지고, 그래서 아예 안 나와 버리고, 출석일수 미달로 유예가 돼버리고.

Q 나라에서 운영하는 센터나 상담시설, 위탁형 대안학교도 있던데, 일선 학

교에서 연계가 잘 안 되나요?

심교사_ 연계가 거의 안 되고, 부모님들한테 "학생이 이러니까 이렇게 해보는 게 어떻겠냐?" 말하는 거 자체가 조심스러워요. 그분들에게 제안을 하면 자식을 위해서 개선을 해야겠다 생각하기보다 기분 나빠하거나, '왜 남들은 평범하게 다 하는 걸 우리 애는 못하나?'라고 걱정을 해요.

이교사_ 저희 학교에도 왕따를 너무 많이 시키거나 당해서 그 집단 속에 존재할 수 없는 상황이 되어 지푸라기 잡는 심정으로 오는 경우가 5명 중 1~2명꼴이에요. 아이 혼자만 참아서 끝낼 수 있는 문제 같으면 절대 대안학교에 안 오셨을 부모님들 많아요.

Q 대안학교에서는 따돌림이나 학교폭력 같은 문제가 좀 덜한가요?

이교사_ 중학교 1학년을 다니다 그만두고 올해 우리 학교에 온 아이가 있어요. 그 아이는 초등학교 4학년 때부터 지속적으로 왕따를 당했대요. 똑똑하고 말도 잘하는데 다른 애들 입장에선 잘난 척한다, 나댄다, 이렇게 보이는 거죠. 애들이 피하고, 같이 놀기 싫어했어요. 그래서 우리 학교에 왔죠. 그런데 학기 초에 큰 일이 있었어요. 1학년이 25명인데 그중 3~4명이 '쟤를 좀 밟고 싶다' 생각을 한 거죠. 차마 자기들 입으로 욕은 못하겠으니까 전자사전에다가 '이 새끼, 저 새끼' 욕을 써서 25명을 다 집합시킨 다음 그 아이를 세워놓고 다른 애들한테 욕을 읽어달라고 시켰어요. 나머지 애들은 영문도 모르고 와서 남이 전자사

전에 '이 년, 저 년' 써놓은 욕을 대신 읽은 거고.

심교사_ 정말 독특하네요. 우리 애들은 그냥 욕을 해요. 화장실에 가 둬놓고.

이교사_ 우리 학교에선 엄청 큰일이었어요. 당한 애가 울면서 돌아다 니다가 선생님 집에 불 켜 있는 걸 보고 들어가서 얘기를 했어요. 학교 가 발칵 뒤집혔죠. 그래도 그 이후로는 잘 지내요. '그건 쟤 개성이구나' 적당히 인정하면서. 그 밖에 세 명이 친구였는데 둘이서 짜고 한 명을 따돌리고, 그러다 둘 중 한 명이랑 다시 친해져서 이번엔 다른 애를 따 돌리고, 이렇게 돌아가면서 셋이 계속 왕따 당하고, 시키고, 그런 일도 있어요.

Q 대안학교는 인원이 적어서 그런 문제가 발생하면 더 힘들 것 같은데요? 엄마도 없고.

이교사_ 그렇죠. 애들이 왕따 당했다고 울어서 퉁퉁 부은 얼굴로 밤에 찾아와요. 그러면 늘 하는 소리가 그거예요. "엄마도 없고." 여기선 왕 따 당하면 식당에서 밥을 못 먹어요. 전교생이 다 아니까. 그래서 며칠 밥을 굶어요. 기숙사 생활하니까 왕따 시킨 애들을 24시간 봐야 해요. 그게 너무 힘든 거죠. 그래서 대안학교 애들이 인간관계에 빨리 도가 트는 것 같아요. 저는 고등학교 때나 그런 생각 해봤는데 여기 애들은 중학교 졸업할 때쯤이면 '남들하고 어울려 살려면 내가 어느 선까지 해 야 하고, 어떤 건 참아야 한다.' 그걸 알아요. 너무 애잔해요. 철없이 지내다가 대학교 가서 알아도 되는 건데.

심교사_ 우리 애들은 정반대에요. 다들 외동 아니면 두 자녀니까 제 잘난 맛에 살아요. 그러다가 학교 오면 서로 거슬리는 거지. 누가 사복 입고 있는 게 꼴 보기 싫다고 다른 애가 시비를 걸어서 싸움이 났어요. 결국 한 명이 다른 애 멱살을 잡고 교무실로 끌고 왔어요. 이 새끼가 날 괴롭힌다고. 근데 남의 옷차림 갖고 시비 건 애도 만날 사복 입는 애거 든요. 그래서 "너도 사복 입지 않냐? 그건 선생님이 지도하면 되지 왜 네가 그러느냐? 실은 사복은 핑계고 그냥 걔라서 싫은 거지?" 그랬더니 인정을 하는 거예요. 같이 살기 위해 내가 이 정도는 참아야 한다, 쟤는 저런 애다, 이런 게 없고 뭔가 싫은 부분이 있으면 괴롭히고 봐요.

Q. 요새 체벌 금지됐잖아요. 일반학교에서 학생 지도하는 데 변화가 있나요?

심교사_ 학생부가 애들 지도하는 게 너무 힘들어졌어요. 감정적인 매, 얼굴 때리기 이런 건 당연히 안 되죠. 그런데 중학생들 중 심하게 문제 를 저지르는 애들은 몸으로 느끼면 잘못을 깨닫고 정신을 차리는 경우 가 있어요. 예전엔 그런 거 안 믿었는데 학교에 10년 정도 있으니까 정 말 그렇더라구요. 아예 도덕심이 없는 애들이 있거든요. 학교에서 절단 기 빌려서 선생님 자전거를 훔치질 않나, 노래방에 친구 가둬놓고 단체 로 때리고, 교사에게 쌍욕하고, 성추행, 강간……. 예전 같으면 그런 애 들은 일단 학생부 끌려가서 맞고 시작했죠. 근데 이제 그런 애들을 잡 아놓고 "시조를 외워라." 이러고 있단 말이죠. 그럼 애들이 코웃음 쳐

94

요. 자기가 잘못해서 벌 받는 거란 생각을 못해요. 자기들끼리 건들거리고 킥킥 웃고.

이교사_ 저는 궁금한 게, 애들이 문제 행동을 할 때는 원인이 있잖아요. 부모와의 관계부터 어릴 때 상처, 아니면 관심 받고 싶어서라든지, 그런 부분에 대해서도 케어를 하세요?

심교사_ 제가 담임을 맡은 반 아이들에 대해서는 상담을 하죠. 왜 그랬냐, 문제가 뭐냐. 그런데 일단 인원수가 너무 많아서 사소한 문제행동에 대해서까지 파고들어갈 수가 없어요. 그냥 "그거 하지 마." 하고 넘어가는 경우가 더 많죠. 학생부로 넘어가면 어떤지 모르겠지만 그런 내면까지 봐주지는 않을 거예요. 거기 가면 경찰조사 받는 것처럼 진술서를 써요. 왜냐면 사건이 터지면 아이들마다 말이 전부 달라요. 맞은 사람은 있는데 때린 사람은 없고…….

이교사_ 맞아요. 아이들이 정말 거짓말을 잘해요.

심교사_ 그건 애들의 본성이에요. 저도 뒤통수를 얼마나 맞았는지 몰라요. 정말 심하게 도덕성이 결여된 애들은 학부모에게 권고를 해요. 아이가 이러이러하니까 상담을 좀 받아보시면 좋겠다. 아니면 학교에 상담교사가 있으니까 붙여주기도 하고. 근데 상담 선생님도 아주 심층적으로 한 명만 붙들고 있을 수가 없어요. 그래서 심각한 경우엔 다시 담임에게 얘기를 하고, 담임이 학부모에게 얘기를 해서 전문 치료를 받게 하죠. 그런 식으로 외부 기관에 인계되는 아이들이 있어요.

Q 학교 부적응의 또 다른 유형으로는 어떤 것들이 있나요?

심교사_ 너무 소심해서 애들과 잘 어울리지 못하거나, 친하게 지내던 무리에서 눈 밖에 나거나, 성적 때문에 그만두려는 아이들도 있어요. 제가 있던 고등학교는 비평준화 지역에서 시험 봐서 들어오는 가장 좋은 학교였어요. 중학교 때 반에서 1~2등 하던 애들이 왔는데 그 안에서도 40등은 나오잖아요. 그 현실에 적응을 못하는 거예요. 그래서 내신 못 받느니 검정고시 치고 대학 가겠다는 학생들이 있어요.

실행에 옮긴 아이는 없었지만. 너무 목표지향적이어서 학교의 비효율성을 고민하는 애들도 있어요. 서울대 법대를 나와서 국제변호사가 되고 싶은데 기술, 가정 배우고 소풍, 체육대회 하는 건 시간 낭비 아니냐는 거죠. 그때 담임선생님이 어떻게 설득을 시켰냐면 "학교에서 꼭 지식만 배우는 게 아니다. 넌 여기서 인간관계도 배우고 리더십도 기르고 선생님 말을 통해서 인생도 배우지 않느냐. 지금 성적만을 위해 뛰쳐나가는 건 전체적으로 봤을 때 네 인생에 마이너스가 될 것 같다." 그래서 결국 학교에 남았죠. 걔가 2학년 때 저희 반 반장이 됐는데 그런 말을 하더라구요. "자퇴 안 하길 잘했다. 이렇게 좋은 선생님도 만나고 좋은 친구들도 만났는데 그때 자퇴했으면 어쩔 뻔했나."

Q 학업을 포기해서 학교 갈 의미를 잃은 아이들도 많은데, 그런 애들은 무작정 자퇴를 할 게 아니라 학교 안에서 그냥 놀면 안 되나 싶거든요. 그러면 선생님들이 많이 미워하나요?

자퇴할까 학교에 남을까

심교사_ 그건 교사와 자신을 모두 괴롭히는 방법이에요. 규칙에서 예외가 생기면 다른 학생들에게도 영향이 가니까 선생님 입장에선 계속 붙들고 얘기를 해야 하거든요. 대신 다른 방법으로 빠져 나가는 애들이 있어요. 예체능을 하겠다, 공부보다 실기가 중요하니까 야자 대신 학원을 다니겠다면서.

Q. 요새 아이들 꿈이 연봉을 기준으로 결정되잖아요. 대안학교에도 좋은 대학 가고, 돈 많이 벌겠다는 꿈을 가진 애들이 있나요?

이교사_ 중학교 애들은 아직 대안적인 삶이 뭔지, 자발적 가난이 뭔지 모르고 필요성도 못 느껴요. 대안교육을 3~4년 받은 고등학생들은 자발적 가난을 실천하려고 하죠. 하지만 갈등은 있어요. 아이폰이 너무 갖고 싶어, 근데 이건 내가 생각하는 대안적인 삶과는 안 맞는 거 같아. 그래서 갈팡질팡하는 거죠.

심교사_ 굉장히 고민되겠다. 사회에서는 네가 사는 집, 네가 타는 차가 네가 누구인지 말해준다 그러는데. 우리 애들은 그런 혼란 자체를 몰라요.

이교사_ 이십대 중반 대안학교 선생님들끼리 결혼을 하는데, 남자분이 대안학교 출신이세요. 그분이 "웨딩촬영을 안하겠다, 그건 대안적인 삶이 아니다." 그러니까 여자분이 웃으면서 그랬대요. "그럼 너 갖고 있는 갤럭시(휴대전화) 갖다 팔아라."

Q 어릴 때부터 하나의 인격체로 존중받고, 대화와 토론으로 해결하고, 정치적 올바름에 대해 고민하던 아이들이 일반 회사에 들어가서 잘 적응할 수 있을까라는 의문도 있어요. 억압적인 조직문화나 상사와의 관계 같은 것들 있잖아요.

이교사_ 그래서 그런 친구들이 대부분 예술가의 길을 갈 수밖에 없는 것 같아요. 어떤 친구는 군대 가서야 비로소 그 차이점을 정확하게 느꼈다 하더라구요. 괴리를 자기 몸으로 직접 체득하고 경험해서 다시 태어나는 거죠. 어떤 건 취해야 하고 어떤 건 버려야 하는지 깨닫고. 대학교 가서도 많이 느낀대요. 예를 들면 저희 학교 애가 영문과에 가요. 점수 맞춰서 간 게 아니라 가고 싶어서 갔어요. 중고등학교 때 공부를 안 했으니까 너무 재미있고, 잘하고 싶잖아요. 근데 다른 애들은 설렁설렁하는 거죠. 혼자 질문 하다가 수업시간 늦어지면 애들한테 미움 받고, 중고등학교 선생님들은 궁금증 풀릴 때까지 밤낮으로 가르쳐줬는데 교수님들은 안 그러고. 그러니 자기 혼자 모나고 이상한 애 같아서 힘들어하는 거예요. 이 정도 교육이면 대학교 등록금이 아깝다 싶죠. 근데 그것도 사회화하는 과정이고, 그렇게 타협점을 찾아가겠죠.

심교사_ 제 사촌동생이 고2까지 잘 다니다가 자퇴를 했어요. 학교의 억압적인 체제가 싫었대요. 그렇게 일반적인 과정에서 벗어났을 때, 외부의 시선들 때문에 스스로 굉장히 당당하지 않으면 힘들겠더라고요. 걔가 검정고시 봐서 법대 들어갔는데, 대학은 잘 다녔어요. 그러다 취업할 때가 되니까 출신이 문제가 되는 거죠. 30~40군데 면접을 보는

데 어느 회사든 한 번씩은 물어본대요. "자네는 왜 고등학교는 그만뒀나?"

Q 그럼 체제가 싫었다고 솔직히 얘기를 해요?

심교사_ 아니죠. 잘 포장을 해야죠. 체제부적응적이고 모난 인간이 아니라는 걸 어필해야 하니까요. "그때 이런 걸 느껴서 자퇴를 했지만 지나고 보니 어떤 점이 후회스럽고 그걸 통해서 뭘 깨달았다." 이런 식으로 말했대요.

Q 부모들이 창피해서 밖에다 얘기를 못하는 경우도 있더라구요.

심교사_ 처음엔 작은아버지가 장난이 아니셨어요. 엄청나게 속상해하고 실망하셨죠. 왜 우리 애들이 남들처럼 평범하지 않을까 하고.

Q 그래서 개인차도 중요한 것 같아요. 자존감이 높은 아이들은 충분히 그 상황을 견뎌낼 수 있지만 그렇지 않은 아이들은 어쨌거나 일반학교 안에 적응시키려는 노력이 필요하지 않을까요?

심교사_ 우리가 설득을 하는 것도 그런 거예요. 등교를 거부하고 하루 종일 인터넷만 하는 아이가 있었어요. 엄마랑 둘이 사는데 엄마가 아무리 얘기를 해도 안 들으니까 가정방문을 했어요. 그런데 설득할 수 있는 말이 그것밖에 없어요. "우리 사회에서 중학교도 안 나와서는 할 수 있는 일이 없다. 교육을 떠나서 이 과정을 마친다는 것 자체가 사회에서는 의미가 있는 일이다." 이탈에 대한 두려움 때문에 맞지 않아도 억지로 참아야 하는 거죠. 때론 참는 것 자체가 교육의 일부라고 설득할 때도 있어요. 예를 들어 머리 길이나 복장 때문에 스트레스 받을 때 그러는 거죠. "왜 학생이 머리를 짧게 잘라야 하느냐 논리적으로 설명하라 그러면 난 못한다. 하지만 네가 앞으로 살다보면 싫어도 꼭 지켜야 하는 규칙들이 있다. 같이 어울리고 싶지 않아도 맞춰서 살아야 하고. 그런 걸 다 배워야 한다."

Q 대안학교를 선택할 때 주의할 점을 알려주세요.

이교사_ 부모님들이 학교의 철학이나 교육이념을 크게 고민하지 않고 막연히 '어디가 좋다더라' 이런 생각을 갖고 많이들 오세요. 그럼 나중에 갈등이 생기죠. 특히 비인가 학교들은 부모들의 입김이 셀 수밖에 없어요. 후원금을 5백~1천만원씩 내는데다가, 대안학교에 애들 보낼 정도면 자기가 굉장히 생각이 깨어있고, 교육적인 마인드가 트여있다고 생각하는 분들이거든요. 그래서 학교 일에 굉장히 많이 관여를 하세요. 애들은 놀아도 된다, 무슨 소리냐 그래도 공부는 해야지…… 그러다 학부모들끼리 마찰이 일어나 학교가 갈라지는 경우도 많아요. 서울시대안교육센터에서 운영하는 대안교육 기초 프로그램 같은 것도 활용해보고, 잠깐 시간 내서 학교 훑어보는 거 말고 대안교육이 어떻게 굴러가는지 미리 알아보는 수고를 하셔야 나중에 "괜히 왔네. 이 학교 뭐 이래?" 이런 얘기가 없을 것 같아요.

Q 대안학교보다 일반학교에 더 적합하다고 생각되는 아이들도 있나요?

이교사_ 검사나 의사가 되고 싶은 아이들은 오히려 일반학교가 더 효율적이겠죠. 반면 어느 길을 가야할지 잘 모르는 친구들은 대안학교에 오면 좋아요. 경험의 폭이 굉장히 넓으니까요. 그리고 진짜 일반학교도 아니고 사관학교 가서 버릇을 고쳐야 인간이 될 것 같다, 그런 아이들이 있어요. 너무 제멋대로고, 버릇없고, 자기중심적인 그런 친구들은 와서 공동체성을 기를 수도 있겠지만 오히려 자유를 남용하거나 악용하기도 해요. 그런 아이들은 대안학교에는 안 맞죠.

반면 남들과 함께 사는 데 거부감이 없고 열린 마음으로 받아들일 수 있는 아이들에게는 대안학교가 훌륭한 교육의 장이 될 수 있어요. 저는 일반학교 다 나왔고 거기서 전혀 문제의식 없이 잘 적응하고 살았거든요. 근데 저 같은 평범한 아이도 어릴 때 대안학교를 갔더라면 인생이 달라졌을 거 같아요. 주류에 편승되지 않고 좀 더 용기 있는 선택을 할 수 있었겠죠. 내가 하고 싶은 게 있는데 남들의 시선 때문에 못하고, 안 하고, 미루는 일이 적었을 테고, 좀 더 빨리 주도적인 사람이 됐을 것 같아요.

Q 종합해서 자퇴를 하고 싶어 하는 아이들한테 뭔가 조언을 하신다면?

심교사_ 자퇴 이후의 생활에 대해 깊이 생각하고, 명확한 목표의식을 가지라는 거예요. 그냥 싫으니까 그만둔다는 식의 감정적인 결정은 정말 반대예요. 섣불리 결정하기 전에 사람들의 생각도 좀 알아보고, 어떻게 대처할지 마음의 준비를 하고, 내가 원하는 삶의 형태에 대해서 고민을 해본 다음 결정을 내려야 합니다. 그런 뚜렷한 비전이 없다, 굳이 하고 싶은 게 없다, 그러면 좀 참아보는 것도 좋겠어요.

이교사_ 저도 계획 없이 무작정 자퇴하는 건 절대 반대예요. 다만 다른 형태의 공부를 하고 싶고, 다른 삶을 살고 싶어서 자퇴를 선택한다면, 그리고 그 선택을 책임질 용기가 있다면 괜찮다고 봐요. 미래를 위해서 지금의 행복을 포기하는 건 옳지 않아요. 오늘 행복해야 내일도 행복하고, 내년이 행복해야 10년 뒤도 행복하다고 생각해요. 그런 점에서 대안교육에 대한 대중의 이해가 절실하다고 봐요.

꼭 주류에 편승해서 살아야 행복한 게 아니잖아요? 저는 좋은 직장 다녔고, 돈 많이 벌어서 좋았지만 행복하지 않았어요. 근데 여기 와서는 신선놀음 하는 기분이에요. 하고 싶은 일을 하니까요. 대안학교를 다니든, 자퇴를 하든, 홈스쿨링을 하든, 일반학교를 다니든 사회적 인정 때문이 아니라 자기가 하고 싶은 일을 하면 그게 행복인 거고, 그런 의미에서 대안교육이 하나의 삶의 방식으로 인정받을 수 있으면 좋겠어요. 교육이 다양해지다 보면 삶의 형태도 다양해지겠죠.

심교사_ 저도 동감이에요. 얘기를 들으니까 일반학교에서도 이런 정보가 필요하겠어요. 사실 우리가 만나는 학부모나 아이들 중에도 일반적인 교육에 적응 못하고 갈등하는 경우가 있는데 그들에게 줄 수 있는 자료가 거의 없어요. 경제적인 문제도 있겠지만 몰라서 못하는 경우도 있을 거라고요. 진로지도 선생님들이 '네가 이 틀이 너무 싫으면 다른 길도 있다'라고 보여주면 좋겠어요. 근데 선생님들부터가 잘 몰라요. 사실 공립학교는 사회화 교육기관이거든요. 사회가 요구하는 가치를 아이들에게 가르치는 기관인 거죠.

그래서 저희가 하는 일은 대안학교에서 하는 일과는 많이 달라요. 어찌 보면 정부기관이니까 아이들이 틀에서 벗어나기를 권장하지 않고, 그래서 교사들에게도 이런 대안들을 안내하지 않는 거예요. 물론 교사 개개인의 교육적 신념이나 철학에 따라 아이들에게 영향을 미칠 수 있고, 제가 이 체제에 답답함을 느끼면서도 여기 몸담고 있는 이유가 그런 거예요. 하지만 분명 이 집단에 한계가 있거든요. 그럴 때 아이들에게 다른 길을 보여줄 수 있으면 좋겠어요.

이교사_ 자료가 없는 건 저희도 마찬가지예요. 산골에 있다 보면 다른 세상 굴러가는 걸 몰라요. 일반학교 사정도 잘 알아야 "너는 여기보다 일반학교에 가서 이렇게 하는 게 낫겠다." 말해줄 수 있는데 그런 정보가 부족한 거죠. 일반학교, 대안학교는 물론이고 각 시도교육청의 프로그램들이 유기적으로 연계가 되면 좋겠습니다.

2 Part

학교 밖의 길, 무엇이 있을까?

자퇴를 결심한 여러분에게 일단 격려의 박수를! 교문 밖으로 나왔으니 이젠 수많은 가능성의 문이 열린 셈이다. 처음에는 불안하기도 하고, 앞날이 어떻게 될지 한치 앞도 예측하기 어려울 수도 있다. 그러나 중요한 건, 마음가짐에 따라 학교 밖에서도 얼마든지 건강하고 행복한 삶을 꾸려갈 수 있다는 것이다. 실패하고 시행착오를 거치는 것조차 인생을 배우는 기회가 될 테니 너무 불안해할 필요는 없다. 자, 그럼 이제 뭘 하고 살아야 할까? 여기선 6가지 지도를 제시한다. 기본적인 정보들을 참고로 삼아, 학교 밖에서 자신이 행복해질 수 있는 길을 꼭 찾기를 바란다.

학교는 No! 학위는 Yes?

학교 밖에서 학위를 얻으려면?

열정과 끈기, 포기하지 않는 불굴의 정신. 검정고시 하면 늘 연상되는 말들이다. 그만큼 검정고시는 만학의 꿈을 안고 공부하려는 이들에게 꿈의 기회가 되어왔다. 검정고시는 경제 형편이나 신체적 장애 때문에 공교육을 받기 어려운 사람들을 위해 마련된 제도로, 검정고시 출신들 중에는 국회의원이나 성공한 CEO, 연예인, 스포츠 스타 등이 상당수 있다. 나이, 사회적 지위를 막론하고 누구나 도전할 수 있다는 점에서 꾸준한 인기를 유지하고 있지만, 어쨌든 제도교육 밖에서 자발적으로 준비해야 하는 것이라 상당한 용기가 필요하다.

게다가 합격의 길은 생각만큼 만만하지 않다. 2013년 '고등학교 입학자격 검정고시 실시현황'을 살펴보면 전체 합격률이 72%로 응시자의 절반 이상이 합격한 것으로 나타났다. 그러나 졸업자격을 취득하는 것은 이보다 더 어렵다. 2013년 실시한 '고등학교 졸업자격 검정고시 실시현황'을 살펴보면 합격률이 56% 정도로, 꾸준한 준비 없이 섣불리 시도했다간 낙방하기 십상이다. 모든 시험

검정고시 합격증

이 그러하겠지만, 검정고시를 준비하는 수험생들 역시 정확한 정보를 얻는 것이 중요하다. 그리고 어느 정도의 시간이 필요한지, 어떤 방법으로 준비해야 할 지 스스로 모든 것을 계획해야 하므로 더 많은 노력이 요구된다.

검정고시가 점점 어려워지고 있는 이유가 또 하나 있다. 과거 검정고시는 공부의 때를 놓친 만학도들이 몰려들었지만, 요즘 들어 10대들의 대입 지름길 중 하나로 기능하는 것이 사실이다. 검정고시 점수가 대학진학에 내신 대용으로 활용되면서, 더 높은 점수를 받으려는 10대들이 늘어나고 있기 때문이다. 초등과정 검정고시를 제외하고는 연령 제한

이 없는 실정이라, 젊은 응시자들이 조기 진학의 방편으로 이용하기도 한다. 그걸 증명하는 예로 2012년 고졸 검정고시 합격자 중 63% 이상이 10대로 나타났으며, 고득점자들 역시 10대들이 싹쓸이했다. 상황이 이렇다 보니 검정고시 문제의 난이도는 갈수록 높아지고, 만학도들의 성취동기가 떨어진다는 부작용도 지적되고 있다.

이런 부작용을 두고, 대다수 교육 전문가들은 검정고시 제도에 대한 전반적인 보완이 필요하다고 말한다. 어쨌거나, 현재 한국에서 학교에 다니지 않고 정규 학력을 인정받는 길은 검정고시를 치르는 것뿐이다. 게다가 과거에는 검정고시가 배우지 못한 아쉬움 때문에 선택한 것처럼 인식됐지만, 이제는 당당히 자신의 꿈을 위한 수단으로 이용되고 있다.

검정고시는 정규학교에 진학하지 않은 사람들에게 계속 교육받을 기회를 제공하기 위해 국가가 시행하는 시험이다. 즉, 검정고시에 합격하면 각급 학교의 졸업 또는 입학자격 학력을 인정받게 된다. 현재 검정고시는 크게 다음의 세 분야로 나누어 시행되고 있다. 중학교 입학자격(초등학교 과정), 고등학교 입학자격(중학교 과정), 고등학교 졸업자격(고등학교 과정).

중입 검정고시는 매년 4월 초와 8월 초, 연 2회 시행한다. 응시 자격은 만 12세 이상으로 초등학교 교육과정을 이수하지 않은 사람에 한하며, 필수 4과목(국어·사회·수학·과학)과 선택 2과목(도덕·음악·미술·실과·체육·영어 중 2과목 선택)을 치르면 된다. 단, 만 12세 이상인 자로서 의무교육대상기간에 포함되어 있는 경우 의무교육 여부를 확인할 수 있는 초등학교 정원외관리증명서를 제출해야 한다. 중입 검정고시는 전 과목 평균 60점 이상이면 합격할 수 있으며, 100% 객관식이기 때문에 하루에 1~2시간씩만 꾸준히 공부해도 합격할 수 있다.

고입 검정고시(중졸)와 대입 검정고시(고졸) 역시 1년에 두 차례, 4월 초와 8월 초에 시행된다. 고시 공고는 각·시도 교육청 홈페이지를 통해 2월 초와 5월 말~6월 초에 공개하며, 2월 중순과 6월 중순부터 접수를 시작한다. 전 과목 합격은 100점 만점을 기준으로 평균 60점 이상이 되어야 하며, 합격선을 넘는다 할지라도 한 과목이라도 응시를 빼먹으면 불합격 처리된다. 단, '과목 합격'을 인정하는 제도가 있다. 전 과목 합격을 못했더라도 60점 이상 득점한 과목에 대해서는 합격으로 인정하는 것이다.

여기서 주의할 것은 대입 검정고시의 경우, 공고가 난 날을 기준으로 6개월 전에 자퇴해야 시험에 응시할 수 있다는 사실이다. 예를 들어 2014년 제2회 대입 검정고시를 8월 1일에 시행하고, 6월 1일에 공고가 났다고 가정해보자. 그렇다면, 이 시험에 치르기 위해서는 공고일로부터 6개월 전인 2013년 12월 2일 이전에 자퇴해야 한다. 그 이후에 자퇴한 사람은 8월 1일 시험을 치를 수 없다.

고입 검정고시(중졸)

1. 시험일정

횟수	공고일	접수일	시험일	합격자 발표	공고방법
1회	2월 초	2월 중순	4월 초	5월 초	각 시·도 교육청 홈페이지
2회	5월 말 ~ 6월 초	6월 중순	8월 초	8월 말	

2. 응시자격

- 초등학교 졸업자(단, 중학교 의무교육 대상자는 초·중등교육법 시행령 제29조에 의한 중학교 입학 이후 「유예자 등의 학적관리」에 의한 정원 외관리자)
- 중학교 입학자격 검정고시 합격자
- 상급학교 입학을 위한 학력이 인정되는 중학교에서 공고일 전까지 제적된 자
- 보호소년 등의 처우에 관한 법률 시행령 제69조 제2호 해당자
- 중학교에 준하는 각종학교 졸업자 및 졸업예정자
- 3년제 고등공민학교의 졸업자 및 졸업예정자
- '92. 9. 3 이전 사회교육법시행령 제7조제1항의 규정에 의한 중학교 교육과정에 상응하는 사회교육 과정을 이수한자
- 만 18세 이후에 평생교육법 제23조 제2항에 따라 평가 인정한 학습과정중 고시과목에 관련된 과정을 교육부장관이 정하는 바에 따라 과목당 90시간 이상 이수한자

자퇴할까 학교에 남을까

3. 응시자격 제한

- 중학교 또는 교육부 장관이 지정하는 학교를 졸업한 자 또는 재학 중인 자(휴학자 포함)
- 고시에 관하여 부정행위를 한 자로서 2년이 경과되지 않은 자
- 공고일 이후 중학교 제적된 자
- 공고일 이후 초등학교 졸업자

4. 응시과목

- 필수 5과목(국어, 사회, 수학, 과학, 영어)
- 선택 1과목(도덕, 기술 · 가정, 체육, 음악, 미술 중)

5. 출제범위 및 출제수준

- 교과서를 중심으로 중요하고 기본적인 내용을 출제
- 2007 개정 교육과정에서 골고루 출제
- 문제형식은 객관식 4지 택 1형
- 출제 문항 수는 매 과목당 25문항(단, 수학은 20문항)
- 학년별 출제 비율 : 중학교 교육과정을 기준으로 1학년 10%, 2학년 20%, 3학년 70%
- 예상 난이도 : 쉬운 것 30%, 보통인 것 60%, 어려운 것 10%
- 선택과목에 있어서 특정과목을 선택한 학생이 유리하거나 불리해지는 일이 없도록 가능한 균형을 유지

6. 합격자 결정

- 매 과목당 100점 만점을 기준으로 하여 전 과목 평균 60점 이상 득점하면 합격자로 함(과목 낙제제도 폐지)
- 전 과목 합격을 못한 경우 60점 이상 득점한 과목에 대해서는 과목 합격으로 인정
- 과목 합격은 전 과목 합격할 때까지 유효하며 다음 시험에 그 과목을 면제받을 수 있다.
- 시험 중 평균점수가 합격선을 넘는 경우라도 반드시 전 과목을 응시하여야 합격 처리됨(한 과목이라도 결시하면 불합격 처리됨)

※합격자 취소 : 응시자격에 결격이 있는 자, 제출서류를 위조 또는 변조한 자, 부정행위자

7. 구비서류

- 검정고시 응시원서 1부(지역별 교육청 소정양식)
- 사진 2매(3개월 내 촬영한 탈모 상반신 반명함판, 3cm × 4cm)
- 본인의 해당 최종학력증명서 1부(검정고시 출신자는 합격증서 원본과 사본 각 1부, 검정고시 출신을 제외한 자는 본인의 최종학력(졸업 · 졸업예정 · 제적) 증명)
- 과목합격자로서 해당 과목을 면제받고자 하는 자는 과목합격증명서 1부
- 응시 수수료 무료

8. 시험시간표

교시	과목	문항수(문항)	시간
1교시	국어	25	09:00 ~ 09:40(40분)
2교시	수학	20	10:00 ~ 10:40(40분)
3교시	영어	25	11:00 ~ 11:40(40분)
4교시	사회	25	12:00 ~ 12:30(30분)
중식			
5교시	과학	25	13:30 ~ 14:00(30분)
6교시	선택 1	25	14:20 ~ 14:50(30분)

대입 검정고시(고졸)

1. 시험일정

횟수	공고일	접수일	시험일	합격자 발표	공고방법
1회	2월 초	2월 중순	4월 초	5월 초	각 시·도 교육청 홈페이지
2회	5월 말 ~ 6월 초	6월 중순	8월 초	8월 말	

2. 응시자격

- 중학교 졸업자(시험 공고일 전 졸업자만 해당)
- 고등학교 입학자격 검정고시 합격자
- 상급학교 입학을 위한 학력이 인정되는 고등학교에서 공고일 6개월 전 제적된 자
- 보호소년 등의 처우에 관한 법률 시행령 제69조 제3호 해당자

- 3년제 고등기술학교, 고등학교에 준하는 각종 학교 졸업자 및 졸업예정자
- 중학교 또는 동등 이상 학력자를 대상으로 하는 3년제 직업 훈련 과정의 수료자

3. 응시자격 제한

- 고등학교 또는 교육부장관이 지정하는 학교를 졸업한 자 또는 재학 중인 자(휴학자 및 중학교 졸업예정자 포함)
- 고시에 관하여 부정행위를 한 자로서 2년이 경과되지 않은 자
- 공고일 기준 고등학교에서 제적된 날로부터 6개월이 경과되지 않은 자 (장애인복지법에 의해 정당한 사유로 자퇴한 경우는 제외)

4. 응시과목

- 2015년 개정 시행

필수 6과목(국어, 사회, 한국사, 수학, 과학, 영어)

선택 1과목(도덕, 기술 · 가정, 체육, 음악, 미술 중)

5. 출제범위 및 출제수준

- 교과서를 중심으로 중요하고 기본적인 내용을 출제
- 2007 개정 교육과정에서 골고루 출제
- 문제형식은 객관식 4지 택 1형

- 출제 문항 수는 매 과목당 25문항(단, 수학은 20문항)
- 예상난이도 : 쉬운 것 30%, 보통인 것 60%, 어려운 것 10%
- 선택과목에 있어서 특정과목을 선택한 학생이 유리하거나 불리해 지는 일이 없도록 가능한 균형을 유지

6. 합격자 결정

- 매 과목당 100점 만점을 기준으로 하여 전 과목 평균 60점 이상 득점하면 합격자로 함(과목 낙제제도 폐지)
- 전 과목 합격을 못한 경우 60점 이상 득점한 과목에 대해서는 과목 합격으로 인정
- 과목 합격은 전 과목 합격할 때까지 유효하며 다음 시험에 그 과목을 면제받을 수 있다.
- 시험 중 평균점수가 합격선을 넘는 경우라도 반드시 전 과목을 응시하여야 합격 처리됨(한 과목이라도 결시하면 불합격 처리됨)

※합격자 취소 : 응시자격에 결격이 있는 자, 제출서류를 위조 또는 변조한 자, 부정행위자

7. 구비서류

- 검정고시 응시원서 1부(지역별 교육청 소정양식)
- 사진 2매(3개월 내 촬영한 탈모 상반신 반명함판, 3cm × 4cm)
- 본인의 해당 최종학력증명서 1부(검정고시 출신자는 합격증서 원본과 사본 각 1부, 검정고시 출신을 제외한 자는 본인의 최종학력(졸업·졸

업예정 · 제적) 증명)

- 과목합격자로서 해당 과목을 면제받고자 하는 자는 과목합격증
  명서 1부
- 응시 수수료 1만원

8. 시험시간표

교시	과목	문항수(문항)	시간
1교시	국어	25	09:00 ∼ 09:40(40분)
2교시	수학	20	10:00 ∼ 10:40(40분)
3교시	영어	25	11:00 ∼ 11:40(40분)
4교시	사회	25	12:00 ∼ 12:30(30분)
중식			
5교시	과학	25	13:30 ∼ 14:00(30분)
6교시	선택 1	25	14:20 ∼ 14:50(30분)
7교시	선택 2	25	15:10 ∼ 15:40(30분)
8교시	국사	25	16:00 ∼ 16:30(30분)

자퇴할까 학교에 남을까

검정고시, 어떻게 준비할까?

검정고시에 대한 기본 정보를 숙지했다면, 이제 본격적인 준비에 돌입할 차례다. 학교에서는 수업과 여러 차례의 시험을 통해 시간 관리에 대한 감각을 익힐 수 있지만, 검정고시는 본인이 모든 것을 스스로 관리해야 한다. 게다가 생각보다 많은 과목을 준비해야 하기 때문에, 체계적인 계획을 세워 준비할 필요가 있다. 대입 검정고시를 준비하는 사람이라면 더욱 치밀한 준비가 필요할 것이다. 그렇다고 지레 겁먹을 필요는 없다. 진부한 말이지만 '시작이 반이다'란 생각으로 한 단계씩 밟아 나간다면 충분히 목표에 도달할 수 있을 것이다.

검정고시를 준비하는 데 있어서, 정답은 없다. 본인의 성향, 학습 수준, 투여 시간에 따라 적절한 방법을 선택하면 된다. 교재를 구입해 독학할 수도 있고, 모든 것을 혼자 해결하기 어렵다면 학원에 다니면서 교사의 도움을 받을 수도 있다. 하루에 고정적인 시간을 투자하기 어려운 경우, 동영상 강의를 활용하는 것도 좋은 방법일 것이다. 중요한 것은 검정고시도 수능과 마찬가지로, 정확한 정보를 얻어야 한다는 점이다. 특히 홀로 검정고시를 준비할 경우, 검정고시 동호회나 카페, 스터디 그룹 등을 활용할 것을 권한다. 검정고시 요강에서부터 기출문제, 예상문제, 그밖에 검정고시에 도움이 되는 정보들을 쉽게 구할 수 있다.

학원 수업은 편의성은 떨어지지만, 직접적인 면학 분위기를 느낄 수

알아두세요

검정고시, 어디까지 알고 있니?

Q1. 검정고시 합격자는 내신을 어떻게 적용할까?

A1. 검정고시에 합격해서 수능에 응시할 경우, 전에 다니던 학교의 기록은 반영되지 않는다. 그렇다면 검정고시 출신은 내신, 즉 학교생활기록부가 없는데 어떻게 내신을 산출할까? 이를 위해 만들어진 게 바로 '비교내신제'다. 비교내신은 수능 점수에 따라서 내신을 산출하는 것으로, 나와 같은 과에 지원한 다른 학생들의 내신 평균을 적용시키는 것이다. 비교내신은 대학마다 적용 방식이 조금씩 다르기 때문에, 지원하고자 하는 대학의 비교내신 반영을 확인해서 정확한 내신점수를 산출할 수 있다.

Q2. 검정고시 합격자도 대학 수시모집에 지원할 수 있을까?

A2. 가능하다. 과거에는 몇몇 대학들이 검정고시 출신자들의 수시모집을 제한했으나, 국가인권위원회로부터 '검정고시 출신자에 대한 비교내신의 대안이 없다거나 어렵다는 이유로 수시모집에서 응시를 제한하는 것은 검정고시 출신자들에게 교육을 받을 기회를 차별하는 것'이라며 개선을 권고 받았다. 이후 2008년부터 검정고시 출신자들에게도 일반 고등학교와 동일한 자격을 부여하면서, 대학 수시모집의 길이 열렸다. 그러나 여전히 검정고시 출신자들을 위한 수시모집의 길은 좁은 편이다. 때문에 수시모집보다는 수능에 주력하는 편이 더 낫다는 조언도 있다.

Q3. 대입 검정고시 면제과목이 늘어난다는데?

A3. 원래 3년제 고등기술학교를 졸업하거나 기능사 이상 자격증이 있는 응시자

검정고시 사이버 강의_검정고시 학원을 다니지 교육지원을 받을 수 있는 곳이 많이 있다

에 한해 국어, 영어, 수학 세 과목만 응시하면 되는 조항이 있다. 그런데 최근에는 만 18세 이상의 성인이 일정 기간 평생교육을 이수할 경우, 응시 과목을 면제해주는 방안이 추진됐다. 이는 평생교육 이력을 검정고시 면제에 활용해, 비학령기 성인의 학력 취득 기회를 확대하기 위한 것. 2012년부터 본격적으로 시행된 평생학습계좌제도는 만 18세 이상 성인이 평생교육진흥원의 평생학습 프로그램을 통해 국어, 영어, 수학을 제외한 과목에 대해 90시간 이상 학습과정을 이수하면, 해당과목에 한해 시험 응시를 면제하고 국어, 영어, 수학 세 과목만 봐도 고졸 학력을 취득할 수 있는 제도이다.

있다는 장점이 있다. 특히 자신이 의지가 약하다고 생각한다면, 다른 사람과의 경쟁을 통해 심기일전의 기회를 얻을 수 있다. 요즘 검정고시 전문학원들은 단순히 수업을 가르치고 정보를 제공하는 것 이상으로, 코칭과 멘토링 역할까지 수행하고 있다. 그렇다면, 어떤 학원을 선택해야 할까? 우수 검정고시 학원을 안내하는 검정고시학원총연합회에서는 '검정고시 합격의 출발은 좋은 학원을 선택하는 것'이라며 다음과 같은 가이드라인을 제시했다.

첫째, 인지도가 있는 안정된 학원을 선택할 것. 최소한 지역에서 10년 이상 된 학원을 선택하는 것이 좋다. 신생학원은 재정 여건이 좋지 않은 경우가 많기 때문에, 수강 도중 학원이 문을 닫게 되면 수강료 환불을 받기 어렵다. 교사들 또한 안정되게 자리 잡지 못한 경우가 많아, 고시생이 시험에 합격할 때까지 책임지지 못할 위험이 있다. 둘째, 담당 교사가 있는 곳을 선택할 것. 풍부한 경험을 지닌 학과 전공 담당 교사가 있으면, 학습 후 취약한 부분까지 도움을 받을 수 있다. 셋째, 강의실을 직접 확인해볼 것. 과정별로 반 편성이 잘 되어있는지, 전문 강사의 개인지도를 받을 수 있는지 직접 강의실을 확인해봐야 한다. 마지막으로 특별강의나 보충강의, 무료수강 제도가 있는지 확인할 것. 보강, 무료수강 제도가 있다는 것은 그만큼 수업을 따라잡기 힘든 학생들을 배려한다는 증거다.

동영상 강의는 보다 유연하고 자기 주도적인 학습을 원하는 고시생들에게 적합하다. 수강료 역시 오프라인 수강료의 3분의 1 수준으로,

경제적 효과도 크다. 학원 수업은 커리큘럼이 고정적인데다, 고정된 시간에 통학해야 하기 때문에 시간도 많이 든다. 반면 동영상 강의는 수강자가 자신의 학습 수준에 따라 원하는 시간대에 여러 차례 반복해서 들을 수 있다는 점에서, 편의성과 집중성이 높다. 학원에서처럼 직접적인 커뮤니케이션은 없지만, 요즘은 동영상 강의를 제공하는 업체에서 자체 홈페이지나 블로그, 트위터 등을 통해 학생과 강사의 소통을 신속하게 진행하고 있다. 다만 생동감이 떨어지기 때문에 쉽게 지루해질 수 있으니, 처음에는 동영상 강의에 적응하는 기간이 필요하다. 이때 자신에게 좀 더 흥미로운 과목부터 접근하는 것도 방법이다.

이처럼 독학이든, 학원 수업이든, 동영상 강의든 규칙적인 학습 습관을 기르는 것이 중요하다. 장기적인 계획을 세우지 않고 욕심만 냈다가는, 쉽게 지치기 십상이다. 하루에 공부할 분량을 정해놓고 그날 학습한 부분을 충분히 복습하는 습관을 들이는 것이 검정고시 합격의 지름길이다.

과목별 학습 전략

매년 검정고시의 난이도와 출제경향은 조금씩 다르지만, 과목별 기본학습법은 변하지 않는다. 검정고시 학원들이 제시한 학습전략을 참고삼아, 나만의 학습 커리큘럼을 짜보는 게 좋겠다.

1. 국어 : 국어 학습의 기본은 읽기다. 모든 문제의 정답이 본문에 있다는 점을 명심하고, 정독으로 여러 차례 읽어보도록 한다. 많이 읽어보면 속독이 가능해져서, 시험 대비에 있어 뛰어난 효과를 거둘 수 있다. 글을 읽을 때는 무턱대고 읽어 내려갈 것이 아니라, 글의 종류를 파악하며 읽는다. 설명문, 소설, 수필 등 글의 종류에 따라 접근법이 다를 수 있다. 다음으로 전체 줄거리와 중심 내용이 무엇인지 숙지하면서 공부한다. 특히 대단원의 길잡이에서 제시하는 방향을 잘 알아두고, 소단원을 읽으면서는 내용을 이해한다.

2. 영어 : 영어는 단순한 문법 학습이나 문장 해석보다 습관, 반복에 의한 학습이 중요하다. 시험 대비를 위해서는 무엇보다 예습이 가장 중요한데, 예습을 하지 않고 강의를 들으면 단어나 단락 내용을 완전히 이해할 수 없다. 따라서 예습을 통해 배울 곳의 핵심 요소를 먼저 파악하고, 단어나 숙어를 조사해 가는 동안에 스스로 약점을 발견할 수 있도록 하는 것이 좋다. 각 과의 연습문제를 꼭 확인하고 문제에 나와 있는 문장은 무조건 암기하는 것이 좋다. 또한 생소한 지문이 나왔을 때 당황하지 않도록 평소 독해에 신경을 많이 써 두어야 한다.

3. 수학 : 수학은 모르는 것을 건너뛰고 넘어갈 경우 연결이 되지 않아, 이해하는 데 굉장한 어려움을 느끼게 되는 과목이다. 따라서 여유를 가지고 차근차근 공부하는 습관이 필요하다. 문제를 풀 때는 암산하듯 풀지 말고 모든 문제를 연습장에 꼼꼼하게 풀어나가

야 한다. 특히 문제를 보고 자연스럽게 풀이과정을 생각할 수 있을 정도로 평소 많은 문제를 풀어보는 것이 중요하다.

4. **과학** : 과학은 기본 개념을 정확이 이해했을 때 연계된 단원을 확실히 이해할 수 있다. 처음에는 외워야 하는 부분을 정확하게 암기하고, 그 다음 이해력과 응용력이 필요한 부분으로 넘어간다. 도표와 그래프의 해석, 실험 결과 분석 문제들의 비중도 조금씩 높아지므로 다소 어려운 부분까지 충분히 학습해야 한다. 과학은 다른 과목에 비해 용어에 대한 확실한 정리가 필요하므로 평소 예습 복습을 철저히 해두는 것이 좋다.

5. **사회** : 각 단원의 제목에 그 단원의 특성이 집약되어 있다. 교재를 읽어가면서 중요한 내용을 책에 직접 체크해가면서 공부하는 것이 좋다. 이해를 요구하는 부분은 여러 번 정독하고 암기를 요구하는 부분은 요점정리 노트를 활용하여 정리해두어야 한다. 지도나 도표를 꼼꼼하게 살피는 습관이 필요하고, 충분한 문제풀이를 통해 시험에 대한 감각을 익혀두는 것이 좋다. 역사적 흐름을 이해하고 주요 사건에 대한 원인과 결과를 파악하며, 시대와 그 시대에 일어난 사건의 연관성을 기억해 두는 것이 중요하다.

6. **도덕/가정과학** : 얼핏 쉬운 과목이라고 생각되기도 하지만, 개념을 정리하여 외우지 않으면 틀리기 쉽다. 우선 교재를 쭉 훑어보면서 전체적으로 무슨 내용인지를 파악하고, 단원의 흐름을 떠올리면서 요점정리 노트에 번호를 매겨가며 체계적으로 정리하며 외운다.

요점정리 노트를 꼼꼼히 암기한 후, 문제풀이를 통해 많은 문제를 접해본다.

자료 : 에듀윌 검정고시 전문교육원

도움이 될 만한 사이트

- 나도 할 수 있다. 검정고시 http://cafe.naver.com/icanpass
- cafe 검정교실 시즌2 http://cafe.naver.com/gogogosi
- 에듀윌 http://www.eduwill.net
- 에듀피디 : http://www.edupd.com
- 시대고시 http://www.isidae.com
- 에듀라인 http://www.eduline.or.kr
- 아이러브고시 http://www.ilovegosi.net
- 한솔캐스트 http://www.hansolcast.co.kr
- 펌에듀 http://firmedu.kr
- 한국검정고시인터넷교육방송국 http://www.ki.or.kr
- 검정고시학원총연합회 http://gumjung.com
- 한국교육과정평가원 http://www.kice.re.kr

네이버 카페 검정교실 시즌2

또 하나의 학교, 가정

의무교육 = 의무취학?

아침 8시. 학교에 다니는 십대라면, 대부분 집에서 아침밥을 먹고 허둥지둥 현관문을 나설 때다. 아니, 벌써 학교에 도착해서 아침 자습을 시작한 학생들도 있을지 모른다. 그런데 조금 다른 풍경을 상상해보자. 8시가 훌쩍 넘어 기상해서는 뒷산에 운동을 하러 간다. 이후 잔잔한 음악을 틀어놓고 평화롭게 아침식사를 마치고 나면, 신문을 읽고 가족들과 한바탕 토론을 벌인다. 잠시 인터넷 검색을 하거나 만화를 보면서 시간을 보내기도 한다. 교과서 대신 문학전집을 읽고, 두세 시간 정도 교과 공부를 하고 나면 나머지는 자유시간이다. 과외활동이라면 주말

에 농장에 가서 들꽃을 관찰하고, 두 달에 한 번씩 역사여행을 떠나는 정도? 여기에는 빡빡하게 짜인 시간표도, 시험 스트레스도 없다.

　학생을 둔 대부분의 가정과는 확연히 다른 풍경. 그렇다고 특별히 아파서 학교에 못갈 사정이 있는 것도 아니다. 자녀는 학교에 안 가길 선택했고, 부모는 학교에 안 보내기로 결심한 것이다. 이처럼 학교에 가지 않고 가정에서 배우는 것을 '홈스쿨링'home schooling이라고 한다. 학교교육을 받지 않는다는 뜻에서 '언스쿨링'un-schooling이라고 부르기도 한다. 언스쿨링은 학교에 가지 않는다는 점은 홈스쿨링과 같지만, 부모가 개입하지 않고 학생 스스로가 무엇을 배울 것인지 결정하고 선택한다는 차이점이 있다. 그밖에도 '홈스쿨'이란 말 외에 종종 '가정학교' '홈 애듀케이션' 등 다른 용어와 혼용되기도 한다.

서양에서는 주로 선교사 가정에서 홈스쿨링이 시행되었는데, 부모가 이곳 저곳 이동을 많이 하다 보니 학교 교육이 어려웠기 때문이다. 그 전으로 거슬러 올라가면 공교육 제도가 도입되기 전 귀족들 사이에서는 가정교사를 불러 집에서 수업을 시키는 경우가 허다했으니, 홈스쿨링의 역사는 꽤 오래되었다고 할 수 있다. 그런 점에서 현재 홈스쿨링은 일종의 사회운동으로 번지고 있는 실정이다. 공교육 제도가 일반화되면서, 교육의 개념이 '교사'가 '학교'에서 '정부'가 가르치라고 지정한 것을 가르치는 것이라고 굳어진 것이 사실. 그 결과 학교와 부모의 역할이 분리되면서 획일적인 교육으로 번졌는데, 홈스쿨링은 바로 이에 반대하여 '맞춤형 교육'을 시도하려는 움직임이다. 즉 '학교=교육'이란 등식을 깨뜨리려는 것이다.

홈스쿨링을 선택하는 주체는 아무래도 학생보다 학부모 쪽이 더 많다. 이유도 다양하다. 학교와 집이 지나치게 멀어서 어쩔 수 없이 홈스쿨링을 하는 사람들도 있지만, 그보다는 학부모의 강한 종교적 · 이데올로기적 가치관이 작용하는 경우가 많다. 또한 기존 학교교육에 불만을 가지거나, 학부모가 학교보다 더 나은 교육을 시킬 수 있다는 확신이 들 때 홈스쿨링을 결심한다. 최근에는 인터넷이 발달하면서 교육에 필요한 정보를 쉽게 얻을 수 있기 때문에, 적극적으로 부모의 권리를 행사하려는 학부모들이 늘고 있다. 홈스쿨링을 선택한 부모들 중에는 표준화된 학교교육에 저항하는 사람들이 많다. 그들은 지식 위주의 학교교육으로부터 가정을 보호하고, 개인의 가치와 신념을 유지하려고 노력한다. 때문에 홈스쿨링은 부모의 교육관, 교육환경, 지식수준에 따라 그 내용과 결과가 확연히 달라진다.

그렇다고 홈스쿨링이 꼭 공교육을 전면 부정한다고 판단하긴 어렵다. 홈스쿨링을 결심한 부모들의 사연을 엮은 저서『홈스쿨링, 오래된 미래』(민들레 엮음)에서는 (제목에서도 알 수 있듯) 홈스쿨링을 '오래된 미래'라고 부른다. 근대 교육이 생기기 이전의 교육 형태가 홈스쿨링이었고, 현대 학교의 문제점을 해소하기 위한 대안 중 하나도 홈스쿨링이라는 것이다. 가장 훌륭한 교육은 개인에 맞춘 교육이다. 그러나 학교는 기성복과 같아서 맞춤옷을 제공해줄 수 없다. 이때 필요한 것이 홈스쿨링이며, 홈스쿨링은 공교육이 주지 못한 것을 채워주고 더 나아가 교육이 나아가야 할 방향을 제시해준다는 것이다.

그러나 가장 큰 문제는, 한국에서 홈스쿨링에 대한 법률적 기반이 없다는 사실이다. 다시 말해, 현재 한국의 교육 관련 법률을 따져보면 홈스쿨링은 불법적인 교육제도다. 미국의 경우, 수년간의 법정공방 끝에 1993년 홈스쿨링이 합법화됐다. 교육 관계자가 1년에 2~3차례 홈스쿨링을 실시하는 가정을 방문해 교육 실태를 확인하면 되는 것이다. 반면, 대한민국 헌법은 국민의 4대 의무로 근로, 납세, 국방의 의무와 함께 '교육의 의무'(헌법 제31조)를 규정하고 있다. 교육은 누구나 능력에 따라 균등하게 받을 수 있는 권리이자, 의무인 것이다. 문제는 교육 관련 법률들이 '교육의 의무'를 '취학의 의무'로 해석하고 있다는 사실이다.

교육 관련 법률 조항

헌법 제31조

① 모든 국민은 능력에 따라 균등하게 교육을 받을 권리를 가진다.

② 모든 국민은 그 보호하는 자녀에게 적어도 초등교육과 법률이 정하는 교육을 받게 할 의무를 진다.

③ 의무교육은 무상으로 한다.

교육기본법 제8조

① 의무교육은 6년의 초등교육 및 3년의 중등교육으로 한다. 다만, 3년의 중등교육에 관한 의무교육은 국가의 재정여건을 고려하여 대통령령이 정하는 바에 의하여 순차적으로 실시한다.

② 모든 국민은 제1항의 규정에 의한 의무교육을 받을 권리를 가진다.

초 · 중등교육법 제13조

① 모든 국민은 보호하는 자녀 또는 아동이 6세가 된 날이 속하는 해의 다음 해 3월 1일에 그 자녀 또는 아동을 초등학교에 입학시켜야 하고, 초등학교를 졸업할 때까지 다니게 하여야 한다.

② 모든 국민은 보호하는 자녀 또는 아동이 초등학교를 졸업한 학년의 다음 학년 초에 그 자녀 또는 아동을 중학교에 입학시켜야 하고, 중학교를 졸업할 때까지 다니게 하여야 한다.

초 · 중등교육법 제14조

① 질병 · 발육 상태 등 부득이한 사유로 취학이 불가능한 의무교육 대상자에 대하여는 대통령령으로 정하는 바에 따라 제13조에 따른 취학 의무를 면제하거나 유예할 수 있다.

초 · 중등교육법 시행령 제23조

① 교육기본법 제8조의 규정에 의한 3년의 중등교육에 대한 의무교육은 다음 각호의 1에 해당하는 자에 대하여는 우선적으로 실시한다.

   1) 행정구역상 읍 · 면지역에 소재하는 초등학교를 학구로 하는 지역에 거주하는 중학교 학령 대상자

   2) 행정구역상 읍 · 면지역이 아닌 지역 중 별표 1에 의한 도서벽지 지역에 소재하는 초등학교를 학구로 하는 지역에 거주하는 중학교 학령 대상자

   3) 특수교육진흥법 제10조의 규정에 의한 특수교육 대상자 중 중학교 과정 교육 대상자 (시행령 삭제)

위 조항들을 살펴보면, 한국에서는 '의무교육'이 곧 '의무취학'이다. 따라서 국가는 학교를 설치 · 운영할 의무가 있고, 부모는 일정 연령의 자녀를 학교에 보내야 한다. 한국에 거주하는 모든 아동들은 중학교까지 의무적으로 마쳐야 하는데, 적령기가 된 자녀를 학교에 보내지 않으

면 100만원 이하의 과태료를 물게 된다(초 · 중등교육법 제68조 제1항). 홈스쿨링을 실시하는 가정 중 과태료 처분을 받은 사례는 거의 없다고 하는데, 이는 교육부와 교육청이 홈스쿨링에 관대하다기보다 그만큼 관심을 쏟지 못하고 있다는 증거다. 이처럼 홈스쿨링에 대한 법적 · 행정적 기반이 없다는 것은 '공교육'이 교육 주도권을 쥐고 있다는 뜻으로 보인다.

엄밀히 말해 취학은 교육의 한 방법일 뿐이지만, 언제부턴가 교육과 학교를 같은 것으로 보는 관점이 굳어졌다. 홈스쿨링을 지지하는 사람들은 '교육은 공교육을 위한 학교가 생기기 훨씬 전부터 존재하던 활동'이라고 말한다. 가정, 일터, 동네, 종교기관, 또래집단 등 배움의 기회는 어디에나 있다. 그러나 산업화가 가속화되면서 공립학교들이 세워졌고, 학교가 교육을 독점한 나머지 '교육=취학'의 등식이 성립됐다. 과거에는 빈곤층 자녀들에게도 교육의 기회를 제공한다는 점에서 공교육의 의미가 있었지만, 요즘은 반대로 공교육에 염증을 느낀 부모들이 교육의 주도권을 회복하려는 움직임을 보이고 있다.

교육의 의무란, 부모가 자녀들이 교육받을 수 있는 적절한 환경을 만들어주는 것이다. 그리고 교육이란 학교에서만 하는 것이 아니다. 부모가 자녀교육을 더 잘 하기 위해 학교에 보내지 않는 경우, 이를 의무교육 위반으로 보기는 어렵다. 바로 이 인식이 확산되면서, 홈스쿨링은 대안교육의 한 형태로서 공교육의 자극제 역할을 하고 있다. 다만 홈스쿨링을 시도하려는 가정이 지역 학교와 마찰을 겪는 경우가 많아, 법적인 제도가 마련되기 전까지는 학교와의 관계를 어떻게 풀어갈 것인가가 중대한 숙제로 남아있다.

홈스쿨링, 어디까지 왔나?

홈스쿨링은 1960년대 초에서 1970년대 말, 서구를 중심으로 본격적인 싹이 트기 시작했다. 그 전까지만 해도 일부 가정이 종교적인 이유로 홈스쿨링을 선택하는 정도였다. 그러던 것이 1960년대 말 학교교육에 대한 비판이 거세지면서, 1980년대 중반부터는 다양한 배경을 가진 학부모들이 홈스쿨링에 참여했고, 1990년대 들어서면서는 홈스쿨링이 대중적인 교육의 한 형태로 자리 잡았다. 사회구조가 변하고 문화적 의식이 성숙하면서, 교육의 질적 향상을 꿈꾸는 부모들이 공교육에 만족하지 못했던 것이다. 최근 미국의 홈스쿨링을 두고 '중산층의 반란'이라고 표현하는 것도 비슷한 맥락에서다.

그렇다면 한국 홈스쿨링의 역사는 어떻게 될까? 그에 앞서, 이미 성공적인 홈스쿨링을 운영하고 있는 선진국의 사례를 먼저 살펴보자. 미국의 경우, 초기 홈스쿨링은 부모의 종교적 가치관이나 이데올로기에 의해 시행되는 경우가 많았다. 미국은 다양한 인종과 민족, 종교가 얽혀 있는 나라다. 때문에 공립학교에서는 다양한 종파 중 어떤 특정 교리를 가르치기 힘들다. 따라서 사립 미션스쿨에 보낼 형편이 안 되는 부모들이나 직접 종교적 가치관을 가르치려는 부모들이 홈스쿨링을 선택했다. 이처럼 미국의 홈스쿨링은 종교적인 동기에서 시작되었는데, 현재 미국에서 홈스쿨링 자료를 제공하는 회사들 역시 대부분 종교적인 배경을 가지고 있다. 그러나 최근에는 총기 사고나 인종 차별, 학교 폭력에서 자녀를 보호하려 하거나 교육적인 목적 때문에 홈스쿨링을 선택하는 가정들이 늘고 있다.

이제 미국의 학부모들은 다양한 이유로 홈스쿨링을 하고 있다. 자녀의 지적 성취도를 높이려는 부모들 외에도, 공교육으로 대변되는 주류 문화에 저항하고 새로운 생활양식을 추구하려는 부모들이 늘고 있다. 게다가 1993년 유치원부터 대학까지 모든 교육과정을 집에서 가르치려는 것이 합법화된 이후, 매년 홈스쿨링 인구가 15% 이상씩 증가하는 추세다. 그 결과 홈스쿨링 네트워크가 활발하게 운영되고 있고, 많은 관련 단체에서 홈스쿨링과 관련된 교육정보나 법률정보를 제공해주고 있다.

물론 미국 홈스쿨링 합법화는 부모들의 노력이 있었기에 가능했다. 부모들이 연대하여 법정에서 투쟁하고, 입법 활동에 힘쓴 것이다. 가장 대표적인 네트워크가 변호사 부모들이 주축이 된 홈스쿨법 보호협회 HSLDA, The Home School Legal Defense Association다. 여기서는 각 주의 변호사 부모들이 회원들을 대신해 홈스쿨에 관련된 법적 싸움을 담당한다. 또한 홈스쿨에 불리한 법이 통과될 기미가 보이면 긴급 조치를 취하고, 회원들에게 발 빠르게 연락해 정보를 제공한다. 이런 노력이 있었기에, 미국의

홈스쿨링의 선구자, 존 홀트

• 홈스쿨링에 관한 자료를 찾아볼 때 늘 거론되는 이름이 있다. 바로 미국의 교육개혁가이자 홈스쿨링의 선구자 존 홀트다. 존 홀트는 1977년 '언스쿨링'이란 단어를 만들면서, 아이들을 기존 교육의 틀에서 해방시켜 스스로 배우고 싶은 것을 선택하고 배우게 하자고 주장했다. 이것이 발전해 홈스쿨링과 대안교육에 큰 영향을 미쳤다. 1923년 뉴욕에서 태어난 존 홀트는 잠수함 사관으로 제2차세계대전에 참전했고, 종전 후에는 세계연방운동에서 근무했다. 이후 미국 사립초등학교에서 교사로 일하기 시작하면서 미국의 교육개혁에 앞장섰다.

• 홀트는 교사로 일하는 동안 교실에서 벌어지는 일들을 섬세하게 관찰하고 어린아이들의 세계를 탐구했다. 그 결과, 그는 학교는 더 이상 개혁될 수 없다는 것을 깨닫고 학교를 벗어나 배울 수 있는 방법이 없을까 고민했다. 즉, 혁명이 일어날 마냥 기다릴 것이 아니라 각자가 새로운 해결책을 만들어낼 수 있음을 보여주려 했다. 그는 청소년뿐만 아니라 성인 모두가 학교 교육을 거치지 않고도 무언가를 배워서 실천하고, 기술을 익히고, 쓸모 있는 일을 찾을 수 있다고 믿었다. 또한 홀트는 가정이 학교를 그대로 답습해선 안 된다고 말하며, 아동 스스로 원하는 것을 배우는 자유분방한 홈스쿨링을 선호했다. 홀트는 죽을 때까지 배움과 가르침, 교육체제의 근본적인 물음을 멈추지 않았고, 그의 정신은 '홀트 협회'가 이어받아 지금까지 활발한 활동을 하고 있다.

• 홈스쿨링을 결심했다면, 먼저 존 홀트의 저서들을 참고해보는 게 좋겠다. 강제적인 교육을 통하지 않고도 좀 더 능동적이고 흥미로운 삶으로 이끄는 지침서가 될 것이다. 현재 국내에 번역, 출간된 홀트의 저서로는 『아이들은 어떻게 배우는가』, 『아이들은 왜 실패하는가』, 『존 홀트의 학교를 넘어서』, 『실패하는 학교』 등이 있다.

홈스쿨링 협력 모임은 전국적이며 국제적인 수준에서 광범위하게 이루어지고 있다.

대문호의 산실, 영국에서도 홈스쿨링이 활발하게 진행되고 있다. 영국에서는 1977년 홈스쿨링에 뜻이 있는 가정들이 만든 단체 '대안교육'을 시발점으로 홈스쿨링이 서서히 발전했다. 물론 집에서 교육받을 수 있는 권리를 법적으로 인정하는 분위기 때문에 가능한 일이었다. 영국에서 가장 유명한 홈스쿨링 모임으로는 아이리스 해리슨이 설립한 '디 아더와이즈The Otherwise가 있다. 아이리스 해리슨은 난독증 자녀들을 위해 8년간 법적 투쟁을 거쳤고, 그 결과 영국에서 처음으로 홈스쿨링 합법화를 이룬 인물이다. '디 아더와이즈'는 초기에는 회원수가 3~4명에 불과했지만, 현재는 4만명 이상이 참여하고 있는 단체다. 회원들은 모임에서 정보를 얻고, 그 정보를 토대로 각자 집에서 자유롭게 교육하는 방식으로 이루어진다. 결과적으로 홈스쿨링과 지역공동체 교육을 함께 실현하고 있는 것이다.

일본의 경우, 서구보다 훨씬 뒤에 홈스쿨링이 도입됐다. 그 불씨가 된 것이 '도쿄슈레'라는 모임이다. '도쿄슈레'는 1983년 다다미방 하나에서 결성된 '등교거부를 생각하는 모임'에서 출발, 아이들을 위한 대안교육 공간으로 발전했다. '슈레'shure란 그리스어로 '정신을 자유롭게 하는 곳'이란 뜻인데, 그 이름에 걸맞게 자유와 자치를 내걸고 학교 밖의 길을 꾸준히 개척해왔다. '도쿄슈레'의 대표 오구치 게이코는 "1970년대 중반 일본의 고도경제성장과 고학력사회를 배경으로 '학교신앙'이

급속도로 강해졌다"고 말한다. 그는 학교신앙이 강해지면서 학생들의 등교거부 또한 늘어났고, 이제는 교육환경을 바꿔야 할 필요성이 있다고 주장했다. 따라서 '도쿄슈레'에서는 "스스로 학습하고 스스로 결정한다"는 철학 아래 시민활동을 비롯한 여러 프로그램에 자주 참여하는 방식으로 이루어지고 있다.

'도쿄슈레'에서 중요한 활동 중 하나가 바로 홈스쿨링이다. 1994년 11월부터 가정에서 교육하는 '홈슈레'가 본격적으로 시작되었고, 현재 6세부터 21세까지 다양한 연령층이 회원으로 가입해 있다. '도쿄슈레'에서는 홈스쿨링을 실시하는 가정에게 정보를 제공하고, 각 가정이 학교 중심의 가치관에서 벗어나 다양한 교육 형태를 선택할 수 있도록 돕는다. 또한 일본 문부성은 1992년부터 '도쿄슈레'에서 배우는 학생들을 학교에 출석한 것으로 인정하고 있다.

한국에서도 홈스쿨링은 종교적인 이유로 시작됐다. 1980년대 후반, 기독교 단체에서 귀농 및 공동생활을 실시하며 자녀들을 집에서 교육시킨 것이 홈스쿨링의 뿌리가 됐다. 이후 홈스쿨링은 학생 개개인의 적성과 능력을 고려한 '맞춤교육' 쪽으로 초점이 맞춰졌지만, 지금도 여전히 홈스쿨러는 대부분 기독교인인 것으로 추정되고 있다. 자연히 홈스쿨링 네트워크도 기독교를 중심으로 이루어지고 있다. 한국기독교홈스쿨협회, 홈스쿨 어와나, CCC스쿨 등 기독교 홈스쿨 관련 단체에서는 홈스쿨 학습을 지원하고 커리큘럼을 보급하고 있으며, 홈스쿨러의 법적 보호를 위한 활동도 병행한다. 최근에는 교회를 중심으로 한 홈스

대안교육잡지 민들레

쿨링 모임이 늘고 있음을 봐도, 홈스쿨링의 종교적 뿌리를 무시할 순 없을 것이다.

국내에 홈스쿨링이 본격적으로 소개된 것은, 1999년 1월 대안교육 전문잡지 『민들레』가 창간되면서부터다. 『민들레』를 중심으로 새로운 교육환경을 만들고자 하는 이들이 모였고, 이후 공교육의 한계를 느낀 부모들이 홈스쿨링을 선택하는 사례가 많아졌다. 한국에 홈스쿨링이 도입된 지 10년이 지난 지금, 그 특성상 정확한 현황은 파악하기 어렵지만 전국에 1천여 홈스쿨링 가정이 있는 것으로 추산된다. 최근에는 배우 차인표·신애라 부부가 자신들만의 홈스쿨링 교육법을 공개해 화제가 됐고, '느리게 살기'를 실천하는 부모들이 속속 자신들의 교육법을 담은 저서를 출간해 홈스쿨링에 대한 호기심이 높아지고 있다.

그러나 앞서 홈스쿨링을 실시한 서구에 비하면, 한국 홈스쿨링은 이제 겨우 정착 단계에 접어든 셈이다. 학습 네트워크가 시급한 학부모들이 구체적인 방안을 모색하고, 여러 가정이 함께 모여 품앗이 교육을 실시하고 있지만, 현재 한국 홈스쿨링은 법적·제도적 기반이 거의 없는 실정이다. 홈스쿨링을 하는 경우, 의무취학을 시키지 않은 부모는 처벌대상이 된다. 홈스쿨링만으로는 학력 인정이 되지 않으니, 학력을 얻으려면 검정고시를 치르는 수밖에 없다. 게다가 홈스쿨링이 오히려 입시 위주의 교육으로 악용될 수 있다는 부정적 시각 또한 학부모들의 어깨를 무겁게 한다. 이처럼 경제적, 법적, 제도적 기반이 취약하다 보니 학부모가 신체적, 심리적 노동 부담을 질 수밖에 없다.

　서구의 경우를 보더라도, 홈스쿨링은 지역 학교와의 연계, 정부 차원의 도움과 관리로 문제를 해결해나가야 한다. 반면 아직 한국에서는 홈스쿨링이 체계를 갖춘 사회운동으로 발전하지 못한 단계다. 그만큼 한국 홈스쿨링이 공교육을 위협할 만큼의 영향력이 없기 때문에, 하나의 교육과정으로 인정받기 위해선 더 많은 노력이 필요하다. 다행인 건, 홈스쿨링을 하나의 교육과정으로 인정하고 법적 지위를 보장해주려는 움직임이 꾸준히 일고 있다는 사실이다. 대표적인 예로, 일부 대학에서 홈스쿨러를 위한 입학사정관 제도를 적극 검토하고 있다. 2001년 한신대가 처음 도입한 이후 성공회대, 한동대, 숭실대 등에서 대안학교 특별 전형을 시행하고 있다. 인하대학교는 2006년 '홈스쿨링 전형'을 신설해, 제도교육에서 소외된 학생들의 잠재력을 키워주려는 취지를 보이고 있다. 아직 시작 단계에 머물고 있는 상태이고 정부나 지역사회의 관심이 미비하지만, 대안학교 전형으로 대학에 들어가는 학생은 학교당 20명 안팎이며 해마다 늘고 있는 추세임을 고려할 때 앞으로 홈스쿨링에 대한 연구가 가속화될 것이라는 전망이다.

홈스쿨링에 대한 오해와 진실

홈스쿨링이 사회성을 길러줄 수 있을까?

'학교에 다니지 않고도 과연 이 사회가 요구하는 사회성을 기를 수 있을까? 또래 아이들과 어울려야 하는데, 우물 안 개구리가 되는 거 아냐?' 홈스쿨링의 단점을 지적하는 시각 중 가장 두드러지는 것이 바로 사회성 문제다. 이에 대해, 홈스쿨링을 지지하는 사람들은 '과연 사회성이란 무엇인가?'라며 근본적인 질문을 던진다. 현재 제도권 학교가 가르치는 것이 진정한 사회성일까? 학교는 적자생존 사회에서 살아남으라며 경쟁심만 부추기는 건 아닐까? 잘못된 사회에 굳이 적응할 필요가 있을까? 세상에 나를 억지로 끼워 맞추기보다는 세상을 나에게 맞출 수 있는 능력을 기르는 게 더 중요한 것이 아닐까? 등등.

홈스쿨러들이 사회성이 부족하다는 지적에, 홈스쿨러들은 사회성이란 또래 집단과 어울리는 것만이 아니라고 주장한다. 실제 사회에서는 세대를 뛰어넘어 많은 사람들과 어울려 살아야 한다. 그러나 학교는 학년별로 학생들을 나누어 놓았기 때문에, 동급생끼리만 어울릴 수밖에 없다. 학교에서 또래 집단에 적응할 수는 있겠지만, 폭넓은 인간관계를 맺지 못한다는 맹점이 생긴다. 반면 홈스쿨링은 다양한 관계나 모임을 통해, 좀 더 폭넓은 경험을 할 수 있게 도와준다. 경쟁 위주의 삶에서 벗어나, 더 살기 좋은 사회를 만들기 위한 관계로 나아가는 것이다. 홈스쿨링을 하며 자란 아이들은 자유롭고 자율적인 생활을 하기 때문에, 일반학교를 다닌 또래 아이들에 비해 훨씬 성숙한 사회생활을 할 수 있다.

물론 학교에 다니지 않으면 또래 친구들을 만나기 힘든 게 사실이다. 무엇보다 현재 한국의 홈스쿨링 인구가 절대적으로 적은데다, 학교에 다니는 아이들은 방과 후에도 사교육에 시간을 뺏기고 있는 실정이다. 때문에 홈스쿨링을 하는 학생들은 캠프, 자원봉사, 강연, 각종 모임 등을 통해서 자발적으로 사회성을 길러야 한다. 또한 홈스쿨링을 실시하는 다른 가정들과 네트워크를 구축할 필요가 있다. 그러나 외국의 경우 지역 단위 혹은 전국 단위로 홈스쿨링 단체가 활발한 활동을 하고 있는 반면, 한국에서는 아직 움직임이 활발하지 않은 편이다.

현재 한국 홈스쿨링 네트워크는 기독교 신앙에 기초한 크리스천 홈스쿨링 모임이 중심이 되고 있으며, 대안교육 전문잡지 『민들레』 독자들 역시 스스로 새로운 네트워크를 만들어가고 있다. 또한 탈학교 청소년 네트워크 '학교너머'(cafe.naver.com/schoolbeyond)도 홈스쿨러 지원센터의 역할을 하고 있다. '학교너머'에서는 홈스쿨러 가정을 연계하고 다양한 학습 프로그램을 개발하는 등, 개별 단위 홈스쿨의 어려움을 뛰어넘기 위한 노력을 한다.

홈스쿨링은 돈 있는 사람들만 하는 귀족교육이다?

홈스쿨링에 대해 '귀족교육화'를 우려하는 시선이 있는 게 사실이다.

발도르프 교육? 그게 뭐지?

홈스쿨링과 관련해서 또 하나 알아두면 좋을 것이 있다. 홈스쿨링을 실시하는 부모들이 관심을 보이고 있는 교육, 바로 독일의 발도르프 교육체계다. 발도르프는 전인교육 혹은 감성교육의 시초라 할 수 있는데, 1차 세계대전 직후인 1919년 독일 슈투트가르트에서 처음 시작되었다. 발도르프는 독일의 사상가, 루돌프 슈타이너의 '인지학'을 기초로 전개되었다. 슈타이너는 "교육이란 인간 본성에 대한 올바른 인식에서 출발해야 한다"고 주장하며, 인지학적 인간관에서 교육 이념을 발전시켰다. 인지학에서는 인간을 영혼과 정신의 통합체로 보고 있어, 육체적 성장뿐만 아니라 정신적 성장도 함께 이루어져야 한다고 본다. 따라서 교육 역시 지식을 습득하는 과정이 아니라, 한 인간을 완성하는 과정으로 보고 있다. 즉, 교육 자체를 예술적 과정으로 보고 있는 것이다.

'발도르프'란 말은 어떻게 생겨났을까? 그 배경에는 '발도르프 아스토리아' 담배공장 사장, 에밀 몰트가 있다. 에밀 몰트는 슈타이너의 철학에 감명 받아 슈타이너의 교육론을 실천할 학교를 세울 것을 제안했다. 이에 슈타이너는 교사를 양성하고 교육 이념의 기초를 세워, 6개월간의 준비기간 끝에 세계 최초의 발도르프 학교를 열었다. 담배공장 이름이 학교 이름으로, 더 나아가 세계적인 대안교육 체계로 굳어진 것이다. 2차대전 이후 슈타이너의 교육론을 실천하는 발도르프 학교('슈타이너 학교'라고도 부른다)는 폭발적으로 증가했고, 현재 유럽과 북미는 물론 아프리카, 중남미, 아시아 지역에도 확산됐다. 또한 발도르프는 1994년 유네스코에서 '21세기 개혁교육의 모델'로 선정되기도 했다.

현재 한국에서는 푸른숲학교, 구름산학교, 과천자유학교 등이 발도르프에 근거한 교육을 펼치고 있다. 최근에는 홈스쿨링을 하려는 부모들도 발도르프 관

"Siente tu alma, escucha tu corazón."
Rudolf Steiner

루돌프 슈나이터

련 워크샵에 꾸준히 참여하는 등 발도르프 교육에 관심을 보이고 있다. 지식 습득 위주의 학교교육에서 벗어나, 전인적인 교육을 펼치려는 발도르프 교육이야말로 홈스쿨링의 목적과 일맥상통하기 때문이다. 발도르프 교육의 특징은, 교과서도 성적표도 없다는 데 있다. 대신 1학년부터 8학년까지 같은 교사가 담임을 맡아 학생의 발달 상태를 면밀히 관찰한다. 또한 머리와 가슴, 손을 모두 함께 사용하는 예술 형식의 수업을 통해 육체, 마음, 정신이 균형있게 발전하도록 돕는다. 자연친화적이고 아날로그적인 생활방식 또한 발도르프 교육의 특징이라 할 수 있다. 그밖의 발도르프 교육에 대한 자세한 정보를 알고 싶다면, 한국발도르프교육협회(www.waldorf.or.kr)에 문의하면 된다.

홈스쿨링이 사교육을 조장하는 결과를 낳을 수도 있다는 것이다. 결론부터 말하자면, 어떻게 하느냐에 달렸다. 흔히 학교에 다닐 때보다 홈스쿨링을 할 때 더 많은 돈이 든다고 생각한다. 그러나 학교에 다니는 학생들도 사교육에 상당한 돈을 쓰고 있을뿐더러, 홈스쿨링도 품앗이 학습 같은 큰 비용 없이 배울 수 있는 길을 찾는다면 교육비는 크게 문제가 되지 않는다. 가장 중요한 건, 비용이 아니라 부모의 교육철학이 뚜렷해야 한다는 점이다. 자녀들과 함께 보내는 걸 즐거워해야 하고, 아는 것이 풍부해야 하며, 인내심도 많아야 한다.

자녀를 학교에 보내는 부모들에 비해, 홈스쿨링을 하는 부모들은 아무래도 아이들과 함께 보내는 시간이 많아질 수밖에 없다. 하루 종일 함께 있을 필요는 없지만, 일정 시간 이상은 자녀의 학습에 시간과 정성을 쏟아야 하기 때문이다. 따라서 맞벌이 가정에서는 홈스쿨링이 힘들고, 부모 중 한 쪽은 일에 전념할 수 없다 보니 가난한 가정에서는 홈스쿨링을 선뜻 선택하기 어려운 것이 사실이다. 홈스쿨링을 하는 가정 중 자영업을 하는 경우가 많은 것도 그런 이유에서다. 자영업을 하는 가정에서는 부모가 일을 하면서 시간을 낼 수 있으며, 자녀 역시 집안일을 도우면서 많은 것을 배울 수 있다. 그 과정에서 가족간의 커뮤니케이션이 활발해진다는 이점도 있다.

현재 한국에서 홈스쿨링을 택하는 가정의 경우, 부모의 책임감이 보통 이상인 경우가 많다. 그러나 홈스쿨링은 전지전능한 부모들이 하는 것이 아니다. 부모가 자신의 욕망을 지나치게 드러내 자기 뜻대로 자녀를 학습시키려 할 경우, 학교보다 더 많은 통제가 가해질 위험이 있다. 따라서 부모는 함께 배운다는 생각을 갖고, 궁극적으로는 자녀들이 자율성을 기를 수 있도록 도와줘야 한다. 홈스쿨링은 본인의 의지가 가장 중요하다. 아무리 좋은 환경이 조성된다 해도, 본인이 홈스쿨링의 목적이나 의미를 상실한다면 무용지물이 되기 때문이다.

홈스쿨링이 정말 학습 효과가 있을까?

미국의 경우, 홈스쿨러들이 공립학교 학생들에 비해 듣기, 수학, 사회, 과학 등 전 교과에 걸친 성적이 높다는 연구 결과가 있다. 고등학교 과정까지 홈스쿨을 마친 후 대학에 진학하는 비율 역시 공립학교에 비해 크게 떨어지지 않는다. 홈스쿨러들은 통합적인 교육을 받고 독서 위주로 학습하는 편이라, 공교육을 받는 또래 학생들에 비해 더 지식이 풍부해질 수도 있다. 또한 지식의 주입을 넘어 배움의 즐거움을 만끽할 수 있다면, 가정이 곧 생활 태도를 가르쳐주는 학교가 될 수 있다.

홈스쿨링을 하기로 결정했다면, 일단 학교에서 배우는 그 많은 과목을 다 학습해야 한다는 부담을 버려야 한다. 학교에서 실시하는 교과과정도 알고 보면 다 통합된 것이다. 인문, 사회, 자연 과목들은 폭넓은 독서를 통해 학습할 수 있으며, 보다 전문적인 과목은 홈스쿨 관련 단체가 정해놓은 교과과정을 따라가도 좋다. 물론 교재나 과목을 선정할 때는 학생 개인의 취미나 성향을 고려해, 스스로 취미를 붙인 분야에 파고들어갈 수 있도록 해야 한다. 홈스쿨링의 가장 큰 장점은 시간에 쫓길 필요가 없다는 것이다. 무엇보다 홈스쿨링을 하면서 학습 의욕이 향상되고 자기를 실현하고 싶은 욕구가 생긴다면, 그것만으로도 절반은 성공한 셈이다. 이때 부모는 자녀의 학습 행태를 꼼꼼히 기록해 두었다가, 그 성과에 따라 다음 학습 과정을 조정할 필요가 있다.

단, 외국에 비해 한국에서는 홈스쿨링을 뒷받침할 만한 교육기자재나 프로그램이 제대로 조성되어 있지 않기 때문에, 보다 많은 노력이 요구된다. 일례로 현재 미국에서는 저렴한 과학기구가 늘어나고 소프트웨어가 발전하면서 홈랩^{HomeLab}으로 불리는 가정 실험실의 수가 늘어나고 있다. 현미경, 광학기구, 망원경 등을 집에 구비해놓고 바로바로 호기심을 해결할 수 있으며, 스스로 과학적 성과를 지켜볼 수 있는 것이다. 반면 한국 홈스쿨링은 여전히 해결해야 할 문제들이 많이 남아있다. 홈스쿨링의 자율성을 유지하면서 우수한 교육 프로그램을 확보하는 것. 그것이 한국에서 홈스쿨링을 실시하는 가정에게 떨어진 가장 큰 숙제다.

홈스쿨링을 하면서 대학 진학을 하고 싶다면?

외국의 경우, 홈스쿨링을 거친 학생들의 능력을 인정해 대학에서 오히려 입학을 권하기도 한다. 대학에 입학할 수준으로 학습했다는 증거물을 제출하면, 입학을 허가하는 시스템이 갖춰진 것이다. 반면 한국에서는 검정고시 제도로 학력 검증을 간소화하고 있다. 현재 홈스쿨링을 하면서 학력을 인정받는 길은 검정고시를 거치는 것밖에 없다. 홈스쿨링 인구가 늘어나고 있음에도 홈스쿨링을 인정하는 법적인 기반이 마련되어 있지 않다는 증거다. 그러나 한편으로는 지금과 같이 홈스쿨링을 방치하는 상황이 오히려 낫다는 지적이 있다. 미국의 몇몇 주만 예를 들어도, 해마다 홈스쿨러들이 학력 인정 시험을 거쳐야 한다. 반면 한국에서는 검정고시만 치르면 되니, 번거로움은 피할 수 있다는 것이다.

어쨌든 대학 진학을 염두에 두고 있다면, 검정고시에 대한 부담은 크게 가질 필요가 없다. 검정고시란 기초학력을 테스트하는 시험이기 때문에, 이미 대학수능시험을 준비하고 있는 사람들은 쉽게 합격할 수 있다.

부모는 홈스쿨링을 원하지만 자녀가 원하지 않는다면?

홈스쿨링은 가족 커뮤니케이션을 원활하게 해주지만, 동시에 부모와 자녀가 충돌할 경우도 많아진다. 의견 차이가 생길 때, 학습이 힘들고 귀찮아질 때, 부모가 준비한 학습 과정이 마음에 들지 않을 때, 자칫하면 부모와 자녀의 큰 싸움으로 번질 수도 있다. 특히 부모는 홈스쿨링을 시키고 싶어 하는데, 오히려 자녀가 학교에 가길 원하는 경우도 종종 있다. 어린 자녀들의 경우 더욱 그럴 수 있다. 학교에 대한 호기심,

다른 친구들은 모두 학교에 다니는데 나 혼자 외톨이가 되는 것은 아닐까 하는 막연한 두려움을 갖는다.

이때 부모가 기준을 둘 것은 당연히 자녀의 행복이다. 이미 공교육 제도를 거친 부모 입장에서는 더 나은 교육을 시키고 싶어 하겠지만, 자녀가 학교를 다니길 원한다면 일단 자녀의 의견에 따르는 것이 좋다. 자녀의 호기심이 학교에 기울어 있다면 학교에 보내는 것이 좋다. 강제적인 홈스쿨링, 강제적인 탈학교는 홈스쿨링의 애초 취지를 흐트러뜨리는 결과를 낳는다. 설사 자녀가 학교에 가서 여전히 적응하지 못한다 해도, 그때 가서 다시 생각해보는 것도 늦지 않는다.

제도교육과 따로 또 같이

대안학교는 어떻게 싹을 틔웠을까?

1980년대 들어 입시지옥, 청소년 범죄, 학교폭력 등 공교육의 부작용이 속속 드러나자, 공교육의 교육적 기능을 회복하려는 움직임이 일었다. 그러나 제도권 교육은 이미 거대한 사회구조 속에 단단히 맞물려 돌아가고 있어, 개혁이 쉽지 않았다. 그렇다면 결국 제도권 학교 교육을 넘어서야 하지 않을까, 란 생각에서 시작된 것이 대안교육이다. 즉 대안교육은 지나치게 관료적이고 비대해진 공교육에 대한 저항이요, 적극적인 교육개혁의 의지였던 것이다. 대안교육의 구체적인 결과물이자, 15년 남짓한 한국 대안교육 역사에서 가장 알찬 성과가 바로 대안

제천간디학교의 야외 입학식

학교다.

한국 최초의 대안학교는 1997년 경남 산청 지리산 자락에 설립된 간디청소년학교다. 여기서 '최초'란, 전일제 대안학교라는 점에서 의미가 있다. 사실 그 전에도 전일제는 아니더라도 방과 후나 주말, 계절학교 형식으로 새로운 교육 실험을 하는 사람들이 있었다. 그러다가 1995년, 대안학교의 물꼬를 튼 모임이 만들어졌다. 대전 유성에서 만들어진 '새로운 학교를 만드는 사람들의 모임'이 그것이다. 이미 새로운 교육 실험을 하고 있거나 준비 중인 사람들이 이 모임에 참여해, 새로운 학교를 만들기 위한 비전을 나눴다. 대안교육 전문가들을 중심으로 한 이 모임은, 훗날 수많은 대안학교의 모태가 되었다. '생태주의, 공동체적인 삶, 자유와 자율 중심'으로 요약되는 대안학교의 교육 특성 역시, 이 모임에서 여러 차례 논의된 가치다.

대안학교의 개념이 생소한 사람이라도 '간디학교'는 한 번쯤 들어봤을 것이다. 1997년, 간디청소년학교의 개교는 한국 대안교육 역사에서 가장 중요한 사건으로 꼽힌다. 우리나라 최초의 전일제 대안학교인 간디청소년학교는 현재 인가형 학교인 간디고등학교를 비롯해 비인가형 학교인 간디어린이학교, 금산간디학교, 산청간디중학교, 제천간디학교 등으로 분화하고 발전해 왔다. 그렇다면 왜 '간디'일까? 간디학교는 특별히 간디라는 인물을 강조하진 않는다. 다만 간디의 사상에 많은 영향을 받은 설립자 양희규의 교육 신념이 '간디학교'라는 이름을 낳은 것이다.

양희규는 간디의 사상 중 '진리를 향한 단순함, 노동하는 삶, 공동체'의 영향을 받았다. 이는 곧 간디학교의 교육철학으로 발전했다. 따라서 간디학교에서는 '전인적인 인간, 공동체적인 인간, 자연과 조화된 인간'을 교육목표로 세우고 있다. 이는 입시 중심의 도시 학교와는 확연히 달랐다. 당시 간디학교가 기존 학교와 가장 달랐던 점은, 교사와 학생들이 친구 같은 관계를 유지하고 있었다는 것이다. 또한 간디학교에서는 '사랑의 교육'을 토대로 자유교육을 추구하며, 교사와 학생이 모두 참여하는 공동체를 만들었다. '농촌에서의 교육운동'을 펼치며 도시로 집중되는 사회 분위기에 저항했다는 것 또한 간디학교가 거둔 성과라고 할 수 있다.

간디학교와 함께 또 하나 주목할 만한 초기 대안학교로 영산성지고등학교가 있다. 이 학교는 원래 농촌 청소년들을 위한 영산성지학교에서 출발, 1987년부터는 고등학교 과정의 학력인정 학교로 운영해 왔다. '영산성지학교'에서 '영산성지고등학교'로 이름이 바뀌게 된 것은 1998년 특성화 고등학교로 개편하면서부터다. 원불교의 발상지인 전남 영광에 생겨난 학교답게, 영산성지고등학교는 원불교의 원리를 학교 교육에 접목시켰다. 학생 개개인을 교육의 주체로 보고, 학교는 학생들을 위한 따뜻한 보금자리 역할을 해야 한다고 보았던 것이다. 따라서 영산성지고등학교에서는 생활요가, 명상, 마음일기, 산악등반, 전통문화 등을 교육과정에 포함해, '자주적 인간, 도덕적 인간, 창조적 인간, 건강한 인간'을 양성하는 것을 목표로 하고 있다.

여기서 잠깐. 특성화학교란 대체 뭘까? 대안학교와 특성화학교는 같은 말일까? 그렇진 않다. 모든 특성화학교를 대안학교라 부를 수 있지만, 모든 대안학교가 특성화학교인 것은 아니다. 쉽게 말해, 특성화학교는 대안학교 중 교육부의 인가를 받은 학교를 말한다. 한국 최초의 대안학교인 간디청소년학교가 생겨난 후 정부에서는 교육개혁 정책을 펼쳤는데, 그 대표적인 것이 바로 '특성화학교 정책'이다. 입시 위주의 교육에서 탈피해 학생들의 다양한 개성을 존중하려면 다양한 유형의 학교가 필요했다. 따라서 학교 부적응 학생들을 대상으로 한 학교뿐 아니라, 인성교육을 중시하고 자연 친화적인 학습을 실시하는 대안학교들도 '특성화학교'가 된 것이다.

1998년 영산성지학교, 간디학교, 양업고등학교, 화랑고등학교, 원경고등학교, 한빛고등학교 등 6개 학교가 특성화 고등학교가 되는 것으로 시작, 2006년 전국의 특성화 고등학교는 27개에 이르렀다(교육인적자원부의 「대안교육백서」 자료). 특성화학교는 대안학교가 법제화되었다는 점에서 의미를 가진다. 대안학교 설립을 법적, 행정적으로 지원하기 시작한 것이다. 반면 특성화학교는 완전한 자율성을 가지지 못한다는 한계도 있다. 특성화학교를 졸업하면 학력을 인정받을 수 있지만, 공교육 과정을 어느 정도 따라야 한다. 즉, 특성화 중학교는 교육과정의 30%, 특성화 고등학교는 70% 정도의 자율성만 갖는다.

대안학교 역사에서 또 하나 주목할 것은, 도시형 대안학교의 탄생이다. 그 중심에 있는 것이 1999년 문을 연 '서울시청소년직업체험센터', 즉 '하자센터'로 더 잘 알려져 있는 학교다. 원래 하자센터는 학교가 아니라, 학교 밖에 있는 청소년들에게 길 찾기를 도와주는 학습공간이었다. 여기에는 정해진 교육 내용이나 교과목, 시간표가 없었다. 그저 좋

하자센터 전경

은 인생 선배나 스승을 만날 수 있고, 제도 교육에서 만날 수 없는 새로운 관계가 정립되는 곳이었다. 그러다가 하자센터를 찾는 학교 밖 청소년들이 많아지면서, 2001년 9월 '하자작업장학교'가 만들어졌다. 규모가 점점 커지자 이를 합리적으로 운영하기 위한 최소한의 제도적 장치를 마련한 것이다. 하자작업장학교는 한국에서 정규 교육과정을 짜지 않은 최초의 학교로, 이후 다른 대안학교들이 파격적인 교육 실험을 하는 데 많은 영향을 미쳤다.

하자센터는 '서울시대안교육센터'가 만들어지는 모태가 되기도 했다. 서울시대안교육센터에서는 '작은 학교가 아름답다'는 것을 캐치프레이즈로 걸며, 하자작업장학교와 같은 소규모의 대안학교를 지원하고 있다. 2012년 5월에 서울시대안교육센터에서 확대 개편된 '서울시 학교 밖 청소년 지원센터'에 의하면, 2013년 기준으로 현재 서울시대안교육센터와 네트워크를 맺고 있는 학교는 32개다. 여기 속한 학교들은 제각각 교육철학이나 초점을 둔 부분이 다르지만, 서로 함께할 수 있는 자원을 공유한다는 점에서 큰 의미를 지닌다. 네트워크를 맺은 학교들끼리는 교사 연수, 커리큘럼 개발, 연합행사, 인적자원 지원, 학생 교류 등을 함께 하고 있다.

대안학교는 초기에 학교 부적응 청소년들을 위한 학교라는 인식이 강했다. 그러나 대안학교가 점점 늘어나면서, 이런 인식은 점점 사라지고 있다. 공교육의 한계를 넘어, 학부모와 학생들이 자발적으로 개인의 적성과 소질에 맞는 교육을 찾아 나선 것이다. 중등 대안학교의 실험이 초등 대안학교로 확산되고 있는 것도 이런 사회적 흐름을 증명한다. 초등 대안학교는 학력이 인정되지 않는다는 점에서 여러 가지 번거로움이 있음에도, 자녀를 초등 대안학교에 보내는 학부모들이 점점 늘어나고 있다.

그러나 한편으로는 초기의 대안교육 정신이 희미해지면서, 대안학교가 특목고나 일류대를 지향하는 학교로 변질되고 있다는 지적도 간과할 수 없다. 대부분의 대안학교가 제도권 학교보다 학비가 비싸기 때문에, 대안학교가 중산층 위주의 대안이라는 한계도 있다. 따라서 무턱대고 대안학교를 맹신해선 안 된다. 수많은 대안학교 중 자신의 형편에 가장 잘 맞는 학교를 찾으려면, 그 학교의 실제 모습을 파악할 수 있는 정보를 토대로 신중하게 선택해야 한다.

대안학교, 제대로 알고 선택하자

대안학교를 분류하는 방법은 접근 시각이나 사람마다 제각각이다. 학력을 인정하는 여부에 따라 '인가형과 비인가형'으로 분류하기도 하고, 학교 위치에 따라 '전원형과 도시형' 혹은 생활방식에 따라 '기숙형과 비기숙형, 통합형'으로 분류하기도 한다. 단순히 가르치는 대상에 따라 유아학교, 초등학교, 중학교, 고등학교로 분류할 수도 있다. 운영 형태에 따라 정규학교형, 방과 후 프로그램형, 계절별 프로그램형 등으로 나누는 사람도 있다. 또 어떤 교육 연구가는 성격에 따라 자유학교형, 생태학교형, 고유이념형, 재적응형으로 분류하기도 한다.

그러나 사실 분류 방법이 중요한 건 아니다. 대부분의 대안학교들이 여러 가지 모습을 동시에 갖추고 있어, 정확히 분류하기가 애매하기 때문이다. 좋은 대안학교, 나쁜 대안학교가 따로 있는 게 아니다. 중요한 건, 자신이 원하는 기준에 부합하는 학교를 가려낼 줄 아는 것이다. 다만 여기서는 대안학교에 대해 좀 더 쉽게 알기 위해 「대안교육백서」에서 제시한 자료를 기준으로 세 가지 형태로 나눴다. 특성화학교, 전원형 대안학교, 도시형 대안학교가 그것이다. 이들의 특징과 여기 속한 대표적인 학교에는 어떤 것이 있는지 살펴보자.

특성화학교

특성화학교는 1990년대 후반, 학교 부적응으로 인한 탈학교생들이 증가하면서 만들어진 학교다. 시민사회를 중심으로 진행되던 대안교육 운동과 정부의 교육개혁 흐름이 결합한 것이다. 따라서 현재 제도권 교육에 속한 고등학교는 인문계, 실업계, 특수목적고, 특성화학교 이렇게 네 가지가 있는 셈이다. 특성화학교는 학력을 인정하는 인가형 대안학교로, 졸업과 동시에 학력을 취득하게 된다. 따로 검정고시를 치르지 않고 대안교육을 받고 싶다면, 특성화학교를 선택하면 된다.

다만 특성화학교는 일반 제도권 학교보다는 다양한 교육을 시도하고 있지만, 비인가 대안학교에 비해서는 자율성이 떨어진다. 제7차 교육과정을 기준으로 융통성 있게 교육과정을 편성해야 하기 때문에, 특성화 중학교는 30%, 특성화 고등학교는 최대 70% 정도까지 자율성을 갖게 된다. 정규 학교로 인가를 받으면서 사회적인 공신력은 어느 정도 생겼지만, 자율성에 대한 제약은 여전히 감안해야 한다. 아직도 교육과정 편성이나 재정 지원, 교사 임용 등이 정부나 시·도 교육청에서 일방적으로 결정되고 있기 때문이다. 학교 운영 면에서도 대안적인 교육을 하는 데 장애가 되는 규제들이 있다. 또 하나 명심할 것은 비용 문제다. 국고 지원과 지방교육 재정 지원을 받고 있어도, 교육비 지원의 안정화가 완전히 이루어지지 않아 학생들의 재정 부담이 만만치 않은 편이다.

특성화학교의 교과 운영은 학교마다 조금씩 다르지만, 공통된 목표와 교육 내용을 살펴보면 다음과 같다. 첫째, 공동체적인 삶을 강조한다. 특성화학교는 학생 개인의 자율성을 강조하는 동시에 공동체적인 가치를 중시한다. 철학, 인권, 생태 및 노작 등 자연이나 지역사회와 더불어 살아갈 수 있는 교과과정이 편성되어 있다. 대부분의 특성화학교가 지방 소도시나 읍면 단위에 위치한 전원형 학교인 것도 그런 이유에서다.

둘째, 자율과 자주성을 강조한다. 독립된 인격을 가진 학생들이 다양한 체험을 할 수 있도록 음식이나 옷 만들기, 인턴십, 이동학습, 졸업 프로젝트 등 실제 삶과 연계된 활동을 한다. 대부분의 특성화학교가 기숙형 학교이기 때문에, 학생들은 자립할 수 있는 법과 공동체 안에서 어울려 살아가는 법을 함께 배우게 된다. 셋째, 통합 교과를 지향한다. 조화로운 발달을 추구하기 위해, 경험이나 지식을 엄격하게 분리하지 않는다. 다양한 표현 · 예술 · 문화 영역, 산악등반, 전통무예, 성교육 등 지성 · 감성 · 신체를 모두 발달시킬 수 있는 교과를 꾸려나간다. 주요 학교는 다음과 같다.

- **양업고등학교** : 천주교 청주교구가 교구 설정 40주년을 기념하여 1998년 설립한 특성화 고등학교이자, 한국 최초의 가톨릭계 대안 고등학교다. 초기에는 학교 부적응 청소년들이 많았지만, 지금은 일반 청소년들이 더 많다. 학제는 고등 3년으로, 인성교육과 지식교육을 병행하고 있다. 모든 학부모는 매달 한 번 이상 열리는 부모교육에 필수적으로 참여해야 하고 체육대회나 캠프 등 학교행사 및 특성화 교과 프로그램에도 적극 참여해야 한다.
- **이우학교** : 2003년, 경기 성남시 분당구에 설립됐다. 공동 설립자로 구성된 이우교육공동체가 민주적인 학교 운영을 수행하고 있으며, 학생들 간의 협력 관계를 중요시한다. 교육과정은 교과활동(일반/특성화 교과), 재량활동, 특별활동으로 편성하고, 개인별, 수준별 교육과정을 운영한다. 다른 특성화학교와 마찬가지로, 학부모들은 학부모 모임에 적극 참여해야 하는 것을 의무로 규정하고 있다.
- **지리산고등학교** : 전국에서 유일하게 가정형편이 어려운 학생들에

게 학비를 일체 받지 않는다. 가정형편이 어려운 학생들 중 학습이나 진로에 대한 의욕이 강한 학생들에게 더 넓은 기회를 주는 것을 목표로 하고 있기 때문이다. 지리산고등학교는 학업에 전념할 수 있도록 학생들에게 기숙사를 제공하며, 교육복지를 실현하기 위해 한 학년당 20명 정도의 소수정예를 고집하는 것이 특징이다.

전원형 대안학교

전원형 대안학교는 대부분 지방의 군이나 읍·면 단위에 밀집해 있다. 생태 체험과 노작 활동이 가능한 자연친화적 환경을 중요시하기 때문이다. 1997년 간디청소년학교 개교를 기점으로 닻을 올린 전원형 대안학교는, 2000년을 전후하여 민간 중심으로 늘어나고 있다. 민들레 편집실에서 펴낸 『대안학교 길라잡이』에 따르면, 2010년 기준 전원형 중등 대안학교는 27개에 이른다. 특히 전원형 대안학교는 교사나 학부모가 학교 설립 운영의 주체인 경우가 많으며, 지역사회와 활발한 교류를 하고 있다. 마을 주민이나 각 분야의 장인들을 교사로 초청하는 것이 그 일환이라 할 수 있다.

교육부의 인가를 받은 특성화학교에 비해, 전원형 대안학교는 보다 자유로운 교육과정을 운영한다. 상황과 대상에 따라 프로젝트 중심의 교육과정을 탄력적으로 운영하고 있으며, 학습과 삶을 일치시키는 것이 전원형 대안학교의 공통된 목표다. 따라서 학교 밖에서 경험을 쌓을 수 있는 기회가 많이 주어진다. 예를 들어 의식주를 위한 노작 교육이나 진로와 연계된 직업체험, 국토순례, 생태기행, 유적답사, 봉사활동, 인터십 프로젝트 등이 교육과정에 포함되어 있다.

각 학기마다 목표를 뚜렷이 하되, 학년이 따로 없는 통합과정을 추구하는 학교가 많다는 점도 특징이다. 특히 요즘 대안학교 중에는 통합형 학교가 늘어나고 있는 추세다. 통합형 학교는 한 해가 지나면 한 학년이 올라가는 경직된 방식에서 벗어나, 학생 개인의 학습 능력에 따라 탄력적으로 학사과정을 운영할 수 있다는 장점이 있다. 또한 동료 집단 외에 선후배와도 돈독한 관계를 맺을 수 있어, 수평적인 인간관계를 맺게 된다. 더불어 살아가는 삶을 중요시하는 대안교육의 특성상, 통합과정은 다양한 관계망을 맺기 위한 필수 시스템인 것이다.

교육과정 편성은 대개 3년 6학기제다. 1~2학기는 '자기 탐색과 학교 문화 이해'를 목표로 철학과 인문학, 종교, 통합기행, 생태 및 노작을 학습한다. 다양한 주제의 여행학습도 이 시기에 이루어진다. 3~4학기는 '자기 주도적 학습태도 형성'의 시기다. 이 시기에는 본격적으로 자신이 학습하고 싶은 것에 따라 자립적으로 교과를 편성하고, 개별 및 팀별 프로젝트를 진행한다. 봉사학습 및 해외이동학습도 주로 이 시기에 한다. 마지막으로 5~6학기에는 '진로 탐색과 진학 준비'에 나선다. 졸업 프로젝트를 진행하거나 졸업 논문을 써서 그 동안의 학교 생활을 정리하고, 인턴십을 통해 진로 준비를 한다.

전원형 대안학교는 대개 작은 규모의 공동체를 지향하는데, 특히 학교 밖의 학습 자원을 적극 활용한다. 지역문화 탐방이나 자연체험, 지역 장인과의 만남 등 지역사회와 긴밀한 네트워크를 맺고 있다. 해외여행도 학습의 연장선이다. 단기간 주제별 여행을 통해 국제적 감수성을 키우고, 외국어 학습이나 봉사활동 등 다방면으로 학습을 진행한다. 한편 방학기간에도 학교에서 다양한 프로그램을 개설하기 때문에, 전원형 대안학교는 일반 학교에 비해 실제 수업일이 많다. 학력을 취득하고자 하는 학생들을 위해, 방학이나 방과 후에 검정고시 대비를 위한 별도의 수업을 운영하기도 한다. 그러나 대부분의 전원형 대안학교는 학력 취득이나 대학 진학에 초점을 맞추고 있지 않다는 점을 명심할 필요가 있다.

능동적인 학습, 실제 삶과 연계된 학습을 한다는 점에서 전원형 대안학교는 분명 매력적이지만, 여기에도 분명 한계는 있다. 전원형 대안학교의 재정은 대부분 학생들의 부담에 의존하고 있어, 일반학교에 비해 학비가 비싸다. 학교에 따라 기부금이나 예탁금을 별도로 내야 하는 곳도 있어, 저소득층 자녀들에게는 여전히 좁은 문일 수밖에 없다. 또한 아직 사회적인 지원 체제가 불안정하여, 교사 수급이나 전문적인 시스템 구축이 어렵다는 점도 전원형 대안학교가 해결해야 할 숙제로 남아 있다. 주요 학교는 다음과 같다.

- **산돌학교** : 2004년 기독교대한감리회에서 만든 학교로 영성교육을 하고 있지만, 신앙을 강요하진 않는다. 공통과정으로 예배, 작은

구도자들의 모임, 몸 다루기, 농사, 자원활동, 절기수업(장 담그기, 김장) 등이 있다. 학년별 교과는 서예, 풍물, 음악, 놀이, 글쓰기, 일어, 중국어, 사회, 철학 등을 탄력적으로 운영한다. 중고 통합과정으로 전원 기숙생활을 한다. 입시교육은 하지 않으며, 인스턴트 음식과 패스트푸드 금지, 휴대전화와 컴퓨터 사용 멀리하기를 방침으로 내세우고 있다.

- **산청간디중학교** : 중학 3년 과정. '간디마을학교'에서 학교 이름을 새롭게 바꾸었다. '간디숲속마을'과 '작은학교마을' 안에 있는 학교로, 마을과 학교 교육과정을 결합하고 있다. 자기수도학습, 해외이동학습(4개월 필리핀), 프로젝트 학습, 마을학교, 전인적 교육, 공동체 교육을 실시한다. 생태주의 학교답게, 유기농과 저농약 식품을 지향한다. 또한 TV 시청과 휴대폰, 학습용을 제외한 컴퓨터 사용은 최대한 절제해야 하므로, 이 학교의 방침을 적극적으로 수용하지 못할 경우 학교생활이 힘들 수도 있다.

- **실상사 작은학교** : 중고 통합 5년 과정으로, 정원은 55명이다. 지리산 천왕봉이 보이는 곳에서 공동체를 이루어 생활하며, 생태·자립적인 삶을 배우는 것을 기본 목표로 삼는다. 교육과정으로는 지식 공부, 체험 공부, 생활 공부, 단계별 공부, 선택 교과제가 있다. 기숙사 생활 대신 작은 가정을 이루어 생활하는 것이 특징. 교사 1명을 중심으로 학생 3~6명이 마을에 있는 생활관에서 직접 밥을 해먹으며 자립적인 생활습관을 익혀 나간다. TV, 컴퓨터, 인스턴

트 음식, 학교 밖 군것질 등은 자제해야 한다.

- **아힘나평화학교** : 지구촌 각 분야의 전문 지도자를 양성하기 위한 학교다. 교육과정은 총 6년의 중고 통합 과정으로 기초교육과정, 평화교육과정, 전문교육과정 3단계로 이루어진다. 대학 진학이나 비정부기구 및 비영리시민단체의 전문 실무자에게 필요한 품성과 태도 및 능력과 기술을 가르친다. 최종 2년 과정에서는 다양한 국내외 평화 관련 단체들과의 네트워크를 통해 학생들의 진로를 열어준다. 매 학년 진급하기 위해서는 학년말에 연구보고서 발표회를 거쳐야 한다. 대부분의 전원형 대안학교와 마찬가지로, 먹을거리를 스스로 생산하고 있다.

도시형 대안학교

도시형 대안학교는 2000년대 초반부터 서울을 중심으로 생겨나기 시작했다. 그전의 대안학교들은 대개 농촌이나 산촌에 둥지를 튼 전원형 학교였다. 생태주의, 공동체적인 가치를 추구하는 대안학교 교육의 특성 때문이기도 하거니와, 학교 부지를 비싼 도시에 구할 수 없었기 때문이기도 하다. 그러다가 전원형 대안학교를 다닐 형편이 되지 않거나 도시에서도 대안교육을 받으려는 탈학교 학생들이 늘어나면서, 서울을 중심으로 한 도시 지역에서도 도시형 대안학교가 만들어졌다.

초기 도시형 대안학교는 주로 야학이나 청소년 학교 형태로 유지되던 대안적 학습 공간이 발전한 것이었다. 전원형 대안학교가 특성화 정책과 함께 정부의 지원을 받았던 반면, 이 공간들은 여전히 학부모나 시민들의 힘으로 간신히 유지되고 있었다. 그러다가 2001년 서울시대안교육센터가 만들어지면서 조금씩 꼴을 갖추기 시작했다. '작은 학교, 큰 그림'이라는 캐치프레이즈를 걸고, 서울시 전체를 큰 학교로 보는 '네트워크학교'를 구축한 것이다. 서울시대안교육센터는 연세대학교가 도시형 학교들을 지원하기 위해 서울시에서 위탁받아 운영하는 기관. 즉, 네트워크학교란 작은 도시형 대안학교들, 학교 운영이나 교사 교육 등을 지원하는 서울시대안교육센터, 재정·행정적 지원을 하는 서울시가 결합해 상생하는 시스템이다.

그렇다고 도시형 대안학교들이 전부 '네트워크학교'인 것은 아니다. 2012년 기준으로 네트워크학교에 속한 대안학교는 29개에 이른다. 기본적으로 네트워크학교는 작은 학교를 지향하며 '사는 곳 어디나 배움터'라는 철학을 갖고 교육한다. 대학, 시민단체, 연구소, 박물관, 도서관 등 도시에 속한 어느 곳이든 학습 공간이 될 수 있는 것이다. 맞춤형 학습을 실현하기 위해, 네트워크학교들은 대부분 학생 수 10~50명 정도의 작은 규모를 띤다. 그러나 정기적으로 네트워크학교들이 모여 합창대회를 열거나 수업 매뉴얼을 공유하는 등 활발한 교류를 하고 있다. 또한 서울시대안교육센터와 네트워크학교 덕분에 '도시형 대안학교'의 개념이 생겨나자, 광주나 부산 등 다른 도시에서도 도시형 대안학교들이 속속 늘어나는 성과를 거뒀다.

전원형 대안학교에 비해, 도시형 대안학교는 그 대상이나 특성이 훨씬 다양하다. 주거가 불안하고 돌봐줄 이가 없는 아이들, 하고 싶고 할 수 있는 길을 찾으려는 아이들, 정서적 · 신체적으로 어려움이 있는 아이들, 탈북 청소년들, 마을 공동체를 회복하고자 하는 시민들의 자녀 등 도시형 대안학교는 점점 다양한 학생들을 대상으로, 다양한 성격의 학교로 넓혀가고 있다. 물론 교육과정의 틀이 따로 있는 것도 아니다. 다만 도시형 대안학교들은 공통적으로 '공동체, 정체성, 자신감, 진로 탐색, 능력, 건강한 시민, 관계, 의사소통' 등을 주요 화두로 삼고 있다. 공동체 속에서 자신감을 회복하고, 건강한 시민으로 성장할 수 있도록 돕는 것이다.

도시형 대안학교는 보통 2년 4학기, 3년 6학기의 학제가 많다. 단, 도시형 대안학교는 모두 비인가 학교이기 때문에 졸업해도 학력을 취득할 수 없음을 명심해야 한다. 학력을 인정받으려면 검정고시를 거치는 수밖에 없는데, 정규과정에 포함되어 있지 않기 때문에 알아서 준비해야 한다. 그러나 요즘은 검정고시를 치를 수 있도록 지원하는 학교가 많다. 또 하나 도시형 대안학교의 두드러지는 특징은, 문화예술 관련 프로그램들이 다양하게 시도되고 있다는 사실이다. 영화, 음악, 미술, 연극, 만화에서부터 비보잉이나 힙합까지 최근 청소년들의 관심사를 적극 반영한 프로그램들도 편성된다. 특히 네트워크학교들 중에는 인턴십 제도를 적극 활용하고 있어, 관심 가는 분야의 현장에 직접 파견되어 미리 직업 세계를 체험해볼 수 있다.

도시형 대안학교에 가기로 결심했다면 그 학교가 주로 대상으로 삼는 학생들의 특성이 뭔지, 어떤 교육목표를 가지고 있는지 등을 꼼꼼히 따져봐야 한다. 설립자의 성격이나 설립 목표에 따라 교육과정이 천차만별이기 때문이다. 예를 들어 하자작업장학교 같은 경우 문화예술교육, 철학과 비판의식을 가진 시민을 기르는 것에 초점을 둔다. 성장학교 별은 청소년 문제에 관심이 많았던 신경정신과 전문의가 설립한 학교로, 심리적 치유를 필요로 하는 학생들이 문을 두드린다. 따라서 교육과정에 분노를 조절하고 갈등을 해결하는 다양한 프로그램이 포함되어 있다. 그 밖에 꿈틀학교는 진로지도를 중점적으로 실시하며, 셋넷학교와 하늘꿈학교는 탈북 청소년들을 위한, 꿈터학교는 가정환경이 어려워 중도 탈락한 아이들을 위한 학교다.

　도시형 대안학교는 새로운 교육 실험을 시도하고 있을 뿐 아니라, 지

성미산학교 전경

자퇴할까 학교에 남을까

역사회와 적극 연계되어 있다. 따라서 일반 기업에서 대학, 지역 병원, 학원, 사회복지관 등 여러 공간과 사람이 학습 자원으로 활용될 수 있다. 하지만 교육 스펙트럼이 넓은 반면, 교육 환경은 여전히 불안하고 열악하다. 도시형 대안학교에 다니는 청소년들 중에는 저소득층 자녀나 가정적인 위기에 놓인 학생들이 많다. 때문에 일부 시민들의 후원금만으로 학교를 운영하는 것은 현실적으로 매우 어렵고, 그마저도 시민의식 수준이 낮은 사회에서는 기대하기 힘들다.

결국 재정적인 문제는 교사들의 근무 조건을 떨어뜨리고, 이는 곧 교육의 질과 연관된다. 이에 대해 교육인적자원부가 펴낸 「대안교육백서」에서는 '대안교육 현장을 유지하는 힘은 거의 전적으로 교사들의 헌신과 열정에 있다고 해도 과언이 아니다'라며, 앞으로 대안학교가 해결해야 할 문제점이 많이 있음을 지적했다. 주요 학교는 다음과 같다.

- **거침없는우다다학교** : 부산 도시속작은학교가 이름을 바꿨다. '우다다'란 '우리는 다 다르다'의 줄임말로, 서로가 다름을 인정하면서도 하나가 될 수 있다는 교육철학을 품은 이름이다. 이 학교는 만 13세부터 19세까지의 청소년들을 대상으로, 중고 통합 5년제 학제를 운영하고 있다. 교육과정은 '지식 쌓기' '마음 쌓기' '세상 넓히기'가 있다. 학교 수업이나 프로젝트 수행에 적극적으로 참여할 기회가 많으며, 이때 보호자 의견이 꼭 첨부되어야 한다.
- **대안교육센터 시소학교** : 경기북부 지역에 처음 생긴 도시형 대안학

교로, 2005년 설립됐다. 위기에 놓인 청소년들에게 삶의 희망을 주고 세상과 소통할 수 있도록 돕는다. 중고 통합, 2년 4학기로 운영된다. 기본교과를 통해 기본적인 소양을 기르고, 관심 분야를 중심으로 한 프로젝트를 실시해 리더십, 대인관계, 대화 능력 등을 학습한다. 도전 프로젝트 및 봉사활동 프로그램도 있어, 도전정신을 기르고 더불어 살아갈 수 있는 길을 열어준다.

• **성미산학교** : 서울 마포지역에서 공동 육아를 하던 부모들이 주축이 되어 설립됐다. 교사, 학부모, 아이들이 함께 배우고 생활하는, 새로운 개념의 마을학교다. 초중고 통합으로 운영되며, 기숙사가 없는 대신 학교 건물을 신축해서 한정된 공간에서 생활한다. 교육 과정에는 기본적인 교과 외에도 자연놀이, 손끝활동, 사고력 향상 프로그램 등이 포함되어 있다. 성미산학교는 입학 경쟁이 치열할 정도로 인기가 많은 대안학교인데, 학부모가 함께 만들어가는 학교인 만큼 학부모의 재정 부담도 많다.

• **푸른숲발도르프학교** : 루돌프 슈타이너의 발도르프 교육을 실천하는 학교. 초중고 통합, 240명 정원으로 꽤 큰 규모의 도시형 대안학교다. 루돌프 슈타이너의 발달단계에 따라 3~6주 동안의 주기 집중교육, 예술수업과 활동수업, 방과 후 활동 등을 실시한다. 전 학년 담임제를 원칙으로 하고 있다. 또한 학부모의 적극적인 참여도 요구된다. 모든 부모들은 푸른교육공동체 회원으로 활동해야 하며, 경우에 따라서 부모연수도 받는다.

서울시 네트워크학교

학교	급별(모집 연령)	대상 특성	지역	비고
공간민들레	10대 청소년 누구나	제도권 학교 밖 청소년	마포구 서교동	통학
아름다운 학교	중학 과정(13~16)	제도권 학교 밖 청소년	광진구 구의2동	통학
꿈꾸는 아이들의학교	중고 통합 (나눔여행: 14~18, 징검다리: 14~19)	제도권 학교 밖 청소년	관악구 보라매동	통학
꿈터학교	중고 통합(13~17)	제도권 학교 밖 청소년	강동구 암사동	기숙
꿈틀학교	고(16~19)	제도권 학교 밖 청소년	마포구 서교동	통학
난나학교	중(14~16)	서울시내 중학교 재학생	강북구 수유동	통학
대안학교 한들	중고 통합(14~18)	제도권 학교 밖 청소년	송파구 문정동	통학
링컨학교	고(17~19)	서울시내 고등학교 재학생	중랑구 망우1동	통학
사람사랑 나눔학교	중고 통합(14~18)	서울시내 특수학급 재학생	영등포구 신길동	통학
사랑의학교	중고 통합(13~25)	제도권 학교 밖 청소년	송파구 오금동	통학
서대문 도시속작은학교	중고 통합(13~19)	제도권 학교 밖 청소년	서대문구 연희동	통학
성미산학교	초중고 통합(7~18)	제도권 학교 밖 청소년	마포구 성산1동	통학

학교	급별(모집 연령)	대상 특성	지역	비고
성장학교 별	중고 통합(13~18)	제도권 학교 밖 청소년	관악구 청룡동	통학
셋넷학교	중고 통합 (10대 중반~20대 중반)	새터민 (탈북 청소년)	강원도 원주시	기숙
스스로넷 미디어스쿨	중고 통합(16~18)	제도권 학교 밖 청소년	용산구 갈월동	통학
은평씨앗학교	중(13~15)	제도권 학교 밖 청소년	은평구 녹번동	통학
하늘꿈학교	중고 통합 (만 25세 이하)	새터민 (탈북 청소년)	송파구 가락동	기숙
하자작업장학교	고(16~19)	제도권 학교 밖 청소년	영등포구 영등포동	통학
비전학교	중고 통합(14~20)	제도권 학교 밖 청소년	마포구 상암동	통학
고드림 여행학교	고(16~19)	제도권 학교 밖 청소년	중랑구 면목동	통학
통 通 桶	중고 통합(14~19)	제도권 학교 밖 청소년	성동구 금호동	통학
스쿨 제프	중고 통합(14~19)	제도권 학교 밖 청소년	도봉구 도봉1동	통학
단재학교	중고 통합(14~19)	제도권 학교 밖 청소년	송파구 송파동	통학
돈보스코 영상대안학교	중고 통합(18세 이하)	제도권 학교 밖 청소년	영등포구 신길6동	기숙
로드스꼴라	중고 통합(15~22)	제도권 학교 밖 청소년	영등포구 영등포동	통학

자퇴할까 학교에 남을까

학교	급별(모집 연령)	대상 특성	지역	비고
티움터학교	중(14~17)	제도권 학교 밖 청소년	중랑구 망우동	통학
영셰프스쿨	고(17~22)	제도권 학교 밖 청소년	영등포구 영등포동	통학
우리들학교	제한없음	새터민 (탈북 청소년)	관악구 신사동	통학
로봇상상학교	중고 통합(14~19)	제도권 학교 밖 청소년	도봉구 창동	통학
희망의 우리학교	중고 통합(14~19)	제도권 학교 밖 청소년	종로구 수송동	통학

(자료: 2009 서울시대안교육센터 네트워크학교 안내서)

대안학교는 정말 대안적인 학교일까?

대안학교 학생들은 전체 청소년들의 0.07%(2007년 「대안교육백서」 통계자료)도 채 되지 않는다. 공교육을 받는 학생들에 비하면 터무니없이 적은 수고 여전히 '비주류'일 수밖에 없다. 하지만 대안학교는 20여 년 역사에 이르는 동안 느리게, 그러나 꾸준히 토양을 다져왔다. 무한경쟁 체제, 천정부지로 치솟는 사교육비, 배움은 없고 지식만 있는 교실, 학생 개개인의 정서와 속도를 고려하지 않는 교과과정. 이 같은 공교육의 한계에 부딪히고 지친 학생과 학부모들에게, 분명 대안학교는 작은 탈출구 역할을 해줬다. 무엇보다 대안학교가 거둔 성과는 '제도권 교육이 아니더라도 건강하고 행복한 인간을 배출할 수 있다'는 인식을 심어줬다는 것이다.

  그러나 대안학교들이 설립될 당시, 교사와 학부모의 열정만으로 조급하게 만들어진 게 사실이다. 상대적으로 열정은 높았지만 재정이나 전문성, 의사소통 부분에서 충분한 준비를 거치지 못했던 것이다. 그 한계를 여러 대안학교들이 고스란히 겪었고, 지금도 겪고 있다. 공교육에 대한 대안으로 만들어진 대안학교에서도 엄연히 문제점은 존재하는 것이다. 대안교육 잡지 『민들레』 67호에서 발행인 현병호는 이렇게 지적한다.

"대안학교는 한편으로 보자면 어른들(부모와 교사들)의 학교입니다. 어른들에 의한, 어른들을 위한, 어른들의 학교? 아이들을 위하는 진정성에서 비롯되긴 했지만 어른들(주로 386세대들)이 추구하는 가치를 구현하기 위해 만든 것이 대안학교라고 볼 수 있지요. 그 안에서 어른들끼리 갈등이 일어나면 고래 싸움에 새우 등 터지듯 아이들이 치이는 수가 종종 있습니다. 그럴 때 아이들의 목소리는 어른들의 목소리에 파묻혀 버리고 제대로 반영되지 못하기 십상입니다."

  가난과 가정 해체로 위기를 겪는 청소년들을 제외하고, 대부분의 대안학교 학생들은 부모의 의지에 의해 입학하게 되는 경우가 많다. 입학

후에도 대안학교에서는 학부모가 해야 할 몫이 많기 때문에, 학부모 의식이 무엇보다 크게 작용한다. 그래서 학부모가 대안학교에 충동적으로 지원할 경우, 애초 기대와는 달리 실패하기 쉽다. 물론 처음에는 학부모들은 자녀들이 전인적인 교육을 받고 정서적인 행복을 얻기를 원한다. 그러나 어느 정도 시간이 지나면, 주류사회에서 뒤처지지 않기 위해 대안학교에 지식 교육을 요구하는 학부모들도 많다.

가장 중요한 것은 학생 스스로가 대안학교에 잘 적응할 수 있느냐다. 생태주의, 공동체, 전인교육, 인문학적 소양……. 공교육에서는 제대로 가르치지 못하는 것들을 대안학교에서는 어떻게 가르치고 있을까? 아니, 대안학교에 다니는 학생들은 이런 것들을 배우면서 행복할까? 결국 성패는 개인의 성향에 달려 있다. 제도권 학교처럼 통제가 강하고 꽉 짜인 커리큘럼에 적응을 잘하는 학생들도 있고, 대안학교의 자율적인 분위기에서 마음껏 날개를 펴는 학생들도 있게 마련이다. 그래서 무작정 대안학교를 지지하기에 앞서, 실제로 대안학교에 다녔던 학생들의 은밀한 목소리에도 귀 기울일 필요가 있다. 2010년 『민들레』 67호에 실린, 대안학교를 '까는' 학생들의 몇몇 이야기를 들어보자.

    대안학교 특유의 생태적이고 촌스러운 느낌이라든가, 가난하고 열악한 시설이라든가, 질리도록 공동체주의적인 분위기라든가, 무겁고 칙칙하며 세련되지 못한 교사들의 분위기라든가, 좀처럼 와닿지 않는 생명과 평화에 대한 감성이라든가…… 공동체주의적인 학교에 살면서 개인주의적인 생활을 꿈꾸게 되었고, 가난하고 열악한 학교에 살면서 돈과 자본에 대한 갈망은 더욱 커졌고, 촌스럽고 생태적인 학교에 살면서 도시적이고 세련된 삶을 살겠다고 다짐하게 되었다. 학교와의 권태였다.

🌱🌱 도대체 왜 갑자기 수학, 과학에 그렇게 흥미를 잃었던 것일까요? 먼저, 수업의 진행 방식과 교재가 일반학교와 다를 바 없었다는 점을 꼽을 수 있겠습니다. 대안적이지 않다는 뜻입니다. ……제가 정말로 부족하다고 느꼈던 것은 선생님의 열정이었습니다. 가르침에 대한 열정이 아닌 담당 과목에 대한 열정이요. 사랑의 원초적 행태라고도 불리는 순수한 호기심을 기반으로 세워진 학문을 그렇게 따분하게 배우는 것은 저에게 고통이었습니다. ……수업 시간에 많은 새로운 것들을 배우고 느끼고 가슴이 아파 울기는 했지만, 그럼에도 불구하고 어떤 명확한 학문적 성취감은 느낄 수 없었던 것입니다.

🌱🌱 대안학교에서는 너무 '좋은 것, 건전한 것'만 가르치고 경험시킨다. 평화, 생명존중 같은 대안적 가치를 강조하다 보면, 강요 아닌 강요로 느껴지기도 한다. '적어도 대안교육을 받은 사람이라면……'이라는 생각 끝에, 대안적인 삶을 살아야 한다는 강박마저 생기기도 한다. 나 역시 대안적인 삶을 살고 싶고 그것이 아름다워 보이며 행복할 거라 생각하지만, 이런 생각들도 대안교육을 받으면서 알게 모르게 생긴, 스스로 생각하기보다 어쩌면 깊게 세뇌되어버린 생각들일지도 모른다는 의문이 생기기도 한다.

♥♥♥ 아이들끼리 모여서 우리 학교가 어떻게 될 것 같나 추측해보기도 했어요. 어린 저학년 애들은 다른 곳에 놀러 가라고 보내놓고 5~6학년끼리 모여서 얘기 나누고 그랬죠. 나중엔 될 대로 되라~ 그랬어요. 학교를 살릴 방법이 우리에겐 없었으니까요.

♥♥♥ 일주일에 한 번씩 집에 가서 일반학교 다니는 친구들을 만나면 시험과 공부에 대한 스트레스 때문에 미치려 한다는 얘기를 들으면서 더 불안해졌다. 같은 나이에 학교만 다를 뿐인데 나는 공부에 대한 걱정 없이 너무 편하게 살고 있는 거 아닌가, 이런 불안감을 떨치기가 힘들다.

♥♥♥ 집에서 통학하는 우리 학교는 전교생이 70~80명인데 소통이 잘 되지 않아도 서로 이름 다 알고, 얼굴도 알고, 선후배 사이의 위계질서도 없고 한데 외로움은 느낀다. 학생 수가 너무 적어서 초등 때 친해진 아이들이 아직도 제일 친한 친구다. 새로운 만남이 없다는 말이다. 어떻게 보면 필사적으로 그 친구들과 관계를 유지한다는 생각도 든다. 우리 학교는 싸움도 안 한다. 그러면 친구가 사라지니까. 싸움을 안 하는 것이 아니고 피하는 것이다. 물론 관계가 깊기는 하지만 벽이 있는 관계가 될 수밖에 없다.

♥♥♥ 나는 패션 쪽 일을 하고 싶었다. 근데 학교는 생태적인 쪽을 지향하니까 나를 지지해주기보다는 패션은 소비적인데 너는 어떻게 할 거냐는 식으로 말했다. 나는 상담을 하려고 했는데 변명을 해야 하는 느낌이랄까? 나는

도시적인 것을 좋아하는 사람이고 이제 막 관심이 생기는 시기였는데 그거에 대해 안 좋은 점만 이야기하니까 배척당하고 무시당하는 것 같았다. 그러다 보니 혼자 있는 시간이 많아지고 학교를 나오고 싶어졌다.

🌿 수업 선택의 자유, 회의하는 거 말고는 뭐가 다른지 잘 모르겠다. 전문적인 지식을 가진 선생님은 없었다. 그냥 방치했다. 사회성에 문제가 있는 어떤 아이가 있었는데, 그 아이 일기 쓴 거 학교 홈피에 올려놓고는 '많이 달라졌다' 이렇게 게시판에 댓글 다는 것 말고는 하는 게 없었다. 뭐가 좋아졌다는 건지. '우리는 친구다'라고 말로만 그러면서 그 아이들도 방치되고 나머지 애들도 방치되는 거나 마찬가지였다.

대안학교를 나온, 혹은 대안학교를 나오고 싶어 했던 학생들의 쓴소리는 대안학교가 100% 대안적이지만은 않은 현실을 드러낸다. 재정적, 행정적인 문제는 둘째치고라도, 대안학교 역시 일반 제도권 학교와 마찬가지로 공동체에서 일어날 수 있는 모든 문제점들을 안고 있다. 오히려 '작은 학교'를 지향하는 대안학교의 특성상, 사람 사이에서 일어날 수 있는 고민과 갈등은 더 클 수 있다. 대안학교에도 왕따가 있고, 도난 사건이나 학교폭력이 일어난다. 문제는 그걸 해결하는 방식이다. 대안학교에서는 교사가 직접 학생들을 처벌하지 않고, 학생들끼리 자체적인 회의를 통해 해결하는 방식을 택한다.

그러나 여기서 역효과가 나오기도 한다. 많아야 전교생 100명인 대

자퇴할까 ✦ 학교에 남을까

안학교에서, 학생들은 다양한 연령대와 친해질 수 있는 한편 소규모 집단에도 적응해야 한다. 일반학교에 비해 대안학교에서는 주로 팀을 이뤄 수업을 하고 프로젝트를 진행하기 때문이다. 특히 아침부터 저녁까지 서로 지지고 볶으며 어울려야 하는 기숙형 학교라면, 모든 사람들과 잘 지내는 것은 필수. 그러나 지나치게 끈끈한 공동체주의는 오히려 학생들에게 강박이 되고, 강박은 외로움으로 번진다. 그러다 보면 너무 쉽게 욕망을 억누르기 십상이다.

무엇보다 대안학교 교육에서 시급한 문제는 '전문성'이다. 물론 대안학교에 진학을 위한 교육을 요구해선 안 된다. 대부분의 비인가 대안학교들이 입학전형에 "입시교육을 하지 않는다"는 것을 명시해놓은 것도 그런 이유에서다. 그러나 대안교육이 순수한 학문적 호기심을 충족시켜줄 수 있느냐, 묻는다면 문제는 달라진다. 대안학교는 철학, 생태주의, 역사, 인문학 부분에서는 흥미로운 교육을 실시한다. 수업방식도 다양하다. 하지만 수학, 과학 등 이과 계통에서는 학생들의 학문적 호기심을 충족시켜주지 못하는 실정이다. 그래서일까? 대안학교 학생들의 장래 희망은 뮤지션, 작가, 영화배우, 영화감독, 여행가 등 지나치게 예술 관련 분야로 치우쳐 있는 편이다. 이는 대안학교 교사의 다양성과 전문성 확보, 구체적인 진로교육이 요구되는 지점이다.

위에서 살펴봤듯, 대안학교는 공교육으로 상처받은 아이들에게 만병통치약이 되어주진 못한다. 대안학교 학생들의 졸업 후 삶이 그리 특별한 것도 아니다. 「대안교육백서」에 따르면, 2006년 대안 고등학교 졸업

대안학교에 대한 몇 가지 상식

Q1. 비인가 대안학교를 다니면 의무교육법 위반?

A1. 한국에서 의무교육은 곧 의무취학을 말한다. 따라서 홈스쿨링과 마찬가지로, 비인가 대안학교를 다니는 것은 의무교육법 위반이 맞다. 현행 법규에서는 취학 아동을 학교에 보내지 않는 부모는 100만 원 이하의 과태료를 물어야 한다. 간혹 대안학교에 입학하기 위해 일반학교를 나오는 경우, 학부모를 범법자로 몰아 고발하겠다고 위협하는 경우도 있다. 그러나 100만 원 이하의 과태료 처분은 행정 처분이지, 형사 처벌은 아니다.

Q2. 입학유예와 정원 외 관리 제도란 뭘까?

A2. 비인가 학교에 입학하려 할 경우, 의무교육 기간인 초등과 중등 취학 자녀들에 대해서는 행정 처리를 해야 한다. 즉, 취학이나 진학 시기에 입학유예 신청을 하는 것이다. 이는 해당 학교장에 따라 일이 쉽게 풀리기도 하고, 어려워지기도 한다. 초등학교 입학통지서를 받고 입학유예를 하면, 법적으로 2년 동안 입학을 유보할 수 있다. 올해는 아니라도 다음해에 취학할 의사가 있는 것으로 받아들여지는 것이다. 입학유예 신청은 입학절차를 밟은 후 할 수도 있다. 이때 연락 없이 자녀를 학교에 보내지 않으면, 늦어도 일주일 안에는 학교에서 연락이 온다. 이 경우 '정원 외 관리 제도'로 처리하면 된다. 정원 외 관리 제도는 합당한 사유와 절차 없이 3개월 이상 결석해서 해당 학년의 수료 및 졸업이 불가능한 학생에 한하여, 학적을 별도로 관리하는 것이다. 정원 외 관리는 해당 학생을 정원에서 제외하는 것으로, 넓은 의미에서는 학적을 유예 처분하는 것이다. 정원 외 관리로 넘어가면 만 12

1953년에 발행한
초등학교 교과서

세가 지나 검정고시에 응시할 수 있다.

Q3. 비인가형 대안학교에 다니다가 일반학교로 전학하려면?

A3. 초등학교나 중학교의 경우 의무교육 기간에 해당되기 때문에, 비인가 대안
학교는 원칙적으로 학력 인정이 되지 않는다. 따라서 일반학교로 전학하는
것이 불가능하지만, 실제로는 별 문제 없이 전학할 수 있다. 다만 학교에
따라 전 · 입학 절차가 다르며, 학교장의 재량이 많이 작용한다. 경우에 따
라서는 가벼운 테스트를 거치기도 한다. 결국 학교 측과 지혜롭게 협의해
전학 절차를 밟아야 한다.

생 중 85%가 대학에 진학했다고 한다. 학교에서 따로 입시교육을 시키지 않더라도, 스스로 검정고시를 준비해 진학한 것이다. 이는 대안학교 학생들이 사교육에서 완전히 자유롭지 못하다는 증거이기도 하다. 대안학교, 특히 기숙사 생활을 하는 전원형 대안학교의 학비는 일반학교에 비해 훨씬 비싸다. 물론 일반학교 학생들이 사교육에 막대한 비용을 쏟아 붓는 걸 감안하면, 총 드는 교육비는 비슷하다고 볼 수 있다. 그러나 대안학교 학생들 중 대다수가 사교육을 받고 있는 현실이라면 대안학교의 비싼 학비는 큰 고민거리가 아닐 수 없다.

대안학교는 양날의 검과 같다. 지식 위주의 교육에서 벗어나 진정한 '배움'을 지향한다는 점에서는 분명 매력적이다. 그러나 자녀의 의지나 생각을 고려하지 않고 학부모의 가치관에 의해서만 선택한다면, 정작 교육 대상인 학생들은 쉽게 지치고 지리멸렬해진다. 때문에 대안학교 입학을 결정하기 전, 대안학교의 음과 양을 동시에 알아두어야 할 필요가 있다. '나는 비주류가 되는 건 아닐까?'란 두려움을 떨치고 변화를 받아들일 자세가 되어야 한다. 그만큼 대안학교는 낭만적으로 접근해선 안 된다. 갓 문을 연 학교일 경우, 더욱 꼼꼼하게 살펴봐야 한다. 처음에 학교가 세웠던 운영방식이나 교육철학이 갈수록 현실과 괴리가 생겨, 도중에 학교를 나오는 학생들이 종종 있기 때문이다. 따라서 입학설명회나 홈페이지만 살펴보고 섣불리 선택할 것이 아니라, 실제로 그 학교에 다녔던 학생이나 학부모들의 생생한 이야기를 들어봐야 한다.

자퇴할까 학교에 남을까

전국 대안학교 현황

인가(특성화) 중등 대안학교

순서 :   ①학교명   ②설립년도   ③홈페이지   ④전화번호
        ⑤설립주체   ⑥주소

- 간디고등학교
  - 1997 gandhischool.net   055-973-1049
  - 학교법인 녹색학원   경남 산청군 산안면 둔철산로 210

- 경기대명고등학교
  - 2002 daemyoung.hs.kr   070-4466-8250
  - 경기도교육청   경기 수원시 권선구 수인로 598번길 3-24

- 경주화랑고등학교
  - 1998 hwarang.school.gyo6.net   054-771-2355
  - 원불교 대구·경북 교구   경북 경주시 양북면 장항재동길 41

- 공동체비전
  고등학교
  - 2003 vision.hs.kr   041-953-6292~3
  - 서천공동체   충남 서천군 서천읍 서문로 327

- 달구벌고등학교
  - 2004 dalgus.net   053-9841-1318, 982-0713
  - 학교법인 덕성학원   대구시 동구 팔공산로2길 16

- 동명고등학교
  - 1999 kdm.hs.kr   062-943-2855~7
  - 광주동명교회   광주시 광산구 사이동길 16

- 두레자연중학교
  - 2004 doorae.ms.kr   031-358-8773
  - 수곡두레학원   경기 화성시 우정읍 두레길42

- 두레자연고등학교
  - 1999 doorae.hs.kr   031-358-8776
  - 수곡두레학원   경기 화성시 우정읍 두레길42

- 산마을고등학교
  - 2000 sanmaeul.org   032-937-9801~5
  - 산마을학원   인천시 강화군 양도면 강화남로1002번길 73-29

- 성지송학중학교
  - 2002 sjsh.ms.jne.kr   061-353-6351
  - 학교법인 영산성지학원   전남 영광군 군서면 서금길 15

• 세인고등학교	1999 seine.hs.kr 주사랑목양회	063-261-0077 전북 완주군 화산면 화산로 1486
• 양업고등학교	1998 yangeob.hs.kr 청주가톨릭학원	043-260-5076~8 충북 청주시 흥덕구 옥산면 환희길 277
• 영산성지고등학교	1975 yssj.hs.jne.kr 영산성지학원	061-352-6351 전남 영광군 백수읍 성지로 1218-6
• 용정중학교	2003 yongjeong.ms.kr 학교법인 보성학원	061-852-9603, 7025~6 전남 보성군 미력면 보성강로 279
• 원경고등학교	1998 wonkyung.hs.kr 원불교 경남교구	055-933-2019 경남 합천군 적중면 황정1길 37
• 이우학교	2003 2woo.net 이우교육공동체	031-711-9295 경기 성남시 분당구 동막로 287
• 전인고등학교	2005 joenin.hs.kr 전인교육실천연대	033-262-3449 강원 춘천시 동산면 새술막길 630
• 지리산고등학교	2004 jirisan.hs.kr 부산·경남 지역 교사	055-973-9723, 1723 경남 산청군 단성면 덕천로 772
• 지평선중학교	2003 jipyeongseon.kr 원불교재단	063-544-3131, 3154 전북 김제시 성덕면 성동길 183-4
• 지평선고등학교	2010 jipyeongseon.kr 원불교재단	063-544-3155 전북 김제시 성덕면 성동길 183-4
• 팔렬고등학교	2006 pallyeol.com 학교법인 이화학원	033-435-6327 강원 홍천군 내촌면 물걸리 동창로 207
• 푸른꿈고등학교	1999 purunkum.hs.kr 전·현직 교사와 시민	063-323-2058, 2258 전북 무주군 안성면 진도리
• 한겨레중고등학교	2006 han.hs.kr 학교법인 전인학원	031-671-2113 경기 안성시 죽산면 칠장로 107-9
• 한마음고등학교	2003 hanmaeum.caehs.kr 학교법인 한마음교육문화재단	041-567-5524~5 충남 천안 동남구 동면 장송1길 47-24

자퇴할까 ╱ 학교에 남을까

• 한빛고등학교	1998 hanbit.hs.jne.kr	061-383-8340
	학교법인 거이학원	전남 담양군 대전면 추성1로 501-21
• 헌산중학교	2003 heonsan.ms.kr	031-334-4004
	원불교	경기 용인 처인구 원삼면 내동로 50-13

비인가 도시형 중등 대안학교

순서 : ①학교명   ②설립년도   ③홈페이지   ④전화번호
      ⑤설립주체   ⑥주소

• 가온학교	2006 gaonschool.or.kr	053-246-7179
	대구청소년대안교육원	대구시 서구 달구벌대로 1829
• 거침없는우다다 학교	2001 udada.or.kr	051-514-8812
	사단법인 우다다청소년재단	부산시 금정구 청룡예전로 84
• 공간민들레	2001 flyingmindle.or.kr	02-322-1318
	민들레 출판사	서울시 마포구 성미산로11길 5 숲센터
• 꽃피는학교	2009 peaceflower.org	02-766-0922
	(사)청소년평화꽃네트워크	경기 하남시 미사동로 40번길 21
• 꿈꾸는 아이들의학교	2001dreamwe.org	02-855-2529, 070-8737-2529
	청소년 대안교육 공간 꿈	서울시 관악구 당곡길 31
• 꿈타래학교	2003 dreamkey.sc.kr	02-874-0536, 0576
	서울시교육청	서울시 관악구 신림로 67
• 꿈터학교	2004 cafe.daum.net/ggumterschool	02-404-3077
	꿈터청소년대안공동체	서울시 강동구 올림픽로 107길 38
• 꿈틀학교	2002 imyschool.com	02-743-1319, 3259
	일반 시민	서울시 마포구 성미산로 6길 19

- **강북청소년수련관**   2001   nanna.seoul.kr   02-6715-6600, 6601
  난나   대화문화아카데미   서울시 강북구 4. 19로 74

- **단재학교**   2009   danjaes.cafe24.com   070-8828-2398, 010-9272-4869
  교사모임   서울시 강동구 강동대로 53길 두올빌딩301호

- **대안교육센터**   2005   seesaw.or.kr   031-826-7935
  시소학교   (사)청소년문화공동체 십대지기   경기 의정부 비우로 12 기독청소년비전센터

- **더불어가는**   2006   thegil.org   031-421-3779
  배움터길   더불어가는배움터길 발전위원회   광주시 동구 의재로43번길 27-3

- **도시속참사람학교**   2001   macji.or.kr   062-368-8041, 365-1318
  (사)맥지청소년사회교육원   광주시 동구 의재로43번길 27-3

- **두레학교**   2005   dooraeschool.org   (초)031-552-8298, (중)552-0298
  두레교회   경기 구리시 한다리길 49 두레교회

- **들꽃피는학교**   1998   wahaha.or.kr   031-486-8836
  (사)들꽃청소년세상   경기 안산시 단원구 와동공원로 66

- **디딤돌학교**   2001   didimdolschool.cyworld.com   031-755-4080, 755-4280
  학교밖 청소년을 고민하는 사람들   경기 성남시 수정구 탄리로 9

- **불이학교**   2010   cafe.naver.com/goyangdaean   031-979-2012
  불이학교 준비위원회   경기도 고양시 덕양구 원당로 392

- **성미산학교**   2004   sungmisan.net   02-3141-0537
  학부모, 교사 설립추진위원   서울시 마포구 성미산로3나길 6

- **성장학교 별**   2002   schoolstar.net   02-888-8069
  봉천동 식구들, 별학교 교사, 그리고 친구들   서울시 관악구 남부순환로 1746

- **셋넷학교**   2004   34school.net   033-763-2890
  셋넷학교 교사와 학생   강원도 원주시 흥업면 북원로 1477-4

- **스스로넷**   2001   mediaschool.co.kr   02-795-8000
  미디어스쿨   청소년폭력예방재단   서울시 용산구 한강대로 255

- **아름다운학교**   2009   beautifulschool.or.kr   02-2201-8190~1
  (사)청소년교육공동체 "함께시작"   서울시 광진구 천호대로132길 10

자퇴할까 🚶 학교에 남을까

- 온새미학교   2009 cafe.daum.net/edu-town   051-526-3431
  (사)부산교육연구소   부산시 동래구 동래로79번길 19

- 은평씨앗학교   2001 seedschool.net   02-384-3518, 3637
  비영리 민간단체   서울시 은평구 서오릉로 21

- 청소년대안공간   2008 cafe.daum.net/qncjsangksehwjsgkrry   070-8232-5826
  부천 무한도전   부천무한도전네트워크   경기 부천시 원미로156번길 38

- 큰나무학교   2006 cafe.daum.net/bigtree2006   031-314-7809
  큰나무교육협동조합   경기 시흥시 구미2길 19

- 파주자유학교   2002 pajufreeschool.org   070-7799-7295, 070-7745-3278
  뿌리모임   경기 파주시 탄현면 요풍길 149-1

- 하나인학교   2006 hanain.net   031-913-5079, 7907
  하나인학교 학부모총회   경기 고양시 일산서구 일산로 658

- 하자작업장학교   2001 productionschool.org   02-2677-9200
  하자센터   서울시 영등포구 영신로 200

- 한들대안학교   2004   02-449-0500
  송파청소년수련관   서울시 송파구 중대로4길 4

비인가 전원형 중등 대안학교

순서 : ①학교명   ②설립년도   ③홈페이지   ④전화번호
         ⑤설립주체   ⑥주소

- 곡성평화학교   2006 gopeaceshoo.net   061-363-7775
  최기철(설립자, 교장)   전남 곡성군 노치로 412-9

- 금산간디학교   2002 gandhifree.net   (중)041-751-1249, (고)753-2586
  학부모   충남 금산군 남이면 보석사로 811

• 꽃피는학교	2006 peaceflower.org 학부모	031-791-5683 경기 하남시 미사동로 40번길 21
• 느티울행복한학교	2009 happy-school.net 교사·학부모 모임	043-834-5116 충북 과산군 과산읍 제월6길 29
• 늦봄문익환학교	2006 bomedu.com 늦봄평화교육사업회	061-433-7212, 434-7212 전남 강진군 도암면 백련사길 63-16
• 다인학교	2010 dainschool.net 교사와 학부모	033-242-3210 강원 춘천시 신북읍 저울길 145
• 마리학교	2004 mari.or.kr 마리교육생활협동조합(밝은마을)	032-933-2314 인천시 강화군 불은면 고능로 284-1
• 멋쟁이학교	2002 sarangbang.org 사랑방교회	031-544-1615 경기 포천시 소흘읍 무림길 134-178
• 문화교육들살이	2002 dulsari.net 교육공동체 5명	064-782-0196, 070-8808-0196 제주 서귀포시 성산읍 난산로27번길 10
• 민들레학교	2007 dandelionschool.net 민들레공동체	055-973-6812, 070-8280-3132 경남 산청군 신안면 중촌갈전로 762-12
• 빛고을학교 지오학교	2006 geo-school.or.kr 지오학교	061-371-2060, 372-2063 전남 화순군 동면 규봉로 247
• 산돌학교	2004 sundol.or.kr 기독교대한감리회	031-511-3295 경기 남양주시 수동면 비룡로 755-28
• 산청간디중학교	2005 gandhivillage.net 양희규(설립자 & 교장)	070-7723-7972 경남 산청군 신안면 중촌갈전로 903
• 삼무곡자연 예술학교	2009 club.cyworld.com/sammoogok 삼무곡영성공동체	033-573-9789, 010-4104-9789 강원 삼척시 원덕읍 사곡리 604-5
• 실상사작은학교	2001 jakeun.org 실상사	063-636-3369 전북 남원시 산내면 해오름길 85 인트라망지리산교육원
• 아힘나평화학교	2006 www.ahimna.net 한국아힘나운동본부, 일본(NPO법인)APB	070-4607-3735~6 충남 천안시 동남구 병천면 병천5길 32-35

- 영천산자연학교 2007 sanjayeon.ms.kr 054-338-0530
  정홍규 신부 경북 영천시 화북면 오공길 189

- 전인자람학교 2005 jaramschool.kr 033-262-7803~4
  전인교육실천연대, 전인학교 강원 춘천시 동산면 새술막길 638-17

- 제천간디학교 1997 gandhischool.org 043-653-5791~3
  간디농장 및 간디학교 설립준비위원 충북 제천시 덕산면 약초로 561

- 지혜학교 2010 sophiaschoo.or.kr 062-962-0980
  사단법인 지혜학교 광주시 광산구 박호등임로 485

- 참꽃작은학교 2005 chamschool.or.kr 033-764-0167
  사단법인 생명교육연구소 강원 원주시 소초면 백교길 38

- 학교너머 2007 cafe.naver.com/schoolbeyond 043-653-2423
  사단법인 간디공동체 충북 제천시 덕산면 약초로3길 21-1

- 한알학교 2009 hanal.or.kr 033-764-4789
  한알학교 교사와 학부모 강원도 원주시 부론면 부귀로 759

- 햇살나무학교 2008 cafe.daum.net/suntreethra 041-533-6910
  햇살나무교육연구소 충남 아산시 송악면 외암로 293번길

초등과정 대안학교

순서 : ①학교명 ②설립년도 ③홈페이지 ④전화번호
  ⑤설립주체 ⑥주소

- 간디어린이학교 2009 cafe.daum.net/gandhichild 070-7793-7990
  사단법인 숲속마을 청소년학교 경남 산청군 신안면 둔철산로438번길 47

- 고양우리학교 2010 cafe.naver.com/kywoori 031-979-2012~3
  교사와 학부모, 후원회 경기 고양시 덕양구 행신로 318-5

- **고양자유학교** 2002 jayuschool.org 031-977-1448
  학부모 경기 고양시 일산동구 공릉천로355번길 129-17

- **과천자유학교** 2002 gcfreeschool.kr 070-4322-0200~4
  교사와 학부모 경기 의왕시 청계로 189

- **광명YMCA** 2001 byeopssi.org 02-2625-7105
  볍씨학교 광명YMCA 경기 광명시 옥길동

- **구름산발도르프** 2005 gurmsan.kr 02-2625-9113
  학교 구름산방과후학교 교사진 경기 광명시 일직동 오리로191번길 35

- **꽃피는학교** 2003 peaceflower.org 031-791-5683
  학부모 경기 하남시 미사동로 40번길 21

- **꽃피는학교** 2004 peaceflower.org 041-855-7761~2
  교사와 학부모 충남 공주시 반포면 갈월길 122-6

- **꽃피는학교** 2007 peaceflower.org 055-363-0628
  (사)청소년평화꽃네트워크 경남 양산시 무지개길 28

- **꿈어린이학교** 2009 cafe.naver.com/sujichildschool 031-264-4552
  수지 지역 부모들과 선생님 경기 용인시 수지구 고기로427번길 26

- **꿈틀자유학교** 2003 ggumtle.or.kr 031-848-3346
  학부모 경기 의정부시 시민로416번길 202 수락산채

- **나무와학교** 2008 namuwa.or.kr 054-337-2337, 338-5656
  교사와 학부모 경북 영천시 대창면 어방리

- **다인학교** 2010 dainschool.net 033-242-3210
  교사와 학부모 강원 춘천시 신북읍 저울길 145

- **동림자유학교** 2009 drfreeschool.kr 031-338-8345
  발도르프학교 설립 준비모임 경기 용인시 처인구 모현면 초부로 84-41

- **맑은샘학교** 2005 cafe.daum.net/freeschool2005 02-504-6465
  맑은샘교육연구회 경기 과천시 양지마을 3로 3-1

- **무지개학교** 2003 moojigae.or.kr 070-8111-3679
  무지개학교 설립위원회 경기 과천시 공원마을3길 51

자퇴할까 학교에 남을까

- 문화교육들살이　2002　cafe.daum.net/dulsari　064-782-0196, 070-8808-0196
　　　　　　　　　　교육공동체 5명　　　　제주 서귀포시 성산읍 난산로27번길 10

- 벼리학교　　　　2002　byuri.org　　　031-423-4574
　　　　　　　　　　안양YMCA　　　　　경기 안양시 동안구 관악대로88번길 3

- 빛고을학교　　　2006　geo-school.or.kr　061-371-2060, 372-2063
　지오학교　　　　　지오학교　　　　　전남 화순군 동면 규봉로 247

- 사과나무학교　　2008　appletreeschool.kr　051-622-7545
　　　　　　　　　　교사 학부모 공동체　　부산시 남구 유엔평화로 110-39

- 산어린이학교　　2001　san.gongdong.or.kri　　02-2611-1186
　　　　　　　　　　공동육아에 동의하는 부모, 교사, 시민　경기 시흥시 금오로 273

- 산울어린이학교　2007　cafe.naver.com/kidshope　031-502-7765
　　　　　　　　　　학부모　　　　　　　경기 군포시 둔대로 243-20

- 삼각산재미난학교　2004　sjaeminan.org　02-995-2277
　　　　　　　　　　교사와 학부모　　　서울시 강북구 4.19로8길 7-22

- 성미산학교　　　2004　sungmisan.net　02-3141-0537
　　　　　　　　　　학부모, 교사 설립추진위원　서울시 마포구 성미산로3나길 6

- 수원칠보산　　　2005　7bofree.or.kr　031-292-5929
　자유학교　　　　　교사와 학부모　　　경기 수원시 권선구 칠보로88번길 196

- 아름다운마을학교　2004　cafe.daum.net/maeulschooli　02-999-9132, 02-999-9032
　　　　　　　　　　아름다운마을공동체　서울 강북구 삼각산로 13

- 아시아공동체학교　2006　ac-school.net　051-633-1381
　　　　　　　　　　아시아공동체학교 설립 추진위원회　부산시 남구 우암로362번길 24-10

- 어린이학교　　　2002　sarangbang.org　031-544-1615
　　　　　　　　　　사랑방교회　　　　　경기 포천시 소흘읍 무림길 134-178

- 열음학교　　　　2005　cafe.daum.net/yeuleum　032-654-5754
　　　　　　　　　　열음학교 학부모, 교사, 상담사　인천시 남동구 장자북로 32

- 영천산자연학교　2007　sanjayeon.ms.kr　054-338-0530
　　　　　　　　　　정홍규 신부　　　　경북 영천시 화북면 오공길 189

• 의왕온뜻학교	2005 cafe.naver.com/ondd	031-462-1453	
	의왕온뜻학교 학부모	경기 군포시 송부로50번길 62-205	
• 전인새싹학교	2002 cafe.naver.com/033seassak	033-261-9913	
	전인교육실천연대	강원 춘천시 동산면 새술막길 638-17	
• 내일새싹학교	2002 cafe.naver.com/seouljeonin	02-2063-3332~3	
(변경예정)	전인교육실천연대	서울시 양천구 월정로50길 6	
• 큰나무학교	2006 cafe.daum.net/bigtree2006	031-314-7809	
	큰나무교육협동조합	경기 시흥시 구미2길 19	
• 파주자유학교	2002 pajufreeschool.org	070-7799-7295, 070-7745-3278	
	뿌리모임	경기 파주시 탄현면 요풍길 149-1	
• 평화학교	2003 cafe.daum.net/LittleSchoolTHELOVE	061-745-4008	
사랑어린학교	순천YMCA	전남 순천시 해룡면 하사길 5	
• 푸른숲발도르프	2003 gforest.or.kr	031-793-6591	
학교	푸른교육공동체를 이끈 학부모	경기 광주시 산수로 870-87	
• 하나인학교	2006 hanain.net	031-913-5079, 7907	
	하나인학교 학부모총회	경기 고양시 일산서구 일산로 658	
• 햇살나무학교	2008 cafe.daum.net/suntreethra	041-533-6910	
	햇살나무교육연구소	충남 아산시 송악면 외암로 293번길	

자퇴할까 ✦ 학교에 남을까

길이 곧 삶이고 배움터

길 위의 학교, 그게 뭐지?

로드스쿨링^{Road Schooling}. 직역하면 길 위의 학교라는 뜻인데, 이 단어가 생겨난 지는 그리 오래되지 않았다. 홈스쿨링처럼 오랜 역사와 시스템 안에서 생겨난 표현도 아니다. 여기에는 탄생 비화가 있다. 사실 자퇴 후 탈학교 청소년들이 가장 힘들어하는 부분이 정체성의 혼란이다. 주변의 시선도 곱지 않다. 다른 아이들은 학교에 있을 평일 낮 시간, 버스에 타서 교통카드를 기계에 갖다 댈라 치면 띠딕~ 하고 울리는 "청소년입니다!" 소리. 순간 사람들은 "쟤는 대체 뭐지? 이 시간에 여기서 뭐하는 거지?"라는 눈초리로 쳐다본다.

고속버스를 비롯한 각종 시설을 이용할 때도 난감하다. 탈학교 청소년들도 학생과 같은 할인 혜택을 받을 수 있는 '청소년증'이란 게 엄연히 존재하지만, 학생증을 요구하는 사람들에게 일일이 상황을 설명하기 싫어 그냥 성인 요금을 내는 청소년들도 많다. "몇 살이니?"보다 "몇 학년이니?"라고 묻는 게 일반화되었고, 또래끼리 만나면 '어느 학교 몇 학년 몇 반'으로 먼저 소개하는 사회. 결혼이 늦어진 미혼 남녀나 취직을 못한 청년들 못지않게, 탈학교 청소년들에게도 친척들이 다 모이는 명절은 괴롭다. 이처럼 학교에 다니지도 않고, 딱히 집에서 부모가 학습 매니저 역할을 해주는 홈스쿨러도 아니라면, 이들을 과연 어떻게 불러야 할까?

로드스쿨러^{Road-Schooler}란 단어는 『길은 학교다』(한겨레출판사)의 저자 이보라가 스스로 자신을 명명한 이름이다. 『길은 학교다』는 저자 이보라가 고등학교 1학년을 마치고 자퇴한 후, 8개월간 인도, 네팔, 태국, 베트남 등 아시아 8개국을 혼자 여행하면서 보고 느낀 것을 담은 책이다. 한국에 돌아와서도 이보라는 학교에 돌아가지 않고 길 위에서 배움을 계속했다. 학교 밖에서 만난 친구들과 함께 여행을 다니고 글을 쓰며 영상을 만들었다.

이보라가 자신의 정체성에 대해 고민하기 시작한 것은 하자센터에서 일주일에 한 번씩 진행되는 '창의적 글쓰기' 수업에 참여했을 때다. 고글리(고정희청소년문학상에서 만나 글도 쓰고 문화 작업도 하는 아이들의 모임)가 지은 로드스쿨링 관련 저서 『로드스쿨러』(또하나의문화)의 프롤로

자퇴할까 학교에 남을까

그를 잠시 인용한다. 당시 이보라는 글쓰기 수업이 끝난 후 '어딘'이란 별명을 가진 김현아 교사에게 이렇게 털어놓았다.

"어딘, 난 내가 뭔지 모르겠어요. 학교를 다니지 않는다는 걸 알면 사람들은 내게 홈스쿨러냐고 물어봐요. 그런데 홈스쿨링이라면 왠지 극성맞은 부모 님들이 자기 계획을 가지고 시키는 느낌이 들어 그건 아닌 거 같아요. 우리 부모님은 내가 하는 대로 내버려 두거든요. 그렇다고 탈학교 청소년이라고 말하기도 좀 그래요. 탈학교 청소년이라면 왠지 피어싱 한두 개쯤 해주고 개성 좀 있어 줘야 할 거 같은데 난 그것도 아니거든요. 그리고 탈학교 청소 년이라 말하면 날 보는 시선도 달라져요. 글쎄 뭐랄까, 문제아 보듯이 하는 경우가 많거든요. 아, 정말 나는 나 자신을 뭐라고 불러야 할까요? 난 집보 다는 오히려 길에서 먹고 자고 배운단 말이에요!"

다른 탈학교 청소년들처럼, 이보라 역시 자기소개를 해야 할 때 곤혹 스럽긴 마찬가지였다. 그때 김현아 교사는 이렇게 대답했다. "그러면 길에서 공부하니까 로드스쿨러네. 그럼 앞으로 널 로드스쿨러라고 불 러 주마." 이렇게 아주 사적인 계기로 '로드스쿨러'란 단어가 생겨났고, 이보라는 19살 때 자신과 친구들의 경험을 담은 다큐멘터리 〈로드스쿨 러〉를 제작했다. 그리고 2009년 3월, 한국예술종합학교 영상원에 입 학해 다큐멘터리 공부를 계속했다.

또 다른 로드스쿨러들의 이야기를 좀 더 해보자. 그 출발점은 고정희

청소년문학상이다. 고정희청소년문학상은 고정희 시인을 기리고, 한국 여성문학을 이끌어갈 젊은 문학인을 발굴하기 위해 만들어진 대회. 이를 통해 입시생, 고등학생, 대학생, 탈학교 청소녀 등 다양한 신분의 청소녀 10여 명이 만났다. 그렇게 해서 결성된 모임이 '고글리'. '고정희청소년문학상에서 만나 글도 쓰고 문화 작업도 하는 사람들의 마을™'의 준말이다. 이들은 함께 글을 쓰고 영상 작업을 하며, 일주일에 한 번씩 만나 장을 보고 밥을 지어 먹기도 한다.

『길은 학교다』의 저자 이보라도 소속된 '고글리'는 길 위에서 배움을 찾은 대표적인 사례다. 이들은 함께 모여 학교에서 배우지 못했던 것들을 주도적으로 공부했는데, 그중 가장 주력한 것이 '여행스쿨'이었다. 2008년 5월 '신라여행스쿨'이라고 이름을 짓고, 손수 기획한 입학식도 치렀다. 여행지는 신라의 역사가 살아있는 경주. 교과서를 통해서만 지루하게 접했거나, 수학여행 때 우르르 끌려 다녔던 공간이 주도적인 학습을 하니 새롭게 다가왔다. 고글리는 도서관에서 신라의 흔적을 뒤지며 사전 학습을 했고, 저마다 각기 다른 주제를 가지고 경주로 떠났다. 그 과정에서 이들은 예상치 못한 멘토를 만났고, 직접 땅을 밟고 만져 보면서 역사를 생생하게 느꼈다. 함께 밥을 지어 먹으며 숙식을 해결하니, 공동체 의식도 자연스레 생겼다.

로드스쿨링은 '배움의 방식' 자체를 고민한다는 점에서, 가장 적극적인 형태의 대안교육이라 할 수 있다. 여행을 통한 배움에는 즐거움과 뿌듯함도 있지만, 한편으론 번거롭고 피곤하기도 하다. 마음 가는 대로, 발이 이끌리는 대로 갈 수는 있지만 정해놓은 학습 분량이나 정답도 없기에 길 끝에 무엇이 있는지 아무도 모른다. 얼핏 낭만적으로 보여도, 절대 낭만적으로 접근해서 안 되는 것이 바로 로드스쿨링이다.

그러나 "1년 여행은 10년의 일상"이라는 말이 있듯, 직접 부대끼고 시행착오를 겪으며 얻는 가르침은 크다. 길 위의 경험으로 그치지 않고, 돌아와서 이후의 삶에도 큰 영향을 미치는 것이다. 여행 대안학교 '로드스꼴라'를 졸업한 한 여학생은 "여행을 해보니 나도 몰랐던 나 자신에 대해 많이 알게 되었다"고 말했다. 원래는 소심한 모범생이었던 자신이, 여행을 하고 나니 자신에게 완벽주의자 같은 면이 있음을 발견했다는 것이다.

국경이 점점 사라지고, 모든 것의 경계가 희미해지는 현대 사회. 많이 움직이고 많이 본 사람일수록 사회를 바라보는 시선이 유연해질 수밖에 없다. 로드스쿨링을 지향하는 청소년들은 자신이 직접 밟은 땅을 더 절실하게 받아들이고, 건강한 시민으로 성장할 수 있다. 그러나 로드스쿨링을 문자 그대로 '여행'으로만 해석해선 곤란하다. 1년 365일 길 위에 있을 수도 없다. 로드스쿨링이 즐겁고 의미 있는 이유는, 돌아올 곳이 있기 때문이다. 로드스쿨링이 관습적인 여행으로 흐른다면, 이 역시 경제적으로 소외된 탈학교 청소년들은 엄두를 내지 못할 것이다.

넓은 의미에서 로드스쿨링은 학교 밖에서 이루어지는 모든 학습을 말한다. 여행지뿐만 아니라, 살면서 경험하는 모든 것들을 '움직이는 학교'로 받아들이는 것이다. 친구들끼리 떠나는 소박한 여행에서부터 도

청소년증, 학생증과 비슷하지만 다른

앞에서 잠깐 언급된 청소년증에 대해 자세히 알아보자. 학생증은 학교에 재학 중인 청소년들이 각종 혜택을 받을 수 있는 신분증이다. 그렇다면 학교에 다니지 않는 탈학교 청소년들이 그와 동등한 혜택을 받을 수 있는 방법은 없을까? 그래서 생겨난 것이 청소년증이다. 2000년대 초반까지만 해도, 탈학교 청소년들은 각종 할인 대상에서 제외되어 성인 요금을 낼 수밖에 없었다. 이런 불이익에 대해 2003년 MBC 예능 프로그램 〈느낌표〉에서 방송된 이후, 문화관광부에서 청소년증 발급 계획을 세웠다. 그리고 2003년 9월 18일 '청소년증의 발급 등에 관한 규정'이 문화관광부 훈령으로 제정되었고, 2004년 1월부터 전국적으로 확대 시행되었다.

청소년증은 만 9세에서 만 18세 사이의 대한민국 국민 누구라면 발급받을 수 있다. 청소년증을 제시하면 버스와 지하철 등 대중교통시설이나 문화 · 예술 공연 관람료 할인, 체육 · 공원 시설 관람 및 이용료 할인, 금융거래를 위한 실명확인 증표 활용, 그밖에 청소년이 이용할 수 있는 시설 할인 등이 적용된다. 주민등록증이 해당 연령이 되면 의무적으로 발급받아야 하는 반면, 청소년증은 원하는 사람에 한해서 발급받을 수 있다. 청소년증을 발급받으려면 청소년증 발급 신청서에 사진 1매를 첨부하여 동주민센터 혹은 읍 • 면사무소에 신청하면 된다. 이때 주민등록등 · 초본 등 신분 확인을 위한 기본적인 문서를 소지하거나 보호자와 동행해야 한다.

그러나 아직도 대부분의 시설에서는 청소년들에게 학생증 제시를 요구하는지라, 탈학교 학생들이 과연 청소년증을 십분 활용할 수 있는지 의문이 든다. 냉혹하게 말해 청소년증은 "나는 탈학교 학생입니다."라고 드러내는 셈이다. 그래

대안학교에서 발급하는 학생증으로도 청소년증을 대체할 수 있다

서 자퇴한 학생들이 과거에 사용하던 학생증을 그대로 사용하는 경우도 많다고 한다. 감수성이 예민한 10대 청소년들 혹은 일일이 자신의 상황을 설명하기 귀찮은 청소년들은 성인 요금을 내는 경우도 여전히 많다. 때문에 일정 연령을 대상으로 청소년증을 일괄적으로 발급하는 게 더 낫다는 지적이 제기되고 있다.

서관, 미술관, 아르바이트 장소, 심지어 친구들을 만나고 연애하는 과정까지, 로드스쿨러들은 학습의 연장으로 바라본다. 만들어진 학교에서 공부하는 것이 아니라, 배움이 있는 곳을 학교로 만들어 내는 것이 바로 로드스쿨링이다. 로드스쿨링은 특정한 학교를 말하는 것이 아니다. 로드스쿨러들에게 모든 길이 곧 학교다.

로드스쿨링, 어디서 어떻게 시작할까?

로드스쿨러. 여행하면서 삶을 배우고, 길에서 자기 주도적으로 학습하는 사람. 언뜻 낭만적이고 멋있게 들리지만, 성공적인 로드스쿨링을 위해선 본인의 의지가 가장 중요하다. 로드스쿨링을 경험한 어느 탈학교 학생은 '로드스쿨링에서 가장 경계해야 할 것은 남에게 보여주기 위한 여행을 해서는 안 된다는 것'이라고 충고한다. 그만큼 로드스쿨링은 스스로 길을 만들어가고, 갈래길에서 끊임없이 선택해야 한다. 길 위에서는 과정에서 외로움도 엄습해 온다.

로드스쿨러들의 '워너비'가 된 이보라도 길을 떠나기까지 쉽지 않았다. 학교를 그만두고 여행을 가겠다고 했을 때, 부모가 선뜻 수락했을 리도 만무했다. 이보라의 저서 『길은 학교다』에는 그 갈등과 고민의 과정이 생생하게 묘사되어 있다. 무엇보다 8개월간의 긴 여행을 허락 받기 위해 부모를 설득해야 했다. 그 다음으로 중요한 것이 재정적인 문제였다. 힘겹게 맞벌이하는 부모님께 손을 벌릴 수 없었기에, 이보라는 여행계획서를 짜서 출판사, 청소년 단체, 대안교육에 관심 있는 이들에게 후원을 부탁했다. 그렇게 적극적으로 여행 자금을 마련했기에, 긴 여행길을 떠날 수 있었다.

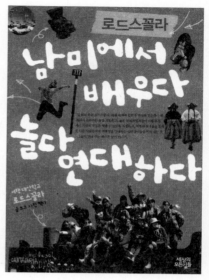

로드스꼴라 체험을 담은 책 『남미에서 배우다 놀다 연대하다』

이보라의 경험담은 특히 로드스쿨링을 계획하는 여학생들에게 많은 자극이 된다. 여학생들의 경우, 집을 떠나겠다고 했을 때 남학생들보다 더 집안의 허락을 받기가 어렵다. 여행학교에 등록해서 교사 인솔 하에 떠나지 않고서야, 선뜻 딸자식을 집 밖으로 떠나 보낼 부모는 많지 않다. 그래서 당장 여행을 떠나고 싶은 마음이 굴뚝같으면서도, 부모를 설득하는 과정에서 로드스쿨링을 포기하는 경우가 많다. 어쨌든 남학생이든, 여학생이든 로드스쿨링을 결심했다면 부모와 제대로 소통하는 것이 중요하다. 고글리가 쓴 『로드스쿨러』에서는 부모님과 소통하기 위한 일곱 가지 팁으로 다음과 같이 제안한다.

첫째, 자퇴를 선언할 때 왜 학교를 그만두고 싶은지, 그만둔 후에는 무엇을 하려는지 일목요연하게 정리해서 전달할 것. 둘째, 상대방의 이야기를 끝까지 듣고 서로의 입장을 충분히 이야기할 것. 이때 흥분은 절대 금물이다. 셋째, 내가 요구하는 것과 부모가 요구하는 것 사이의 절충안을 찾을 것. 경제적, 정신적으로 온전히 독립할 수 없고 부모의 도움을 받아야 하는 상황이기 때문이다. 넷째, 로드스쿨링의 좋은 사례를 찾아 보여줄 것. 다섯째, 자신이 선택한 것에 대해 책임질 수 있다는 신뢰를 쌓을 것. 여섯째, 로드스쿨링을 하는 과정과 결과물을 수시로 알려줄 것. 조언을 구하고 부모와 함께 할 수 있다면 더 좋다. 그리고 마지막으로 어떤 순간에도 부모와 소통할 의지가 있음을 보여주는 것이 중요하다.

로드스쿨링을 경험한 '고글리'의 충고를 좀 더 들어보자. 『로드스쿨러』에서는 "로드스쿨링 입문의 첫 번째 단계는 '하고픈 일 찾기'와 '시간표 짜기'야. 새로운 너만의 학교를 만드는 일이지."라고 설명한다. 정해진 시간표도 없고, 꼭 해야 하는 일도 없기에 24시간은 온전히 자신의 것이다. 이때 넘치는 시간 속에서 휘청거리지 않으려면, 자신이 정말 하고 싶은 것이 무엇인지 찾아봐야 한다. 그리고 그것이 꼭 미래를 위한 것이든 아니든, 자신만의 시간표를 짜는 것이다. 부모님이 아닌, 내가 하고 싶고 내가 할 수 있는 시간표로.

그 다음으로 중요한 것이 로드스쿨링을 위한 네트워크를 구축하는 것이다. 로드스쿨링은 길에서 만난 다양한 사람들과 소통하는 법, 자신을 좀 더 유연하게 바라보는 시각을 길러준다. 그 목적이 단순히 쉬기 위한 것이든, 배우기 위한 것이든 여행을 하는 과정에서는 항상 관계에 노출될 수밖에 없다. 고글리가 쓴 『로드스쿨러』에서는 "나만 잘 걷고 빨리 간다고 해서 여행이 풍요로워지는 것은 아닌 것처럼, 로드스쿨링 또한 마찬가지."라고 조언한다. 관계를 얼마나 중요하게 바라보느냐에 따라, 로드스쿨링의 의미는 달라진다.

그러나 아무리 길 위에서 우연한 만남이 기다리고 있다 해도, 함께 길을 떠날 수 있는 동료가 있다면 더 큰 힘이 될 것이다. 여행이란 돌아올 곳이 있기에 더욱 의미가 있다. 결국 로드스쿨링의 가장 큰 함정은 외로움이다. 따라서 서로 자극을 주고 위로해주며, 정보도 함께 공유할 수 있는 친구들을 찾길 권한다. 길 위에서뿐만 아니라, 돌아와서도 함께 고민하고 나눌 수 있는 친구들. 동호회나 온라인상에서 우연히 뜻을 함께 하는 친구를 만나는 경우도 있지만, 그게 부담스럽다면 여행학교를 찾아보자. 아직 국내에서는 본격적으로 로드스쿨링을 실시하는 단체가 그리 많진 않다. 다만 다음에 소개하는 곳이 로드스쿨링을 처음 시작하는 이들에게 어느 정도 도움이 되리라 믿는다.

■ 대안학교 교육과정

이미 대안학교에 다니고 있거나 대안학교에 가기로 선택했다면, 어느 정도 로드스쿨링을 맛보게 되는 셈이다. 작게는 산행이나 도보여행에서부터 크게는 장기간 해외체험까지, 대부분의 대안학교 교과과정에 여행이 포함되어 있다. 여기서는 대표적인 몇몇 학교에 대해 소개한다. 우선 중고 통합 대안학교인 금산간디학교에서는 3~4학기 무렵에 필리핀 해외이동학습을 실시한다. 제천간디학교에서도 장기간 해외체험을 할 수 있다. 2~3개월에 걸쳐 그 나라의 문화를 체험하고 언어도 학습하는 것. 더불어 인류애에 바탕을 둔 평화수업을 실시한다.

인가형 대안학교인 동명고등학교에서는 1학년 학기 중에 중국, 몽골, 일본 등을 선택하여 국제적인 감각을 기른다. 방학에는 자율적인 선택으로 미국, 호주, 필리핀 등에서 어학연수를 실시하고 있다. 6년 과정의 늦봄문익환학교에서는 세 차례의 해외이동학습을 실시한다. 2학년 때는 중국을, 4학년 때는 동남아시아를, 그리고 6학년 때는 유럽을 방문한다. 아름다운학교에서는 자율적인 여행 프로젝트를 진행한다. 여행지 선정에서부터 교통편, 숙소와 식사 해결, 정산, 기록, 평가 등 여행의 전 과정을 학생들이 직접 기획하고 실행한다. 그 밖에도 꿈꾸는 아이들의학교에서는 5~6학년 때 여행 프로젝트의 일환으로 해비타트(무주택 서민들을 위한 집짓기)와 해외봉사를 진행한다.

▪로드스꼴라

여행을 통해 배움을 실현하는 것을 목적으로 2009년 3월에 문을 연 학교다. 공정한 여행, 지속가능한 여행을 기획하는 사회적 기업 '트래블러스 맵'과 하자센터가 손을 잡고 시작했다. 로드스꼴라RoadSchola란 길을 의미하는 '로드'와 학교를 뜻하는 라틴어 '스꼴라'의 합성어로, 길에서 배우고 놀며 연대하고자 하는 여행 대안학교다. 로드스꼴라는 여행을 통해 철학과 역사, 인문학을 배우고 여행 과정에서 자신만의 작업을 할 수 있도록 기획 지원한다. 또한 그렇게 해서 만들어진 여행 결과물은 또 다른 사람들에게 여행길을 안내하는 길라잡이가 될 수 있도록 하고 있다.

로드스꼴라는 총 6학기로 이루어져 있다. 1학기 '길머리 과정'에서는 외국어, 글쓰기, 도보여행, 여행 워크숍, 사진이나 영상 디자인 등 다양한 장르의 문화 작업을 한다. 2~4학기 '길가온 과정'에서는 본격적인 문화 작업과 지역 연구를 한다. 이 과정에서 배운 것들을 토대로 공연이나 전시, 출판 등 작품을 발표하면 수료할 수 있는 자격을 얻게 된다. 마지막으로 5~6학기 '길너머 과정'에서는 국내외 인턴십 프로그램에 참여한다. 한 학기는 트래블러스 맵에서 인턴으로 일하면서 구체적인 실무를 체험하고, 나머지 한 학기는 트래블러스 맵의 해외 네트워크 단체에서 일하면서 지역 전문가가 되기 위한 훈련에 들어간다. 이 모든 과정을 위해 로드스꼴라에서는 학기마다 네트워크 형성을 위한 국내외 여행 프로젝트를 진행한다.

로드스꼴라에 입학할 수 있는 자격은 서울 및 수도권 지역에 거주하는 15세~22세의 청소년 및 청년이어야 한다. 이주노동자들과 다문화가정의 자녀들에게는 다양한 지원 혜택도 주어진다. 전형은 서류전형과 면접전형으로 이루어지며, 마지막으로 다함께 합숙하며 입학 후에 무엇을 하고 싶은지에 대해 이야기한다. 로드스꼴라는 역사는 짧지만, 국내에서 로드스쿨링을 본격적으로 실시하고 있는 가장 대표적인 여행 대안학교다. 다만, 학기별 등록금이 들어가는 것 외에 여행을 떠날 때마다 별도로 여행비를 지불해야 하기 때문에 경제적인 부담이 높다는 것을 고려해야 한다.

■학교너머 '공감버스 프로젝트'

탈학교 청소년 네트워크 '학교너머'에서 실시하는 여행 프로젝트. 학교너머는 비인가 대안학교이지만, 정원이 있으면 여기서 실시하는 수업이나 프로젝트에 일반 회원도 참여할 수 있다. 그 중 대표적인 것으로 '길을 걷다, 만나다' 프로젝트는 이미 네 차례 실시된 바 있다. 제주도, 남도문화역사기행, 섬진강 기행, 그리고 2010년에 진행된 지리산 둘레길 걷기까지, 길을 통한 배움의 장이 여러 차례 마련되었다.

학교너머에서 2011년 마련한 가장 큰 프로젝트로는 300일 동안 전국 유랑을 하는 '공감버스'가 있다. 길 위에서 '나'를 찾으려는 청소년과 청년 22명이 공감버스를 타고 전국 곳곳을 돌아다니는 프로젝트다. 자신 안에 있는 불안과 두려움을 깨는 것을 시도하며, 다양한 사람들과 현장을 통해 자신의 미래와 진로를 모색해볼 수 있는 기회다. 매월 10만 원의 탑승비를 내야 하며, 나머지 숙식비나 운영비는 함께 벌면서 진행한다. 그 밖에 학교너머에서 실시하는 로드스쿨링 행사에 참여하려면 수시로 온라인 카페(cafe.naver.com/schoolbeyond)를 방문하면 된다.

■지구촌 인디고 청소년 여행학교

인도에 본부를 둔 국제 NGO '생명누리 공동체'에서 운영하는 사업 중 하나. 인디고Indigo란 재능을 가지고 태어났으나 기존 제도에 적응하지 못해 힘들어하는 아이들을 뜻하는 말로, 인디언의 어느 종족에서 나온 말이다. 지구촌 인디고 여행학교에서는 이런 '인디고 청소년'들을 대상으로 여행을 통해 자신의 미래가 어떤 것인지, 또 무엇이 필요한지를 스스로 찾아 배워볼 수 있도록 한다. 2010년 1월 인도로 떠난 제1기 여행학교를 시작으로, 네팔, 라오스, 캄보디아 등으로 여행지를 넓히고 있다.

여행학교에서는 1년 동안 네 가지 진행 일정을 실시한다. 1월 초와 7월 중순에 각각 50일과 40일 간 떠나는 '작은 학기 여행학교', 3월 초부터 12월 말까지 10개월간의 '1년 전환학년', 여름과 겨울방학 기간 3박 4일 일정의 '우리땅 인문학 여행학교', 그리고 여름과 가을에 '100일 여행학교'가 진행된다. 자세한 정보는 생명누리 공동체 홈페이지(http://www.lifeworld.or.kr)에 수시로 업데이트된다.

■ 동북아평화청소년여행학교

(사)동북아평화연대에서는 부정기적으로 청소년들을 위한 여행학교를 개최한다. 2014년 9월에는 고려인 이주 150주년 기념 3박 4일 과정으로 러시아 연해주, 중국 연길, 백두산으로 이어지는 탐방을 하는 연해주 방문단 교육 프로그램을 마련한 바 있다. 동북아 역사와 정신사를 배우고 문화체험을 하는 프로그램으로, 참가자들에게는 해외봉사활동 증명서도 발급해준다. 동북아 여행체험에 관심이 있는 사람은 수시로 동북아평화연대 홈페이지(www.peaceasia.or.kr)를 체크해볼 만하다.

■ 국토대장정

(사)자연탐험학교에서 운영하는 리더십 캠프. 우리나라 땅을 직접 밟고 체험하는 '국토대장정'으로 잘 알려져 있다. 초 · 중학생을 위한 주니어 리더십 캠프가 마련되어 있으며, 방학 시즌마다 해남 땅끝마을에서 서울에 이르는 국토대장정, 제주도 자전거 여행 등 국내 여행 프로젝트가 다양하게 마련된다. 자세한 설명과 일정은 홈페이지(www.camp114.or.kr)에 수시로 업데이트 된다.

워킹 홀리데이, 어떻게 준비해야 하나?

로드스쿨링은 단순히 여행을 뜻하는 것이 아니라, 학습 공간의 경계를 넘어 자기 주도적인 학습을 하는 것을 말한다. 따라서 로드스쿨링의 방법에는 정답이 없다. 여행학교를 다니면서 여러 사람들과 어울려 체계적인 여행을 할 수도 있고, 친구들과 함께 자전거 여행을 했던 경험이 여행학교에 다녔을 때보다 더 의미 있었다고 말하는 사람도 있다. 만약 시야를 좀 더 넓혀 저렴한 비용으로 해외여행을 하길 원한다면, 워킹 홀리데이working holiday 제도를 이용하는 것도 한 방법이다.

워킹 홀리데이란 젊은이들이 여행 중인 나라에서 취업을 할 수 있도록 특별히 허가해주는 제도다. 가난한 여행자 입장에서 해외여행은 아무래도 큰 부담이 된다. 이때 방문국에서 합법적으로 일하면서 부족한

자퇴할까 학교에 남을까

경비를 마련할 수 있는 제도가 바로 워킹 홀리데이다. 워킹 홀리데이의 목적은 젊은이들에게는 미지의 세계를 탐구할 수 있는 기회를 제공하며, 국가 간에는 교류를 증진시키는 것이다. 단기간 여행이나 어학연수에 비해, 워킹 홀리데이는 장기적으로 머물면서 현지 문화를 체험할 수 있다는 이점이 있다. 또한 워킹 홀리데이 비자는 현지 체류 기간만 계산하므로, 원한다면 주변 국가로 여행을 다녀올 수도 있다.

우리나라는 호주와 가장 먼저 워킹홀리데이 비자 협정을 맺었다

보통의 관광비자로는 취업이 불가능하나 워킹 홀리데이 비자, 다른 말로 관광취업비자를 발급받으면 여행 경비를 충당하기 위한 목적으로 노동권을 보장받게 된다. 우리나라는 1995년 7월 호주와 워킹 홀리데이 비자 협정을 맺은 것을 시작으로 현재 뉴질랜드, 캐나다, 일본, 프랑스, 독일, 아일랜드, 덴마크와 협정을 맺고 있다. 워킹 홀리데이 비자를 발급받을 수 있는 대상은 만 18세에서 30세의 젊은이로, 각 해당국에 한하여 평생에 1회만 발급받을 수 있다. 실제 체류기간은 1년이며, 비자를 발급받은 이후 12개월 이내에 해당국에 입국해야 한다. 또한 한국인은 한국 내에서만 비자 신청이 가능하다.

워킹 홀리데이는 무작정 덤벼들었다간 낭패를 보기 쉽다. 그만큼 사전 준비를 충분히 할수록 현지에서 사건 사고에 휘말리는 일이 줄어든다. 적어도 의식주를 해결할 방법, 비상시 대응 방법은 사전에 숙지하고 떠나야 한다. 또한 워킹 홀리데이를 계획하는 젊은이들을 대상으로, 취업 중개인들이 부당한 조건을 제시하는 경우도 있다. 이때 언어능력이 부족하면 그만큼 피해를 입기 쉽다. 워킹 홀리데이는 여행과 언어 습득, 현지 문화 체험을 모두 충족시키기 위해 하는 것이지만, 해당국의 언어구사능력이 뛰어날수록 유리할 수밖에 없다. 언어능력이 뛰어나면 다양한 일을 할 수 있을뿐더러, 현지에서 부당한 대우를 당할 때 유연하게 대처할 수 있다.

각국의 워킹 홀리데이 제도는 모집 시기나 모집 인원, 취업 기간이나 어학연수를 할 수 있는 기간이 각각 다르므로, 방문국에 관한 정보를 꼼꼼히 살펴보는 것이 중요하다. 좀 더 자세한 정보를 알고 싶다면 워킹홀리데이협회(www.workingholiday.com)나 워킹홀리데이 인포센터(http://www.whic.kr)의 자료를 참고하길 바란다.

■ 호주

- 나이 : 신청시 만 18세 이상 ~ 30세 이하
- 입국 : 비자 발급 후 12개월 이내
- 비자 신청 수수료 : AU$365
- 체류기간 : 입국일로부터 12개월(12개월 연장 가능)

자퇴할까 학교에 남을까

- 취업조건 : 업종 제한은 없으나, 한 고용주 밑에서 6개월 이상 근무 불가
- 어학연수 : 체류기간 중 최대 4개월 어학연수 가능
- 입국허가 인원 : 제한 없음
- 주의사항 : 호주는 우리나라와 가장 먼저 워킹 홀리데이 협정을 맺은 나라이자, 매년 참가자 수도 급증하고 있다. 그만큼 사전지식이 부족한 상태에서 떠나면 각종 사건 사고에 연루되기 쉽다. 이를 대비하기 위해 주시드니총영사관 및 현지 한인사회는 워킹홀리데이 종합지원센터(www.woholer.org.au)를 개설했으니 참고로 할 것.

■ 뉴질랜드

- 나이 : 만 18세~30세
- 입국 : 비자 발급 후 12개월 이내
- 비자 신청 수수료 : NZ$165
- 체류기간 : 12개월
- 취업조건 : 총 12개월, 한 고용주 밑에서 3개월 이상 근무 불가
- 어학연수 : 3개월 이하의 어학연수 단일코스 가능
- 입국허가 인원 : 매년 1,800명 선착순
- 주의사항 : 비자 신청을 위해서는 지정병원에서 신체검사를 거쳐야 하며, 최근 6개월 이내에 발급된 범죄경력증명서를 제출해야 한다. 또한 체류기간 동안에는 의료보험에 가입할 수 있어야 하며,

최소 생활비(NZ$4,200)와 왕복항공권 비용을 충당할 재정적 능력이 요구된다.

■ 캐나다

- 나이 : 만 18세~30세
- 입국 : 비자승인레터 상에 표기된 유효기간까지 입국
- 비자 신청 수수료 : CND 150
- 체류기간 : 12개월
- 취업조건 : 시간 제한과 업종 제한 없음
- 어학연수 : 6개월 이하
- 입국허가 인원 : 매년 4,000명(상/하반기 각각 2,000명)
- 주의사항 : 선발된 신청자에 한해서 신체검사를 받게 되며, 신체검사를 통과한 신청자들은 취업허가증을 받게 된다. 취업허가증은 캐나다 입국 심사시 제시해야 한다. 워킹 홀리데이 비자는 연장이 불가능하나, 자격 요건에 따라 현지에서 다른 비자로 전환할 수 있다.

■ 일본

- 나이 : 만 18세~25세(부득이한 사정이 있는 경우 30세까지)
- 입국 : 비자 발급 후 12개월 이내
- 비자 신청 수수료 : 없음

- 체류기간 : 12개월
- 취업조건 : 시간 제한은 없으며, 유흥업 관련 일을 제외하고는 다양한 아르바이트 가능
- 어학연수 : 가능
- 입국허가 인원 : 매년 10,000명
- 주의사항 : 일본 워킹 홀리데이 비자는 단수비자이기 때문에, 일본에서 재입국 허가를 받지 않고 출국하게 되면 비자가 소멸된다. 따라서 워킹 홀리데이 비자를 유지하려면 일정 수수료를 내고 재입국 허가를 받아야 한다.

■ 프랑스

- 나이 : 만 18세~30세(프랑스 입국은 만31세 생일 전날까지 해야 함)
- 입국 : 1년간의 보험을 들 경우 보험적용 시작일이 비자 시작일이 된다. 비자 시작일부터 프랑스 입국 가능. 비자 시작일부터 늦게 입국할 경우 그만큼 체류가능 기간이 줄어든다.
- 비자 신청 수수료 : 없음
- 체류기간 : 12개월
- 취업조건 : 프랑스 노동법에 근거
- 어학연수 : 기간 제한 없음
- 입국허가 인원 : 매년 2,000명
- 주의사항 : 어학연수가 주요 목적이라면, 학생비자를 발급받는 것

이 더 좋다. 학생비자를 발급받으면 매년 체류증을 재발급 받을 수 있고, 만 29세까지 학생사회보장제도 혜택을 누릴 수 있다. 연간 800시간(주당 19시간 30분) 아르바이트도 가능하다.

■독일

- 나이 : 만 18세~30세
- 입국 : 1년간의 보험을 들 경우 보험적용 시작일이 비자 시작일이 된다. 비자 시작일부터 독일 입국 가능. 비자 시작일부터 늦게 입국할 경우 그만큼 체류가능 기간이 줄어든다.
- 비자 신청 수수료 : 60유로 상당 금액을 원화(현금)로 지급
- 체류기간 : 12개월
- 취업조건 : 독일 노동법에 근거
- 어학연수 : 기간 제한은 없으나, 일부 대학부설어학기관에서는 대학 진학을 목적으로 하는 학생만 받아들이고 있다.
- 입국허가 인원 : 제한 없음
- 주의사항 : 복수비자이기 때문에 체류기간 동안 출입국이 자유롭다. 또한 워킹 홀리데이 비자로 독일에서 취업할 경우 독일인 노동자들과 같이 독일 노동법의 보호를 받으나, 실업수당이나 기타 사회 원조는 받을 수 없다.

자퇴할까 학교에 남을까

■아일랜드

- 나이 : 만 18세~30세
- 입국 : 비자 발급 후 12개월 이내
- 비자 신청 수수료 : 90,000원(한화 현금 또는 우편환)
- 체류기간 : 12개월(연장 불가)
- 취업조건 : 최대 12개월. 직종 제한 없음. 일주일 39시간까지 풀타임 취업 가능.
- 어학연수 : 최장 6개월
- 입국허가 인원 : 매년 400명
- 주의사항 : 아일랜드 워킹 홀리데이 비자는 복수비자이므로, 체류기간이 만료될 때까지 재입국이 가능하다. 또한 아일랜드에서 취업을 하려면 거주허가등록증과 개별 공공 서비스 번호PPSN를 취득해야만 한다.

나는 십대 경제인

조금 일찍 사회를 경험해볼까?

한 교실에서 천편일률적인 수업을 받는 학생들. 그러나 한 공간에 묶어놓기엔 저마다 개성도 다르고, 장차 하고 싶은 일도 제각각이다. 학교를 떠나 다른 길을 모색하려는 학생들도 마찬가지다. 누군가는 검정고시를 치러 빨리 학력을 취득하고 싶어 하고, 대안학교에 가서 공교육에서 맛볼 수 없었던 색다른 교육을 받고 싶어 하는 사람도 있다. 앞 장에서 소개한 대로, 길 위에서 배움을 찾으려는 로드스쿨러들도 있다. 그렇다면 좀 더 일찍 사회를 경험해보고 싶은 사람, 스스로 경제를 책임져야 하는 사람은 어떨까?

214

10대 때는 하고 싶은 것도 많고 사고 싶은 것도 많지만 여전히 부모에게 경제적으로 의존할 수밖에 없다. 그래서 더욱 직접 돈을 벌어보려는 열망을 갖고 아르바이트에 뛰어드는 청소년들도 적지 않다. 그러나 단순히 돈을 벌려는 것이 목적이 되어선 안 된다. 홈스쿨링을 실시하고 있는 한 학부모는 청소년들의 노동력이 착취되는 현 상황을 꼬집었다. 덧붙여 "기본적인 보장도 못 받고 인생에서 별 도움이 안 되는 일을 할 바에야, 차라리 그 시간에 많은 걸 경험하고 놀아라."고 충고했다.

이 학부모의 말은 단지 아르바이트를 하는 것 자체를 비판하는 것이 아니다. 일하는 과정 자체가 인생에서 의미가 있어야 한다는 말이다. 남들보다 조금 더 빨리 경제력을 갖추길 원한다면, 그만큼 진로를 탐색하고 준비하는 과정이 필요하다. 즉, 자신의 소질과 적성을 발견하고 '내가 하고 싶은 일은 무엇인가? 그 일을 하면 과연 내가 행복할까?'란 질문에 답할 수 있다면 그것만으로도 직업탐색의 절반은 성공한 셈이다. 청소년기는 유동적인 시기여서, 하고 싶은 일이 시시각각 바뀔 수 있다. 따라서 한 번 선택한 진로는 언제든지 바뀔 수 있으며, 완벽하게 잘 맞는 직업이란 세상에 거의 없다는 사실을 인지해야 한다.

조금 교과서적인 말을 읊어볼까? 직업이란 경제적으로 안정된 삶을 영위하기 위한 수단이자, 인간관계를 유지하고 원만한 사회생활을 하기 위한 것이며, 마지막으로 자아를 실현해가는 과정이다. 가장 이상적인 직업은 자신이 하고 싶은 일, 할 수 있는 일, 해야 하는 일의 삼박자가 맞아떨어지는 것이다. 그러나 많은 직업인들 중 정말 좋아서 하는 일을 직업으로 삼는 사람은 의외로 많지 않다. 그런 점에서 진로탐색은 청소년기부터 시작해야 한다는 말이 나오는 것이다.

진로, 직업을 선택할 때는 자신의 성격, 흥미, 적성, 가치관, 지능, 신체적인 조건 등을 모두 고려해야 한다. 이 모든 것이 맞아떨어졌을 때, 일에 완전히 몰두할 수 있으며 창의력도 꽃피우게 된다. 나는 어떤 일을 하고 싶은지, 몇 살까지 일하고 싶은지, 내가 원하는 일을 하기 위해선 어느 정도까지 노력을 할 각오가 되어있는지 스스로에게 질문해 보자. 쉽게 답이 나오지 않는다면, 여러 가지 적성검사나 흥미검사를 해보는 것도 방법이다. 그러나 모든 검사가 그렇듯, 적성이나 흥미검사 결과가 절대적인 건 아니다. 한 사람에게 적합한 직업이란 여러 가지가 있을 수 있으며, 흥미나 적성보다 노력에 의해 좌우되는 경우가 많다. 흥미·적성검사 결과로 덜컥 직업을 선택하기보다, 검사하는 과정 자체에서 자신을 돌아보는 기회를 삼는 것이 좋다.

좋은 직업을 가지려면 꼭 대학을 가야 한다는 것도 편견에 지나지 않는다. 요즘처럼 취업대란의 시대에서 중요한 것은, 대학 졸업장이 아니라 그 분야에 있어서 얼마나 전문성을 가지고 있느냐다. 스스로 대학에 꼭 가야만 원하는 일을 할 수 있다고 생각한다면, 어떻게 해서든 진학에 힘써야 할 것이다. 하지만 대학에 진학하지 않고도 적성과 소질을 살릴 수 있다는 판단이 섰다면, 이제 본격적으로 방법을 찾아볼 차례다. 물론 남들보다 일찍 직업전선에 뛰어드는 게 쉬운 건 아니다. 새로운 일을 접할 때 겪게 되는 불안과 공포도 생길 수 있고, 조금만 힘이

들면 부모에게 의지하기 쉽다. 이때 어리광을 뿌리 뽑는다는 생각으로, 한 사람의 성인으로 독립할 수 있도록 마음을 다잡는 것이 중요하다.

자퇴 후 직업을 찾으려는 사람들의 유형을 하나로 묶긴 힘들다. 정말 경제적으로 어려워서 가장 노릇을 해야 하는 청소년들도 있고, 일찌감치 사회 경험을 해보고 싶은 청소년들도 있을 것이다. 지금 당장 하고 싶은 것이 창업인 사람들도 있을 것이다. 10대 CEO나 쇼핑몰 운영자들이 늘어나고 있는 것만 봐도 알 수 있다. 직업을 찾으려는 동기가 어찌 됐든, 10대 때 적절한 직업체험을 해보는 것은 분명 의미 있는 일이다. 특히 홈스쿨링이나 로드스쿨링을 하고 있는 청소년들 중에는 아르바이트를 하는 이들이 상당수 있다.

본격적인 직업탐색과 교육에 관련된 정보는 다음 장에서 살펴보기로 하고, 여기서는 청소년들이 아르바이트를 할 때 주의할 사항에 대해 몇 가지 짚어보자. 성인들의 노동권도 잘 보장받지 못하는 현실에서, 청소년들의 노동권이 제대로 지켜지고 있을 리 없다. 따라서 돈이 급하다는 이유만으로 아무데서나 일해서는 곤란하다. 여성가족부가 고용노동부 및 각 지자체와 함께 2014년 7월 22일부터 25일까지 4일간 실시한 조사 '여름방학 대비 청소년 근로권익보호 합동점검'에 따르면, 최저임금보다도 적은 급여를 받으면서 초과 근무에, 심지어 임금체불의 피해 사례가 많은 것으로 나타났다. 특히 청소년 아르바이트가 단기간인데다 쉽게 그만둔다는 이유로, 근로조건 명시를 위반한 경우가 50%가 넘었다.

제대로 된 노동권을 주장하기 위해선 최소한의 근로관계 법령 정도는 알고 있어야 한다. 불이익을 당하는 것은 비단 나 하나의 문제로 끝나지 않는다. 나에게 불리한 처우를 한 사업주는 다른 청소년들에게도 똑같이 대할 수 있음을 명심해야 한다. 이를 위해 노동부는 2006년부터 일하는 청소년들을 위한 '알자알자 캠페인'을 진행하고 있다. 노동부와 '제1기 고용노동부 1318 알자알자 청소년 리더' 팀이 청소년 아르바이트 권리 보호를 위해 만든 '청소년 알바 10계명'은 다음과 같다. 더 자세한 정보는 청바지(청소년 바른 일자리 지킴이) 사이트(blog.naver.com/1318jean)를 참조하면 된다.

1. 원칙적으로 만 15세 이상의 청소년만 근로가 가능하다.

원칙적으로 청소년, 즉 연소근로자들은 만 15세 이상이 되어야만 일할 수 있다. 그보다 어린 청소년들은 원칙적으로 근로가 불가능하다. 단, 만 13~14세 청소년들은 지방 노동관서에서 발급하는 취직인허증이 있으면 일할 수 있다. 취직인허증은 만 15세 미만자가 신청서를 작성해서 부모(또는 후견인), 고용주와 학교장 확인을 받고 지방 노동관서에 신청하면 심사를 거쳐 발급된다.

※연소근로자 : 만 19세 미만인 청소년 근로자를 뜻하며, 근로기준법에서 특별히 보호하고 있다. 보호조항을 제외한 다른 근로기준법 상의 조항은 청소년 근로자에게도 동일하게 적용된다.

2. 아르바이트 지원시 꼭 확인해야 할 두 가지가 있다.

아르바이트를 해도 좋다는 부모(친권자 또는 후견인)의 동의서와 나이를 증명할 수 있는 가족관계증명서나 호적등본 또는 주민등록등본을 고용주에게 제출해야 한다. 청소년은 법적으로는 부모(후견인)의 동의가 필요한 나이이기 때문이다. 또한 사업자는 이를 반드시 확인하고 사업장에 비치해야 한다.

3. 근로계약서를 꼭 작성해야 한다.

현재 많은 사업장에서 근로계약서를 요구하지 않거나 받지 않으려는 경우가 있는 게 사실이다. 그러나 근로시 권리를 보호받고 사고나 위험으로부터 안전과 보상 여부를 보장받기 위해선 공식적인 근로관계를 증명하는 근로계약서가 반드시 필요하다. 근로계약서에는 임금(계산방법, 지급방법 포함), 소정 근로시간, 휴일, 휴가, 업무내용 등이 반드시 포함되어 있어야 한다.

4. 청소년도 성인과 동일한 최저임금을 적용받는다.

최저임금은 나이에 상관없이 보장받는다. 따라서 청소년 근로자도 매년 노동부에서 고시하는 최저임금액 이상을 받아야 한다. 2014년 법적 최저임금은 시간당 5,210원으로, 매월 1회 이상 정해진 날에 연소근로자에게 직접 현금 또는 통장으로 전액 지급해야 한다. 결근 등으로 한 달을 모두 근무하지 않은 경우에도 일한 일수만큼 해당임금을 지급해야 하며, 그만두거나 해고한 경우 모두 그날부터 14일 이내에 임금과 퇴직금 등 일체의 금품을 지급해야 한다.

5. 청소년 근로자는 유해한 일이나 위험한 업종의 일은 할 수 없다.

청소년 근로자는 육체, 건강, 정서상 피해를 입을 수 있는 근로로부터 보호받아야 한다. 때문에 근로시간이나 근로 가능업종 등 청소년 근로자를 보호하기 위한 다양한 원칙들이 있다. 청소년은 도덕상 또는 건강상 해롭거나 위험한 일은 할 수 없다.

- **일할 수 있는 곳 :** 제조업체, 패스트푸드점, 술을 판매하지 않는 일반 음식점, 편의점, 주유소 등
- **일할 수 없는 곳 :** 유흥주점, 단란주점, 비디오방, 노래방, 전화방, 숙박업(콘도, 펜션 제외), 이발소, 안마실이 있는 목욕탕이나 사우나(남자청소년 제외), 만화대여점, 주류 판매 목적의 소주방, 호프, 카페 등, 무도장, 성인오락실 및 도박장, 고압, 잠수작업, 운전 조종 면허 취득 제한 업무, 교도소 또는 정신병원 업무, 소각 또는 도살 업무, 유류(주유업무를 제외) 또는 양조업장, 브로모프로판(솔벤트 5200) 취급업무 등

6. 야간근로를 하거나 하루에 7시간, 일주일에 40시간 이상 일할 수 없다.

청소년 근로자는 20인 미만 사업장에서는 하루 7시간, 1주 42시간 이상 일해선 안 된다. 20인 이상 사업장에서는 하루 7시간, 1주 40시간 이상 일해선 안 된다. 또한 20인 이상 사업장에서는 밤 10시부터 새

벽 6시까지 야간근로를 할 수 없다. 단, 연장근로는 연소근로자와 합의해서 1일 1시간, 1주 6시간 이내에 할 수 있다. 야간근로와 휴일근로는 원칙적으로 할 수 없으나, 연소자가 동의하고 지방 노동관서의 인가를 받으면 가능하다.

7. 연장, 야간, 휴일근로를 할 시 가산임금을 받을 수 있다.

근로계약한 시간을 넘어 야간근로, 초과근로, 휴일근로를 할 시에는 법적으로 시간급의 50%를 더 받을 수 있다(5인 이상 사업장의 경우). 즉, 휴일근로나 초과근로를 하게 되면 평소의 임금 대비 1.5배 정도의 임금을 받을 수 있는 권리가 생기는 것이다. 또한 5인 이상 고용 사업장에서 1년 이상 근무하다가 퇴직한 경우, 1년에 평균 1개월분의 금액을 퇴직금으로 지급받을 수 있다.

8. 청소년 근로자도 유급휴일과 휴가를 받을 수 있다.

1주일에 15시간 이상 일하고 1주일 동안 개근한 경우, 하루의 유급휴일을 받을 수 있다. 5인 이상 고용 사업장에서 1개월 개근한 경우에는 하루의 유급휴가를 받아야 한다.

9. 예고 없이 해고할 수 없다.

해고할 때에는 적어도 30일 전에 해고를 예고해야 한다. 만약 30일 전에 예고하지 않았다면 30일분의 통상임금을 지급해야 한다. 5인 이상 고용 사업장의 경우 해고에 대한 정당한 이유가 있어야 하며, 해고 사유와 해고 시기를 서면으로 통지해야 한다. 단, 해고 예고가 적용되지 않는 경우는 다음과 같다.

- **일용직** : 3개월 미만 근무
- **월급제** : 6개월 미만 근무
- **계절적 업무** : 6개월 이내의 근무기간을 정한 경우, 2개월 이내의 근무기간을 정한 경우, 수습 중(3개월 이내)인 경우

10. 일하다 다쳤다면 산재보험법이나 근로기준법에 따라 치료와 보상을 받을 수 있다.

기껏 힘들게 번 돈을 치료비로 날려버리는 일이 있어선 안 된다. 청소년 근로자는 법적 보호를 받기 때문에, 근로 중 사고를 당했다면 정당하게 보상 및 치료를 받을 수 있다. 만약 일하는 곳이 산업재해보험에 가입하지 않았다 하더라도, 업주의 부담 하에 산재 처리가 가능하다. 단, 이 모든 권리를 보장받기 위해선 반드시 근로계약서를 작성해야 한다.

※임금체불 및 부당한 처우를 당했을 때
- 피해신고 및 청소년 아르바이트 관련 상담은 국번 없이 1350(노동민원센터)
- 임금체불 또는 최저임금 위반 등 권리침해로 인한 신고는 지방노

동관서에 방문하여 접수하거나 노동부 e-노동민원센터(minwon.molab.go.kr)를 통해 접수

어떤 일을 할까?

자, 이제 본격적으로 내가 어떤 일을 할지에 대해 고민해볼 차례다. 단기간 아르바이트나 사회 체험을 위한 노동이라면 모르겠지만, 장기적인 직업을 갖길 원한다면 어떤 직종을 선택할 것인가를 꼼꼼히 따져봐야 한다. 물론 처음 직업탐색을 시도했을 때 정작 자신이 무엇을 하고 싶은지 해답이 잘 나오지 않을 수도 있다. 뚜렷이 하고 싶은 일이 없거나 하고 싶은 일이 너무 많거나, 그도 아니면 꿈이 수시로 바뀌기 때문이다. 그러다 보면 자신의 생각보다 부모님이나 주변 사람들의 의견을 따르기 쉽다.

그러나 하고 싶은 일이 수시로 바뀐다고 해서 불안해할 필요는 없다. 많은 진로교육 전문가들은 자신이 원하는 다양한 꿈들 사이에서 공통점을 찾으라고 조언한다. 자신이 꿈꿔왔던 것들을 정리하고 비교하다 보면, 활동적인 일을 하고 싶은지, 조용히 파고드는 일을 하고 싶은지, 여러 사람을 상대하는 일을 하고 싶은지 등 어떤 공통점이 나타날 것이다. 그리고 자신의 흥미와 적성, 가치관 등을 좁혀나가다 보면 점점 자신에게 어떤 분야가 적합한지 해답을 얻을 수 있다. 더 나아가 그 분야

에서 성공한 사람들의 인터뷰 기사를 찾아본다거나 직접 체험해보면서 생생한 직업 정보를 수집할 수 있을 것이다.

사실 자퇴 후 대안학교에 다니거나 다양한 공동체에서 길을 찾고 있는 청소년들을 보면, 지나치게 예술이나 인문 쪽으로 꿈이 치우쳐 있는 경향이 있다. 이는 요즘 청소년들의 관심사에 어떤 트렌드가 있어서이기도 하지만, 대학을 나오지 않고도 할 수 있는 일이 한정되어 있다고 생각하기 때문이 아닐까 싶다. 그러나 요즘 기업들의 채용 경향을 보면, 전 분야를 커버할 수 있는 박학다식한 인재보다 특정 분야에서 두각을 나타낼 수 있는 전문성을 더 본다. 대학 졸업자를 무더기로 뽑는 채용 방식도 요즘은 드물다.

게다가 많은 사람들이 대졸 학력이 있어야만 좋은 직업을 구할 수 있다고 생각하지만, 의외로 학력과 무관하게 착실히 준비하면 진출 가능한 직업들도 많다. 청년실업의 근본적인 원인 중 하나가 지나친 학력 인플레이션 때문이다. 대부분의 대졸자들이 대기업에 입사하길 원하고, 특히 경영·회계 관련 사무직 및 문화·예술·디자인 관련직을 찾으려 한다. 모두가 원하는 것이 한정되어 있다 보니 고학력 실업자는 늘어나고, 정작 전문성이 요구되는 중소기업은 원하는 인재를 찾지 못하는 실정이다. 따라서 학력과 무관하게 자신의 역량을 펼치고자 한다면, 실제적인 직업훈련 과정을 거치길 권한다. "틈새 직종을 노려라." "유망직종에 도전하라."는 말이 많이 나오는 것도 그런 이유에서다. 직업은 남에게 보이기 위한 것이 아니라, 자신의 잠재능력을 펼치기 위한 기회가 되어야 한다.

그렇다면 유망직종이란 어떤 것일까? 성장률이 높은 직업? 소득이 높은 직업? 고용창출 능력이 높은 직업? 그러나 이는 아무도 예측할 수 없고, 단순히 일자리가 늘어날 것 같다고 해서 유망직종이라고 말하긴 어렵다. 앞으로 어떤 직종이 떠오를 것인지를 예측하려면 사회의 흐름을 읽어낼 줄 알아야 한다. 그 중 몇 가지를 짚어보면, 21세기는 아름다움을 중시하는 사회이자 세계 시장에서 경쟁력과 보편성을 갖추는 인재를 원한다. 때문에 디자인 계통이 큰 인기를 얻을 것이며, 국제 시장을 상대하는 일이 떠오를 것이란 분석이 있다. 또한 하드웨어 중심에서 소프트웨어 중심의 사회로 변화하고 있어, 문화 지향적인 직업이나 소프트웨어 제작 등이 유망직으로 각광받을 것으로 보인다.

중요한 건 '유망직업'과 '유행직업'을 구분할 줄 알아야 한다는 점이다. 사실 모두가 선망하는 인기 직종이 전체 직업 중 1%나 되겠는가? 지금 선망의 대상이 되는 직업이 미래에는 인기 없는 직업이 될 수도 있다. 따라서 일시적인 유행을 따를 것이 아니라, 내가 즐거울 수 있는 일을 찾는 것이 우선이다. 앞으로 직업 선택에서 가장 중요한 가치는 '내가 그 일을 하며 얼마나 만족할 것인가'에 있다. 즉, 일이 엔터테인먼트이자 취미가 된다면 가장 이상적인 셈이다. 여기서는 전문성이 요구되는 몇 가지 이색 직업을 소개하고자 한다. '이런 직업도 있구나'란 생각으로 참고하길 권한다. 직업 세계의 이해를 넓힌다면, 그만큼 미래를 바라보는 시야도 넓어질 것이다.

- **다이어트메이트** : 비만클리닉, 다이어트 센터, 헬스센터, 스포츠 센터 등에서 고객 상담을 담당한다. 고객을 1대 1로 관리해주며 체지방 관리, 다이어트 식단 제공, 운동 프로그램 등을 지원하는 업무를 한다.
- **병원 서비스 코디네이터** : 환자가 편하게 병원을 이용할 수 있도록 도와주는 일이다. 환자 서비스에 대한 개선, 병원 이미지 관리, 카운슬러 및 사후관리 등을 담당한다.
- **베타테스터** : 새로 개발한 인터넷 게임을 써보고 개선책을 찾아주는 직업이다. 게임 마니아들이라면 한번 고려해볼 만하다.
- **글자꼴 디자이너** : 인쇄 매체를 비롯해 TV, 비디오, 노래방 등의 화면 자막에 들어갈 글자를 쉽고 아름답게 만드는 사람을 말한다. 컴퓨터 회사나 언론매체 등에서 근무한다.
- **사이버 기상 캐스터** : 기상청에서 기상 정보를 받아 인터넷을 통해 기상 정보를 제공하거나, 기업의 마케팅 활동에 필요한 기상 정보를 만든다. 기상 정보는 산업 활동에 지대한 영향을 주므로, 매우 유망한 직종으로 떠오르고 있다.
- **애완동물 관리사** : 애완동물을 기르고 관리하는 데 필요한 지식을 토대로, 애완동물 사육업체에서 일하거나 직접 사업장을 경영할 수 있다.
- **사이처** : 사이버^{Cyber}와 선생님^{Teacher}의 합성어. 인터넷 학습 사이트에서 교육 프로그램이나 메일 등을 통해 고객을 1대 1로 관리하고,

화상교육으로 학습을 도와주는 직업이다.

- **브루마스터** : 맥주가 만들어지기까지의 제조 공정을 관리하는 사람이다. 요즘 직접 맥주를 양조해주는 레스토랑이나 생맥주하우스 등이 늘어나고 있어, 유망한 직종으로 떠오르고 있다.

- **캘리그라퍼** : 컴퓨터 사용이 일반화된 요즘, 손글씨를 쓰는 사람은 거의 없다. 그러나 제품 광고나 로고 또는 슬로건에서 멋스러운 손글씨를 필요로 하는 경우가 많아졌다. 캘리그래퍼는 글씨에 담길 뜻을 생각해 컨셉을 정하고, 서예기법을 활용해 글씨에 멋을 낸다.

- **의료 관광 코디네이터** : 한국 의료진들의 실력, 의료 서비스, 저렴한 의료비 때문에 국내 병원을 찾는 외국 환자들이 늘어나는 추세다. 의료 관광 코디네이터는 국내 병원에서 진료를 받고자 하는 환자들에게 유능한 의료진을 연결시켜 주는 일을 한다. 접수부터 통역, 퇴원 후 상태 관리까지 전 과정을 담당한다.

- **실버 시터** : 고령화 사회가 급속화되면서 많은 수요가 예상되는 직종이다. 이야기 상대부터 가벼운 집안 일 돕기, 잔심부름과 쇼핑 대행, 병원 대행 등 노인들의 도우미 역할을 한다.

- **미스터리 쇼퍼** : 최근 외식업체와 금융회사, 백화점, 병원, 관공서, 판매업체 등에서 매장 직원의 평가를 의뢰하는 회사가 늘고 있다. 미스터리 쇼퍼는 그 의뢰를 받아, 일반 고객으로 가장해 매장을 방문한 후 점원의 서비스와 사업장의 분위기, 청결 상태 등을 평가하여 개선점을 제안하는 사람이다.

직업 관련 검사를 할 수 있는 사이트

- 커리어넷 www.career.go.kr
- 아이엔드디코리아 www.idk.co.kr
- 고용노동부워크넷 www.work.go.kr
- 신한정보넷 www.shinnet.co.kr
- 한국가이던스 www.guidance.co.kr
- 한국진로상담연구소 www.teensoft.net
- 커리어스마트 www.careersmart.co.kr
- 중앙적성연구소 www.cyber-test.co.kr
- 울산동구청소년상담복지센터 www.friend5279.or.kr
- 아이진로 www.ijinro.com

직업 정보, 일단 클릭하고 보자!

- 한국청소년상담복지개발원 www.kyci.or.kr
- 한국직업정보시스템 know.work.go.kr
- 한국고용정보원 www.keis.or.kr
- 한국직업능력개발원 www.krivet.re.kr
- 21C직업과 자격증 길라잡이 www.winfo.co.kr

- HRD-net www.hrd.go.kr
- 여성인력개발센터 www.vocation.or.kr
- 청소년 인턴십 센터 www.yuntern.co.kr
- 유스워크넷 www.work.go.kr/youth
- 커리어워크 & 청진기 career.haja.net
- 한국산업인력공단 www.q-net.or.kr
- 교육부 www.mest.go.kr
- 인천광역시 청소년 진로지원센터 www.jobguide.or.kr
- 한국청소년코칭센터 www.jkcc.co.kr
- 청소년자활지원관 www.youthjahwal.org

국비지원직업학교 전경

- **이미지 컨설턴트** : 정치인이나 연예인처럼 대중의 지지도에 의존하는 사람들의 분위기를 연출해주는 직업이다. 얼굴 표정에서부터 옷차림, 걸음걸이, 말투, 제스처 등 두루 좋은 인상으로 만들어주는 전문직이다.

- **멀티미디어 PD** : 멀티미디어 콘텐츠를 만들어내기까지 모든 과정을 기획하고 연출하는 사람을 말한다. 교육용 소프트웨어, 게임 소프트웨어 등 멀티미디어 콘텐츠 시장 규모가 확대되면서 각광받을 것으로 예상된다.

- **컴퓨터 게임 시나리오 작가** : 컴퓨터에 대한 기본적인 이해와 창의력을 바탕으로, 게임의 시나리오를 쓰는 직업이다. 소비자들이 끊임없이 고급스러운 게임을 원하기 때문에, 그들의 요구를 충족시켜줄 인력이 필요한 상황이다.

- **슈가크래프터** : 설탕으로 예술을 창조하는 직업이다. 분말로 된 설탕가루에 달걀 흰자, 젤라틴 등의 재료를 섞어 반죽하여 색을 넣고 모양을 만들어 각종 기념일 케이크, 부케, 생활 소품 등을 만든다. 설탕공예가로 불리기도 한다.

- **영화 예고편 제작자** : 마케팅 차원에서 영화 예고편이 활용되면서 영화 예고편 제작자가 전문화된 직업으로 등장했다. 이 직업은 짧은 시간에 영화의 특징을 소개해 관객들 끌어들이는, 일종의 영화 광고 제작자라고도 볼 수 있다.

직업훈련, 어디서 받을까?

앞으로 어떤 일을 하고 싶은지 어느 정도 마음을 결정했다면, 본격적인 직업훈련에 들어갈 차례다. 요즘 대부분의 기업들은 무조건 가방끈이 긴 신입사원보다, 바로 현장에서 투입되어 일할 수 있는 유경험자를 원한다. 때문에 해당 직업의 실무교육이 무엇보다 중요해졌다. 실무교육에 앞서, 다시 한번 자신이 하고자 하는 일이 대학 학력을 요구하는지를 살펴봐야 한다. 그렇지 않다면, 꼭 대학에 가지 않더라도 자신의 상황에 맞게 직업훈련을 받을 수 있는 방법을 모색해볼 수 있다.

좀 더 체계적인 직업교육을 받고 싶은 사람들은 전문계 고등학교 진학을 고려해볼 만하다. 일반계 고등학교의 교육과정이 대학 진학에 초점을 맞춘 반면, 전문계 고등학교에서는 대학 진학만이 목표가 아니라 전문인 육성에 중점을 둔다. 물론 전문계 고등학교에서도 내신과 수능 준비를 열심히 하거나 대학 특별전형제도를 통해 대학에 입학하는 경우도 있다. 그러나 전문계 고등학교는 일반계 고등학교에 비해 진학률이 낮은 편이며, 전문대학 진학 비율이 더 높다.

전문계 고등학교는 전문기술을 지닌 인력 양성을 위해, 실습 위주의 수업을 한다. 산업현장에 바로 투입될 수 있도록 전문교과 수업을 진행하는 동시에, 재학 중에 취득할 수 있는 자격증 교육을 실시하기도 한다. 또한 자신의 적성과 소질을 살릴 수 있는 다양한 동아리 활동을 통해, 관심 분야를 심화시킬 수도 있다. 때문에 전문계 고등학교는 직접 손으로 만들고 활발하게 움직이는 걸 좋아하는 사람들에게 더 적합하다. 자동차 정비, 웹마스터, 실내 디자인, 미용, 귀금속공예, 멀티미디어 등 전문적인 교육을 필요로 한다면 전문계 고등학교의 문을 두드려 보자. 만약 책상 앞에 앉아 지식 위주의 일을 하길 원한다면, 일반 인문계 고등학교에 진학하는 것이 더 나을 것이다.

한 가지 명심할 점은, 뚜렷한 목표와 당당한 마음가짐으로 진학하라는 것이다. 전문계 고등학교로 진학하는 학생들 중에는 여전히 어려운 가정형편이나 어중간한 학교성적 때문에 온 이들이 많다. 그러나 '학력보다 실력'을 따지는 추세 속에서 전문인을 양성하는 전문계 고등학교가 점점 많아지고 있다. 때문에 '전문계 고등학교는 공부 못하고 사고치는 아이들이나 가는 곳'이란 편견을 버리자. 전문계 고등학교는 졸업 후 바로 취업할 수 있다는 장점이 있으며, 원한다면 나중에라도 얼마든지 대학에 들어갈 수 있다. 이런 점 때문에, 진로에 대한 뚜렷한 목표의식이 없다면 섣불리 전문계 고등학교에 들어가는 건 권하고 싶지 않다.

대안학교들도 직업과 관련된 실무교육을 실시한다. 그 중 대안학교 초기부터 가장 많은 관심을 받았던 학교가 바로 하자작업장학교(productionschool.org)다. 하자작업장학교는 서울시립청소년직업체험센터(하자센터)에서 만든 탈학교 청소년들을 위한 비인가 대안학교다. 이곳은 학교 밖 청소년들이 전혀 다른 경험을 할 수 있는 학습장이자, 청소년들이 자아를 찾을 수 있는 직업을 선택하고 그 분야에서 장인이 될 수 있도록 도와준다. 서울, 수도권 지역에 거주하는 16세 이상의 청소년은 누구라도 지원할 수 있으며, 길찾기 과정·주니어 과정·시니어 과정 이렇게 세 과정으로 교육한다. 학생들은 영상, 디자인, 공연음악 등 전공을 선택해야 하고, 여러 가지 개인·팀 프로젝트를 통해 시민으로서 알아야 할 것들을 배워나간다.

십대들의 '자기표현' 교육에 중점을 둔 하자작업장학교는 입학전형 과정도 조금 남다르다. 1차 서류전형과 2차 면접까지 통과하고 나면 마지막 관문인 '쇼하자'가 남아 있다. '쇼하자'는 하자 사람이라면 누구나 거쳐야 하는 공개 프리젠테이션으로, 자기 생각을 드러내고 남들과 소통할 줄 아는 사람인가를 알아보는 단계다. 하자작업장학교의 수업은 주 5일 매일 아침 10시에 시작되는데, 공동학습과 공동작업이 많은 만큼 저녁 늦게 끝나거나 주말에도 나가야 할 때가 있다. 졸업시험은 따로 없다. 졸업 프로젝트와 인턴십 수행, 포트폴리오를 완성한 후 학교를 마칠 준비가 되었다고 생각될 때 스스로 졸업하게 된다.

직업훈련을 가장 잘 받을 수 있는 것은 뭐니뭐니 해도 생생한 직업현장이다. 사회 곳곳이 살아있는 교실이자, 해당 분야의 종사자들이 가장 좋은 선생님이 될 수 있는 것이다. 이를 위해 많은 학교에서 인턴십을 실시하고 있다. 인턴십은 청소년들이 자신이 관심을 둔 직업현장에서 전문가 즉, 멘토의 도움을 받으며 수행하는 공부를 말한다. 미리 세상을 경험하면서 진로에 대한 막연함을 해소하고, 사회 경험을 통해 미래 사회가 요구하는 능력을 기르는 것이다.

학교나 단체에 소속되지 않은 청소년들도 서울시 학교밖 청소년 지원 센터(seoulallnet.org)에서 인턴십의 기회를 얻을 수 있다. 여기서는 인턴십에 필요한 활동비를 지원하며, 주 2회 3개월 정도 인턴 활동을 할 기회를 제공한다. 인턴십을 신청해서 현장을 연결받으면, 사전 미팅을 통해 청소년 인턴십 센터와 함께 계획을 공유하게 된다. 인턴십 활동기간에는 멘토를 통해 일을 배우면서 과제를 진행하고, 인턴십 활동 일지를 작성한다. 마지막 단계에서는 인턴십 평가서를 작성하고 발표회를 진행하는 것으로 마무리한다. 현재 청소년 인턴십을 활동하고 있는 현장으로는 공예가, 사서, 문화재 지킴이, 작곡가, 레크리에이션 지도사, 요리사, 제과제빵사, 자동차 정비사, 사회복지사, 사진작가 등이 있다.

서울시 학교밖 청소년 지원 센터에서는 직업체험도 함께 실시하고 있다. 또한 하자센터에서 진행하는 직업체험프로그램(rg.haja.net)은 여러 분야의 현장을 누비며 직업을 체험할 수 있는 프로그램이다. 노동부에서 실시하는 한국잡월드의 청소년 직업체험 프로그램(koreajobworld.or.kr)도 주목할 만하다. 한국잡월드는 한국고용정보원에서 청소년들에게 직업에 대한 꿈과 희망을 심어주기 위해 마련한 직업체험의 장이다. 잡스쿨에서 실시하는 직업체험은 이틀간 진행된다. 첫째날은 직업정보 및 진로탐색에 대한 강의를 듣고, 둘째날은 직업현장으로 직접 찾아가 견학하고 현장 근로자로부터 관련 직업과 직업환경에 대한 이야기를 듣는다. 그리고 실습 강사의 지도하에 체험분야 관련 실습을 하는 것으로 마무리한다. 그러나 잡스쿨은 현재 인솔 교사를 동반한 단체(40명 기준) 신청만 받고 있어서, 나 홀로 직업체험을 하려는 사람에게는 해당

자퇴할까 학교에 남을까

되지 않는다.

청소년자활지원관(www.youthjahwal.org)을 활용하는 것도 방법이다. 청소년자활지원관은 저소득층 청소년들이 자립, 자활하여 사회일꾼으로 성장할 수 있도록 돕는다. 현재 서울 지역의 31곳을 비롯해, 전국 238개 자활지원관으로 확장된 상태다. 이곳의 주요 사업 중 하나가 진로지원사업인데, 진로탐색에서부터 직업 탐방, 직업인 만남, 직장체험, 직업교육, 기술교육연계 등을 실시하고 있다. '청년자활인큐베이팅 사업'이란 것도 있다. 이는 18세에서 24세의 비취업 청소년 중 경제적으로 형편이 어려운 청소년들에게 취업이나 창업, 직업훈련을 할 수 있도록 지원하는 프로그램이다. 이 프로그램에 신청하면, 관련 자격증이나 수료증을 획득할 수 있도록 지원받으며 지역 내 업체에서 근로체험을 할 수 있다. 대부분의 프로그램이 무료로 진행된다.

공모전과 자격증에 도전하는 방법도 있다. 공모전은 대학생을 대상으로 하는 경우가 많지만, 문학공모전이나 미술, 디자인, 공예, 만화 등 청소년들이 도전할 만한 공모전들도 있다. 관심 있는 분야의 공모전에서 수상한 경력이 있으면 취업에 도움이 될 뿐만 아니라, 다양한 사회체험을 했다는 점에서도 큰 의미가 있다. 자격증의 경우 해당 분야의 자격증을 따놓으면 분명 도움이 되지만, 자격증만 취득하면 당장 취업할 수 있다는 생각은 버려야 한다. 이를 위해선 자신이 따려는 자격증이 공인받은 것인지 사전에 확인해야 할 필요가 있다. 자격증의 종류에는 국가자격, 민간자격, 외국자격이 있으며 한국산업인력공단(www.

q-net.or.kr)에 가면 자격증에 관한 방대한 정보를 접할 수 있다.

'10대 사장님'이 되려는 꿈을 안고 창업에 도전하는 청소년들도 있을 것이다. 지식정보 사회에 접어들면서 요즘에는 나이와 학력에 관계없이 아이디어 하나로 사업을 시작하는 경우도 있으며, 어린 나이에 카페나 쇼핑몰을 운영하는 청소년들도 꽤 있다. 그러나 청소년이든, 성인이든 철저한 준비 없이 시작한 주먹구구식 창업은 실패할 확률이 높다. 그만큼 위험성이 크기에, 창업은 무엇보다 착실한 창업교육과 노하우를 전수받는 것이 좋다. 창업에 관한 도움은 청소년자활지원관(www.youthjahwal.org)이나 창업진흥원의 청소년 비즈쿨(www.kised.or.kr), 중소기업청에서 운영하는 창업넷 비즈쿨(www.changupnet.go.kr)에서 받을 수 있다. 쇼핑몰 운영을 준비하고 있다면 스쿨몰(school.cafe24.com)을 참고로 하면 좋겠다. 스쿨몰은 학생들이 쇼핑몰 솔루션을 실습하고 운영할 수 있도록 지원하며, 누구나 손쉽게 쇼핑몰을 구축할 수 있도록 도와준다.

6장 청소년 공동체

배우고 느끼고 나누자!

하기 싫은 건 많지만 하고 싶은 건 딱히 떠오르지 않는 시기. 청소년기가 바로 그런 시기가 아닐까 싶다. 그래서 막상 학교가 싫어 자퇴한 후에도 무엇을 해야 할 지 막막한 경우가 많다. 당장 돈을 벌어 생계를 책임져야 한다거나 입학을 생각해둔 대안학교가 있다거나 등 특별한 방향이 정해지지 않았다면, 일단 조금 시간을 갖는 것도 좋다. 어느 대안학교 교사는 "자퇴 후 6개월 정도 자기만의 시간을 갖는 것도 좋은 방법."이라며 충고했다. 그러나 마냥 집에서 하릴없이 시간을 보낼 순 없는 법. 그럴 때는 새로운 공동체를 찾아보는 게 어떨까.

아직 수적으로는 미비하지만, 현재 한국에는 청소년들이 함께 어울려 공부하면서 사회를 경험할 수 있는 공동체들이 있다. 그 중에는 어느 정도 절차를 밟아서 입학해야 하는 곳도 있고, 누구에게나 문을 열어둔 자유로운 곳도 있다. 여기서는 대안교육의 중추에 있는 하자센터에서부터 수준 높은 인문학 공부를 할 수 있는 풀뿌리사회지기학교까지, 추천할 만한 공동체 몇 군데를 소개한다. 당장 특별한 목표를 세우지 않았다면, 일단 문을 두드려보자. 함께 놀고 배우고 표현하다 보면 내가 누구인지, 내가 하고 싶은 일이 무엇인지 길이 보이지 않을까?

서울시립청소년직업센터 Haja

• www.haja.net | 02-2677-9200 | 서울시 영등포구 영신로 200

① 하고 싶은 일을 하면서 해야 하는 일도 할 거다.

② 나이 차별, 성 차별, 학력 차별, 지역 차별 안 한다.

③ 어떤 종류의 폭력도 행사하지 않을 거다.

④ 내 뒤치다꺼리는 내가 할 거다. / 남에게 피해를 주지 않는다.

⑤ 정보 때문에 치사해지지 않을 거다. / 정보와 자원은 공유한다.

⑥ 입장 바꿔 생각할 거다. / 배려와 친절.

⑦ 약속은 지킬 거다. / 못 지킬 약속은 안 할 거다.

이상은 하자센터에서 내건 '7가지 약속: 권리와 의무'다. 다양한 청소년들이 자유롭게 자기 탐색을 하는 곳이지만, 공동체에는 엄연히 규율이 존재하는 법. 하자센터에서는 나이와 성, 학력, 지역의 벽을 넘어 '하자'만의 언어로 소통한다. 하자센터, 공식 명칭 '서울시립청소년직업체험센터'는 연세대학교가 서울시의 위탁을 받아 운영하는 청소년 학습 공간이다. 1999년 12월 IMF 위기 때, 성숙한 문화작업자를 길러 청년 실업 문제를 해결하기 위한 모델로 설립됐다. 그리고 점점 사업의 규모가 커지고 다양해지면서, 현재 청소년들이 지속적인 문화작업을 할 수 있도록 돕는 일을 하고 있다.

하자센터에서는 하자작업장학교, 열린 작업장, 창업 인큐베이팅 등 여러 사업을 동시에 진행하고 있다. 그 중에는 등록 절차를 밟아 일정 기간 학교처럼 다녀야 하는 프로젝트도 있지만, 청소년이라면 누구나 참여할 수 있는 프로젝트도 있다. 때문에 하자센터는 학교라기보다 일종의 '마을'이라고 보는 것이 더 맞을 것이다. 이곳에는 독창적이고 공동체적인 삶을 살아가는 사람들이 모여 다양한 문화를 영위한다. 특히 한 달 단위로 진행되는 심화 프로젝트 '일취월짱'에서는 DJ 트레이닝, 그래피티, 창의적 글쓰기, 일렉트로닉 사운드 만들기, 프리스타일 랩 Freestyle Rap 등을 배울 수 있다. 그 밖에도 각종 토론과 강좌, 문화 작업, 여행과 캠프 등 하자센터에서는 많은 프로젝트가 진행되고 있다. 관심 있는 사람은 수시로 홈페이지를 방문해 업데이트되는 정보를 확인하자.

공간 민들레

• www.flyingmindle.or.kr | 02-322-1318 | 서울시 마포구 성미산로11길 5 숲센터

『자퇴일기』를 비롯한 여러 대안교육 서적, 대안교육 전문잡지 『민들레』를 내고 있는 민들레출판사가 탈학교 청소년들을 위해 마련한 공간이다. 이곳은 청소년들뿐 아니라, 대안교육에 관심 있는 어른들이 함께 어울릴 수 있는 '사랑방'이다. 서울시네트워크학교에 소속된 비인가 대안학교의 형태를 띠고 있지만, 이곳은 누구나 드나들 수 있는 곳이다. 청소년들 위주로 마련된 기존의 사랑방에서 한 걸음 더 나아가, 다양한 세대가 공감할 수 있는 곳으로 마련된 것이다.

3층 건물 안에 교실과 도서 공간, 주방, 야외작업실 등이 마련된 공간 민들레에선 다양한 강좌와 세미나가 열린다. 청소년들은 자신이 원하는 수업을 선택하며, 정해진 활동 외에도 언제 어디서든 함께 하고 싶은 활동을 제안해 진행할 수 있다. 자퇴를 고민하는 학생뿐 아니라 학부모의 고민 상담도 담당하고 있으며, 학부모들을 위한 강좌와 소모임도 수시로 열린다. 일방적으로 학습 기회를 제공하는 것이 아니라, 돌봄과 소통이 있는 네트워크를 만들려는 것이 공간 민들레의 특징. 공간 민들레에서 진행하는 강좌로는 시 쓰기, 세상 읽기, 타인의 삶 속으로, 경제학으로 세상 바라보기, 치유적 글쓰기 등이 있다.

노마소이 풀뿌리사회지기학교

• http://cafe.naver.com/pulschool | 02-365-8824 | 서울시 서대문구 성산로24길 16

기존 대학의 한계를 넘어 미래를 여는 인재를 길러내기 위한 대안대학이다. '사회 변화는 풀뿌리 같은 근본적인 단위들이 모여 변화의 공동체를 이루면서 시작된다'는 철학으로 '풀뿌리사회지기학교'라고 이름 붙였다. 또한 '사회지기'란 이름에는 새로운 사회를 함께 이끌어가는 사람들을 길러내겠다는 신념이 담겨 있다.

연세대학교 이신행 명예교수가 교장으로 있는 이 학교에서는 네 인물을 모델로 삼고 있다. 『아Q정전』으로 잘 알려진 중국 현대문학의 대가 노신, 마쓰시다 전기의 설립자 마쓰시다 고노스케, 『월든』의 저자이자 자연 속에서의 삶과 자립적인 삶을 강조했던 헨리 데이비드 소로우, 그리고 구한말 정치가이자 사회운동가 이상재가 바로 그들이다. 이들의 이름 앞 글자를 따서 '노마소이 풀뿌리사회지기학교'란 이름이 만들어졌다.

풀뿌리사회지기학교에는 학부 과정과 대학원 과정이 있지만, 취직을 위한 준비기관도 아닐뿐더러 졸업해도 학위가 주어지지 않는다. 이 학교의 목적은 지역 사회와 유기적으로 소통하고 미래사회를 이끌어갈 수 있는 현명한 시민을 양성하는 것이다. 교과과정도 정치·경제·사회·문화 등 인문학을 중심으로 이루어져 있으며, 대화와 토론 위주의 수업을 진행한다. 현재 이화여대 후문에 위치한 신촌 '체화당'을 비롯해 전

남의 나배 캠퍼스, 여주 캠퍼스를 오가며 교육 중이다.

입학 전형은 봄과 가을 두 차례에 걸쳐 이루어지며, 자신이 수강하고 싶은 과목을 골라서 들을 수 있다. 학비 역시 과목당 학기비와 과정비를 낸다. 다만 '대안대학'인 만큼, 어린 청소년들은 이곳의 학습이 어렵게 느껴질 수 있다. 따라서 풀뿌리사회지기학교에서는 최소한 만 17세가 되어야 입학할 수 있도록 규정해놓았다. 풀뿌리사회지기학교를 졸업한 학생들은 주로 사회적 기업 창업, 지역 언론 등 매체 활동, 논단 형성, 각종 시민운동에 참여하는 경우가 많다. 진지한 인문학적 성찰을 원하는 이들에게 추천하고픈 곳이다.

인디고 서원

• www.indigoground.net | 051-628-2897 | 부산시 수영구 수영로 408번길 28

성인들의 35%가 1년에 책을 한 권도 안 읽고, 청소년들은 입시에 필요한 책만 파고드는 게 현실이다. 그러나 책은 모든 인간의 가장 훌륭한 선생님이다. 인디고 서원은 바로 이런 정신을 갖고 출발한 청소년 인문학 서점이다. 2004년 부산 남천동에서 허아람 대표가 인문학을 살리자는 취지로 문을 열었다. 국내에서는 거의 유일한 청소년 인문학 서점으로, 이곳에서는 자습서나 대형 출판사들의 마케팅에 의한 베스트셀러는 취급하지 않는다.

인디고 서원에서는 책만 파는 것이 아니라, 청소년들의 커뮤니티도 형성하고 있다. 개원과 동시에 한 달에 한 번씩 고정 세미나 '주제와 변주'를 개최해, 청소년들이 진지하게 대화하고 토론할 수 있는 기회를 마련하였다. 서울대학교 조국 교수, 소설가 성석제와 황경신, 문학평론가 도정일, 문화평론가 진중권 등이 일찌감치 '주제와 변주'를 위해 인디고 서원을 방문했다. 또한 지금도 꾸준히 인문학 관련 인사들을 초청해 독서 토론을 실시하고 있다.

한편 청소년 인문학 토론회 '정의로운 세상을 꿈꾸는 청소년, 세계와 소통하다'(정세청세)는 인디고 청소년들이 기획한 토론의 장이다. 이들은 부산에서 시작해 점차 전국으로 지역을 확대하며 토론을 열기도 했다. 그 밖에도 학부모들을 위한 강의, 좋은 책을 선정해 함께 읽고 토론하는 일반인들의 독서모임 '수요독서회', 다양한 청소년 인문학 캠프 등을 진행하고 있다. 인디고 서원의 자양분을 토대로 성장한 대학생과 청소년 기자들이 만든 인문학 잡지 『인디고잉』INDIGO+ing도 인디고 서원의 성과라고 할 수 있다.

독서 토론을 통해 인성과 예술적 감성, 비판적 지성을 기르는 것이 인디고 서원의 목표이다. 풍부한 독서와 토론 경험을 바탕으로 하고 있기에, 이곳 청소년들의 지적 수준은 꽤 높다. 인디고 서원은 회원에 한해서 '주제와 변주' 초대장을 보내고 있으며, 온라인상에서도 꾸준한 활동이 이루어지고 있다.

교육공동체 나다

• nada.jinbo.net | 02-324-0148 | 서울시 마포구 망원로 7길 44 3층

'나다'라는 이름에서도 짐작할 수 있듯, 교육공동체 나다는 청소년들이 내가 세상의 주체임을 선언하고 자신만의 언어로 표현하는 것을 목표로 하고 있다. 나다는 2000년 12월 성남에서 청소년을 위한 철학교실을 열면서 출발을 알렸다. 인문학 토론을 통해 공교육의 대안이 될 수업모델을 만들려고 했던 것이다. 이어 2004년 7월 교육공동체 나다를 출범했고, 2007년에는 서울로 사무실을 옮겨 배우고 저항하려는 청소년들의 공간으로 자리 매김했다.

나다에서는 매주 1회 3개월씩 진행되는 정기강좌를 진행한다. 초등부, 중등부, 고등부 과정이 있으며 놀이, 철학, 문학 관련 수업을 진행한다. 읽고 체험하고 토론하는 인문학 과정이 주를 이루지만, 이것이 전부는 아니다. 탈학교 학생을 자녀로 둔 한 학부모는 나다의 장점을 "마음껏 놀고 쉴 수 있는 건강한 쉼터"로 꼽았다. 교육공동체 나다는 회원과 후원자들이 십시일반으로 만든 공동체나, 운영하는 주체는 청소년들이다. 자치와 공동체의 가치를 배우며, 놀고 일하고 공부할 수 있는 공간을 찾는다면 교육공동체 나다를 추천한다.

이 외에도 청소년들을 위한 다양한 강좌에도 주목할 만하다. 삶과 밀착된 공부를 지향하는 연구자들의 생활 공동체 '연구공간 수유+너머'

(www.transs.pe.kr)에서는 성인뿐만 아니라,
청소년들을 위한 프로그램도 마련하고 있다.
도토리서당, 청소년케포이필리아, 청소년의
역학, 꽁치세미나 등 다양한 강좌를 통해 자유
와 공동체의 가치를 배울 수 있다. 한겨레교육
문화센터(www.hanter21.co.kr)나 KT&G 상
상마당(www.sangsangmadang.com) 역시 수
준 높은 강좌를 제공한다. 글쓰기에서부터
영상/비주얼, 문화예술, 인문학 등 청소년들
이 관심을 가질 만한 강좌들이 정기적으로

교육공동체 나다에서 진행하는 강좌

열리니, 이곳에서도 함께 배우고 느끼는 공동체를 만날 수 있을 것이다.

자, 여기까지 자퇴 후 찾아볼 수 있는 여러 가지 길을 제시했다. 검정
고시에서부터 청소년 공동체 참여까지, 이상은 자퇴 후 모색할 수 있는
유형을 편의상 나눈 것뿐이다. 자퇴 후 얼마나 행복한 삶을 꾸려갈 것
인가에는 정답이 없다. 한 가지 방법만 있는 것도 아니다. 여기서 제시
한 것 외에 전혀 다른 길을 찾을 수도 있고, 여러 가지를 병행해서 자신
만의 스타일로 만들 수도 있을 것이다. 기본적인 정보를 접했다면, 그
다음 구체적인 길을 찾아가는 것은 여러분의 몫이다. 아마 다음 장에서
소개되는 생생한 사례들이 자퇴 후 삶을 꾸려가는 데 실질적인 도움을
줄 것이다. 학교를 떠난 사람들이 들려주는 신랄한 체험담을 다음 장에
서 만나보자.

Part 3

학교를
떠난
사람들

홈스쿨링과 로드스쿨링이 뭔지, 대안학교란 어떤 곳인지 어느 정도 감이 오는가? 그러나 이론과 현실 사이에는 늘 괴리가 있는 법이다. 아무리 가치관이 확고하다 해도, 어느 순간 이상이 변질되는 경험을 누구나 겪곤 한다. 그런 시행착오를 줄이기 위해선 경험자들의 말에 귀 기울이는 게 가장 좋은 방법 아닐까? 그래서 여러분보다 앞서 학교를 떠난 사람들을 만났다. 검정고시 합격자, 대안학교 졸업생, 길 위의 삶을 선택한 사람들, 그리고 홈스쿨링을 하고 있는 어느 어머니와 아들까지. 이들의 생생한 성공담과 실패담에 이어, 몇 가지 간략한 지침을 함께 전한다.

자퇴생 대학 가기, 의지력이 관건

고등학교 자퇴 후 검정고시로 대학에 진학한 박현우(가명)

경북의 한 소도시에서 인문계 고등학교를 다니다 몇 개월 만에 자퇴한 박현우는 곧장 검정고시 학원으로 갔다. 다행히 그곳에서 좋은 사람들을 만났고, 공부의 재미에도 눈을 떴다. 애초 학교를 그만둘 때도 대학에 가기 싫거나 공부가 싫었던 건 아니다. 검정고시 공부와 수능 공부를 병행하던 그는 1년 만에 검정고시를 통과하고 본격적으로 수능 학원에 다니기 시작했다. 학원 선택에서 한 번 시행착오를 겪었지만 두 번째 학원 선택은 성공적이었다. 덕분에 흔들림 없이 꾸준히 공부를 할 수 있었고, 고교 동기들과 같은 해 대학에 합격했다.

박현우는 "자퇴는 개인의 인생에서 큰 사건."이라고 말한다. 누구도 대신 고민해줄 수 없으며 스스로 결정해야 할 문제라는 것이다. 현재 그는 대학 졸업 후 진로를 고민하고 있다. 틈틈이 검정고시를 준비하는 사람들을 대상으로 과외수업 알바를 한다.

○ 언제 자퇴했어요?

고1 때요. 인문계 고등학교였는데 몇 달 안 다녔어요. 남자 고등학교라 학생을 심하게 때려잡았어요. 공부도 많이 시키고 대학을 강조하고 그래서 인생무상을 느꼈죠. 인문계 고등학교에 가긴 했지만 사실 공부도 잘 못했거든요. 공부에 크게 관심도 없었고. 근데 학교 다닐 때 책 읽는 건 좋아했어요. 말하자면 감성적인 청소년이었던 거죠. 한때는 시인이 되는 게 꿈이었어요. 아무튼 자퇴한다고 해서 공부를 포기한 건 아니었어요. 스스로 공부해서 대학을 가보고 싶었던 거예요. 그런데 주변 반대가 심했죠.

자퇴 전에 부모님과 청소년상담실에 갔어요. 상담 선생님에게 그간 살아온 이야기, 학교 그만두고 싶다는 이야기 등을 했어요. 그랬더니 선생님께서 "학교를 다니건 그만두건 그건 네가 선택할 문제지만 너는 정말 뭔가 될 것만 같다."라고 해주셨어요. 그 말이 어찌나 고맙던지. 학교 선생님들은 대부분 반대했어요. 부모님도 반대했고요. 검정고시 망치고 소속도 없고 그럼 인생이 힘들다고. 다들 저를 아끼니까 그랬던 것 같아요. 그 후 저희 동네가 좁아서 누구 집 아들 학교 자퇴했다고 소문이 쫙 났어요. 친척들도 걱정하시고. 그렇게 반대하는 사람들이 있어서 자퇴 후에 더 기를 쓰고 공부한 것 같아요.

○ 검정고시는 어떻게 준비했어요?

자퇴 다음날 바로 학원에 갔어요. 대구까지 기차 타고 통학을 했죠. 학원은 학교보다 좋았어요. 학생 수가 적은 곳이었지만 조직폭력배 생활하다가 목사 되려고 공부 중인 분, 예전에 가정형편이 어려워서 학업 포기한 분, 저처럼 자퇴하고 오는 사람 등 다양한 사람들을 만날 수 있어서 좋았어요. 학원은 어쩌면 인생사를 배울 수 있는 곳이죠.

◦ 검정고시 학원에서 친구들이랑 죽이 맞아서 놀다가 면학 분위기 흐려지고, 엇길로 빠지는 경우도 많다고 하던데요?

저도 봤어요. 검정고시 떨어지고 다시 학교로 돌아가는 아이들도 있었죠. 저는 학원 다니면서 공부에 조금씩 재미를 붙였어요. 학교 다닐 땐 공부 별로 안 했거든요. 워낙 과목도 많고, 공부하는 방법도 잘 몰랐어요. 그런데 학원에서는 열심히 살려는 사람들 보면서 자극도 받고, 수학 같은 건 학교보다 쉽게 가르쳐주니까 공부가 재미있더라고요. 밤마다 집 근처 도서관 다니며 복습하고. 학원에서 저를 잘 챙겨주던 형이 있는데 그 형도 과거 조폭 생활을 하다가 정신 차리고 다시 공부하는 분이었어요. 그런 분들 보며 열심히 사는 거 본받으려고 애썼어요.

◦ 수능 공부는 어떻게 했어요?

검정고시 학원을 5개월 정도 다니다가 같은 학원 사람 몇 명과 함께 유명 수능학원에 다니기 시작했어요. 검정고시 학원은 그만두고. 그때 학원 선생님 중에 고마운 분이 있었어요. 제가 학교 그만두고 검정고시 준비하는 걸 아신 후로 수업시간에도 "현우야, 공부는 잘 돼가니?" 그러면서 자주 이름을 불러주시고, "현우 옆에 있는 친구가 맛있는 것도 사주고 해요. 지금 아주 힘들 때입니다." 그런 말씀도 자주 하셨어요. 수업시간에 잘 챙겨주라고 이야기하실 땐 눈물을 흘릴 뻔했어요. 나중에 잘 되면 은혜 갚으려고요. 그런데 문제가, 그 수능학원은 수업 수준이 검정고시 학원과 전혀 달랐어요. 특히나 수학이 너무 어려워서 그만뒀어요.

검정고시 일주일 앞둔 상황이었는데 그때부터 집 근처 도서관에서 검정고시 책 내용을 정리하면서 독학했어요. 검정고시는 학교 자퇴한 후 일정기간 지나야 응시할 수 있기 때문에 1년 후에 시험을 봤어요. 합격했을 때 정말 기뻤어요. 그게 18살 때였고, 19살 때 다시 다른 수능학원에 들어가서 1년 동안 수능 공부를 했어요. 그땐 정말 열심히 다녔어요. 처음 다녔던 유명 수능학원에 비해 좀 더 쉽게 가르쳐주기도 했고, 같은 반에 짝사랑하는 누나가 있었거든요. 그 학원에선 수능 모의고사 끝나면 같은 반 형, 누나들과 술집에서 소주도 몰래 한 잔씩 하고 그랬어요. 그럴 때 재미있었죠. 특히 술자리에 짝사랑하는 누나가 있었으니까.

ㅇ 독학도 해보고 학원도 다녀본 건데, 차이가 있던가요? 혼자 공부하면 해이해지기 쉽다고 하잖아요.

저는 학원 다니면서 다른 학생들과 함께 공부하는 게 훨씬 더 좋았어요. 그런데 사람마다 달라요. 혼자 공부하는 게 좋다는 사람도 있고. 학원 다닐 때 매일 점심 저녁 같이 먹던 형이 두 명 있는데 저를 잘 이끌어주셨죠. 그 형들도 좋은 대학교 갔어요.

◦ 대학생활은 어땠어요?

학원 다닐 때 좋은 선생님들도 많이 만나고 해서 대학은 나름 잘 갔어요. 집에서 기차로 4시간 걸리는 곳이었는데 통학을 했어요. 대학 공부는 재미있었어요. 사서 분들과 인사하고 지낼 정도로 도서관에서 열심히 공부하고, 성적우수 장학생도 몇 번 됐어요. 야학에서 한글 모르시는 분들께 글 가르쳐 드리는 문해교사로 일했고요.

◦ 졸업 후 진로는 뭐로 정했어요?

작년 여름에 졸업했어요. 그 후 몇 달 동안 검정고시 과외도 하고, 대학교에서 조교도 하며 지냈어요. 그런데 아직 좋아하는 게 뭔지 찾고 있는 중이예요. 대학원도 가고 싶고.

◦ 면접도 본 적 있어요? 자퇴 이력 있으면 면접 볼 때 왜 그랬냐는 질문이 꼭 나온다던데요?

면접 몇 번 봤는데 물어보는 분들 있더라고요. 그냥 지금처럼 얘기해요. 그들이 그걸 이해하는지 안하는지는 저야 모르죠.

◦ 자퇴하고 검정고시 볼까 고민하는 학생들에게 뭐라 조언하고 싶어요?

제가 검정고시 준비할 때 그런 상담을 요청하는 친구들이 종종 있었어요. 네가 잘 생각해보고 알아서 하라고 했죠. 친구 중 한 명은 자퇴하기 전에 미리 체험해보겠다며 수능학원 생활 하루 해보고는 못 버티고 다시 학교로 갔어요. 공부 잘하는 애들이 가는 유명 수능학원들은 학교보다 훨씬 더 빡빡하거든요. 그 친구는 고등학교 졸업하고 교원대 가서 지금 선생님 되려고 준비 중이에요.

자퇴를 하면 어른이 되기 전에 인생을 미리 체험해볼 수 있어요. 학교에선 또래들만 보지만 검정고시 학원에서는 이런 사람 저런 사람 볼 수 있다는 의미에서요. 하지만 학교를 나오는 순간부

> **Tip**
>
> • 검정고시 학원을 다니면 학교에서 만나지 못한 다양한 사람들을 만날 수 있다. 그러나 학교 밖 생활이 외롭다고 그 안에서 무리를 만들어 놀다 보면 목표를 잊고 해이해지기 쉽다. 방황 끝에 학교로 돌아가는 경우도 많다. 검정고시가 쉬운 시험이라고 무턱대고 도전해선 안 된다.
>
> • 수능학원은 학교보다 훨씬 가혹하게 공부를 시킨다. 때문에 확고한 의지와 목표가 없으면 지치기 쉽다. 막연히 쓸 데 없는 과목 공부 안하고 수능에만 집중해서 시간 단축해 대학가겠다는 목표로 자퇴를 하면 곤란하다.

터 뭔가 잘못되면 자신이 다 책임을 져야 하죠. 그런데도 기왕 검정고시를 택했다면 시간 많다고 방황하지 말고 공부에 집중해야 해요. 미리 가고 싶은 대학교 한번 구경하는 것도 도움이 될 거예요. 검정고시에 자신 있다면 검정고시 학원보다 수능학원을 다니는 게 좋은데, 수능학원은 일종의 전쟁터 같은 곳이라 잘 적응해야 해요.

전 자퇴할 때 "세상이 뭐 이래? 학교가 뭐 이래?" 그런 생각을 좀 했거든요. 세상에 혼자인 것 같고. 그렇지만 좀 살아보니 세상은 그런대

로 살만 하더라고요. 나를 믿어주는 사람도 많고요. 세상 살기 힘들어도 꿋꿋이 살아가면 좋겠어요. 너무 바른 길만 가는 것보다는 남들과 조금 다르지만 방황을 해보는 것도 살아가는 데 도움이 되더라고요.

통제하려 하지 말고 멘토가 되어주세요

홈스쿨링을 선택한 유민호(가명) & 이경숙(가명) 어머니

올해 18살인 유민호는 15살 때부터 홈스쿨링을 시작했다. 그 이전에는 대안학교에 다녔다. 어머니 이경숙은 공교육의 가치관과 자신의 교육관이 맞지 않는다는 이유로, 초등학교 3학년 1학기를 마치고 비인가 대안학교인 삼각산재미난학교에 아들을 보냈다. 중학교 역시 대안학교에 보냈으나, 1학년이 끝나고 바로 홈스쿨링을 시도하기로 마음먹었다. 파행적인 학교 운영과 교사들의 부족한 역량에 실망했기 때문이다. 지금도 이경숙 어머니는 홈스쿨링을 결심한 걸 후회하지 않는다.

홈스쿨링을 시도하는 대부분의 가정에서는 학부모가 철저한 학습 매니저 역할을 하게 마련이지만, 이경숙 어머니는 처음 2년간은 아들이 하고 싶은 대로 내버려뒀다. 사춘기 아들을 무조건 통제하기보다, 멘토의 역할에 충실하기로 마음먹은 것이다. 대학은 정말 가고 싶을 때 준비해도 늦지 않겠다는 판단 하에, 검정고시도 치르지 않았다. 대신 유민호는 여러 청소년 공동체에서 주최하는 여행에 참가하고 있으며, 17살 때부터 대안대학 풀뿌리사회지기학교에 다니면서 글쓰기와

인문학을 공부하고 있다. 지금 유민호는 풀뿌리사회지기학교에서 가장 어린 학생이며, 이경숙 어머니는 프리랜서로 일하면서 아들의 홈스쿨링을 지원하고 있다.

○ 대안학교를 나와 홈스쿨링을 하기로 결심한 이유가 뭔가요?

이경숙 : 그 학교가 좀 파행적으로 운영되기도 했지만, 결정적으로 대안학교의 인프라가 너무 없었어요. 생각보다 교사들의 역량이 떨어지는 것도 문제였어요. 교육이란 아이들을 사랑하는 마음만 가지고 되는 게 아니거든요. 예를 들어 아이들이 어떤 행동을 하는지 지켜봐야 하는데, 그냥 방치하는 거예요. 게다가 자녀를 대안학교에 보내는 부모들 대부분이 대안교육에 대한 개념 정리가 안 되어있는 게 사실이에요. 자식한테 어떤 교육을 시키고 싶은지 고민하지 않고, 막연히 공교육을 시키는 게 두려워서 보내려는 경우가 많아요. 대안교육을 단순히 공교육에 대한 대안이라고 생각하기 쉽지만, 사실은 삶의 철학에 대한 대안이 되어야 하거든요. 이렇게 죽도 밥도 안 될 바에야 차라리 내가 가르치는 게 낫겠다 생각했죠. 나는 지금도 홈스쿨링을 하기를 잘했다고 생각해요.

○ 친구들과 다른 길을 걸어간다는 점 때문에 불안하진 않았나요?

유민호 : 당연히 그랬죠. 특히 대안학교를 나와서 홈스쿨링을 시작한 1~2년 정도는 정말 방황의 시기였어요. 뭘 하려고 해도 선뜻 나서지

않게 되고, 자꾸만 컴퓨터만 만지작거리게 되더라고요. 의미 있는 시간을 가져야 하는데 활동하지 않게 되니 점점 내성적으로 변해갔던 것 같아요.

○ 학교로 다시 돌아가고 싶다는 생각은 안 들었나요?

유민호 : 그런 생각은 해본 적이 없어요. 열등감은 쌓여 가는데 또 학교에 가기는 싫고. 여러 가지 생각이 빙빙 돌았죠. 그러니까 나는 아무 것도 안 하고 있었잖아요. 창조적인 일도 하지 않고 컴퓨터 앞에서 끼적거리고만 있었으니까요. 다른 아이들이 열심히 공부하는 동안 '나는 뭐하고 있는 건가'란 생각이 들었죠. 다행히 그런 시기를 잘 넘겼어요.

이경숙 : 15~16살 때 얘가 한 일은 그냥 집에서 뒹굴거나 여행을 다니는 것이었어요. 여행은 참 많이 했어요. 4대강 사업에 반대하는 청소년들이 모여 서울에서 부산까지 50일 동안 걸어간 적도 있고. 그런데 그 나머지를 성실히 했냐 하면, 그렇진 않아요. 2년은 그냥 놀았다고 보면 돼요. 전 아침에도 안 깨웠어요. 홈스쿨링을 하는 엄마들이 가장 괴로워하는 게 자녀들이 늦잠 자는 거래요. 그런데 홈스쿨링을 할 때는 뭔가 계획을 세워서 내 아이를 버금가는 사람으로 만들려고 하면 잘 안 돼요. 아이를 휴식 속에 푹 절게 해서 아주 무기력한 인간으로 만들 각오를 한 사람만 홈스쿨링을 시작해야 해요. 그러니까 집에서 백수 하나 키운다 생각해야 한다는 거죠.

청소년, 특히 중학생 나이 때 홈스쿨링을 시작하면 절대 통제할 수도 없고 통제해서도 안 돼요. 부스럭대면서 일어날 때까지 기다려주고, 뭐가 중요한 가치인지 찔러줘야 하는 거죠. 뭐 하나 사건이 일어나면 토론을 한다거나, 세상에서 어떤 일이 일어나는지, 왜 공부를 해야 하는지 알려줘야 해요. 그러니까 아이들에게 공부하라고 하지 말고 부모가 공부해야 해요. 부모가 영어와 수학을 배우라는 얘기가 아니라 세상을 바라보는 관점을 기를 수 있도록 사회학 공부를 계속해야 한다는 뜻이죠.

○ 홈스쿨링을 할 때 부모는 학습 매니저이자 가정교사 역할까지 해야 할 몫이 많은데요. 어느 정도나 관여하셨나요?

이경숙 : 독서를 권하고, 전통무예도 시켜서 그건 지금까지 하고 있어요. 그림이나 기타도 배웠고. 하지만 어떻게 건드릴 수는 없었어요. 쫓아다니면서 계속 "공부해! 책 읽어!" 이럴 수는 없다는 거죠. 해도 안 되는 걸 아니까. 그 대신 아이가 굉장히 불안해하는 게 보이면 많은 말을 해줬어요. 홈스쿨링을 하는 아이들은 또래 아이들이 학교 가서 100점 맞는 걸 보면서 불안해하고 열등감을 느낄 수 있거든요. 그때마다 "너는 잘 가고 있다. 지금은 답답하겠지만 나중에는 이 시기를 잘 지냈다고 생각할 거다"라는 식으로 말해줬어요.

만약 제가 커리큘럼이나 하루 시간표를 짜주면 그대로 성실하게 할 수도 있었겠죠. 하지만 그 다음엔 어떻게 하겠어요? 그러니까 본인 마음이 움직일 때까지 서로 기다려야 했어요. "너 스스로 공부해야지, 책 좀 봐야지 하는 마음이 생길 때까지 우리는 둘 다 서로를 봐줄 수밖에 없다." 이런 이야기를 2년 동안 하고 살았어요. 사실 그 시절에는 참 견디기 힘들었어요. 게다가 15~16살 때는 남자애들이 성적으로 달라지는 시기인 데다, 특히 얘는 아빠도 없어서 굉장히 힘들었죠. 하지만 긴 인생에서 보면 혼자 잘 겪었기 때문에 나중에 민호가 자기 아이에게도 해줄 말이 많다고 봐요.

○ 홈스쿨링은 학교처럼 꽉 짜인 시간표도 없고, 자기 주도적인 학습을 해야 하는데요. 그럴 때 조심해야 할 점은 뭔가요?

유민호 : 일단 너무 혼자 틀어박혀 있는 건 안 좋은 것 같아요. 집에서 컴퓨터나 TV에 빠져 사는 건 권하고 싶지 않아요. 저도 한 번 컴퓨터를 켜면 인터넷에서 헤어 나오지 못해 시간을 죽인 적이 많았는데, 아무 의미가 남지 않더라고요. 공부하는 게 싫다면 차라리 열심히 노는 게 좋아요. 나가서 운동도 하고 여행도 많이 다니고. 그렇게 밝게 살아야 사는 재미를 느낄 수 있잖아요.

○ 홈스쿨링을 하면 늘 사회성을 어떻게 기르느냐, 하는 지적이 따라붙습니다. 그런 점에 대해 고민해보진 않으셨나요?

이경숙 : 물론 고민했죠. 하지만 그렇게 따지면 가방끈이 길수록 사회성이 좋은 거잖아요. 그런데 아니거든요. 사실 제 예상을 깨고, 얘가 사람들과 잘 어울리지 못한 부분도 있어요. 민호가 노동단체 '다함께'에서

청소년 활동을 한 지가 2년 정도 됐거든요. 거기서 친구들을 두루두루 만날 줄 알았는데, 의외로 혼자 지내더라고요. 물론 홈스쿨링을 성실하게 잘 하는 아이들이 있어요. 특히 여자애들이 그래요. 스스로 자기가 하고 싶은 것을 찾아다니면서 강의를 듣고 여행을 다니고, 대안학교 캠프를 찾아다녀요.

그런데 그렇게 하는 아이들조차 의기소침한 구석이 있어요. 그건 홈스쿨링을 하는 아이들이 공통적으로 갖고 있는 부분인데, 열심히 잘 하는 것 같으면서도 한 발짝 더 나아가야 할 때 겁을 내는 거예요. 우리 애도 그랬어요. 뭔가 새로운 걸 권했을 때 주춤하는 거예요. 사실은 겁나고 무서운 건데, 뭔가 핑계를 대는 거죠.

유민호 : 그러긴 했죠. 근데 이제는 괜찮아요. 친해지면 스스럼없이 잘 어울려요. 또래가 확실히 편하긴 하지만, 다양한 연령대의 사람들과 잘 섞이고 있어요.

○ 홈스쿨링은 인문학 중심으로 이루어지는 경우가 많은데요. 수학이나 과학처럼 교사의 전문성이 필요한 과목들이 있잖아요. 그런 부분은 어떻게 학습했나요?

이경숙 : 영어 같은 경우, 그동안 아이를 내버려뒀다가 지난해부터 어학원에 보냈어요. 17살이나 되었는데 처음부터 영어를 배우려면 유치원생들과 배워야 하니, 받아주는 데가 없는 거예요. 그런데 어학원은 받아주니까요. 사실 저는 영어 조기교육에 굉장히 반대하는 사람이거든요. 대화만 통하면 되지, 왜 외국어를 원어민처럼 발음해야 하는지도

잘 모르겠어요. 우리가 살면서 영어권 사람만 만나는 것도 아니잖아요. 그래서 영어를 목숨 걸고 할 필요가 없다고 생각했는데, 어쨌든 영어는 만국 공용어니까 그야말로 소통을 위해서 시작했어요. 그것도 민호가 영어 공부를 하겠다고 할 때까지 기다렸죠.

수학은 내 친구 중에 한의사가 있는데, 그 친구가 수학을 잘해서 가르쳐줬어요. 사실 그 친구가 민호가 수학을 잘한다고 했을 때 놀랐어요. 학교에 보낼 때도 전 애가 수학을 아주 못하는 아이라고 생각했거든요. 그 전에 두 선생님한테 수학을 배울 때도, 가르치는 사람도 힘들어하고 애도 너무 싫어했어요. 근데 한의사 친구가 가르치면서 서로 즐겁게 공부하는 거예요. 그걸 보면서 정말 교사의 역량이 중요하구나, 다시 한 번 느꼈죠. 그러다가 풀뿌리사회지기학교에 다니면서 잠정적으로 수학 공부를 중단한 상태에요. 공부할 게 너무 많거든요.

○ 풀뿌리사회지기학교는 어떻게 다니게 됐나요?

이경숙 : 홈스쿨링 초기에 여행을 많이 다니다가, 이제 공부 좀 해보자 하던 참이었어요. 학교에서 하는 입시 준비가 아니라, 살면서 바르게 판단하고 의식세계를 확장시켜 나가기 위한 공부를 하길 원했죠. 예를 들어 일반학교에서는 '불교가 지증왕 몇 년에 도입됐다' 이런 식으로 외우도록 시키는데, 그게 중요한 건 아니잖아요. 불교가 우리나라에 어떻게 퍼졌고, 그게 민중의 삶에 어떻게 녹아들었는지를 아는 게 중요해요. 그런 걸 고민하던 차에, 지인의 소개로 풀뿌리사회지기학교에 가게

됐어요. 그곳은 대학처럼 자기가 원하는 과목만 수강할 수 있으면서도, 논문을 계속 써야 하기 때문에 실력이 확 늘어요.

유민호 : 논문을 쓴 게 몇 가지 있는데요. 스콧 니어링이나 소로우 등에 대해서 공부하고 글을 썼어요. 쓸 때는 힘들었는데 나름 재미있었어요. 요즘은 지방 정치나 지역에 대한 걸 배우고 있는데, 얼마 전 기초의원을 따라다니면서 학습한 적이 있어요.

○ 보통 하루 일과가 어떻게 되나요?

유민호 : 요즘은 일찍 일어나기 시작했어요. 6시 40분쯤 일어나서 할 일을 좀 하다가, 밥 차리는 것도 해요. 어머니가 요새 바쁘셔서 제가 집 안일을 하고 있거든요. 그렇게 밥 먹고 설거지하고 좀 쉬었다가 공부하러 나가는 날도 있고. 스케줄이 그때 그때 달라요.

○ 홈스쿨링을 하면서 비용은 얼마나 드나요?

이경숙 : 초등 대안학교에 다닐 때는 한 달에 35만 원 정도 내면 되니까 큰 부담은 없었고, 중등 대안학교에 보낼 때는 한 달에 100만 원 정도 들었어요. 홈스쿨링 비용은 하기 나름인 것 같아요. 우리 아이의 경우에는 산발적으로 수강료가 들어가니까 한 달 평균을 내면 그렇게 큰돈은 아니에요. 다만 요즘 수강료가 많이 올라서 힘들긴 해요. 그래도 일반 학교에 다니면서 학원에 보내는 것보다는 훨씬 적게 드는 것 같아요.

○ 외국에서는 홈스쿨링을 위한 네트워크가 잘 구축되어 있지만, 한국에서는 아직 열악한 상황인 것으로 알고 있습니다. 홈스쿨링에 필요한 자료나 정보를 어디서 구할 수 있을까요?

이경숙 : 저는 이용하지 않았지만 '민들레 사랑방'이 가장 잘 되어있어요. 그런데 요즘은 민들레 사랑방에 모이던 아이들이 '교육공동체 나다'로 많이 가는 추세에요. 민들레가 찾아오는 사람들이 많아지면서 체계화·제도화된 반면, 나다에서는 청소년들이 마음껏 놀 수 있는 해방구처럼 공간을 개방했어요. 거기서 죽치고 있는 아이들이 몇 명 있죠.

유민호 : 홈스쿨링을 하는 친구가 하나 있는데, 그 친구 어머니는 하루 종일 공부를 시키는 것 같아요. 그래서 서로 딜을 했대요. 나다에 가기 위해선 공부 할당량을 채우겠다고.

○ 보통 홈스쿨링을 하는 부모들은 그럴 거라 생각했는데요. 부모가 완전한 학습 매니저가 되어서 스케줄도 꽉 짜주고.

이경숙 : 그렇게 홈스쿨링을 해서 명문대에 보내고 성공하면 책도 쓰고 그러죠. 학교를 떠나 무엇이 성공인지 실패인지 가늠할 수 없는데, 초기 대안학교 졸업생들 중 대다수가 유학을 간 게 사실이에요. 부모들이 잘못 생각하는 것 중 하나가, 자녀가 일류대에도 가고 정서적으로도 곱게 크기를 바라는 거예요. 입시 지옥의 아수라장에서 키우고 싶지 않은 거죠. 그런 생각은 당장 버려야 한다고 생각해요. 자식한테 뭘 바란다는 것 자체가 욕심이에요.

○ 홈스쿨링을 시키는 다른 부모들을 만나본 적이 있나요?

이경숙 : 없어요. 대안학교를 나오면서 사실상 교류를 다 끊었어요. 대안교육에 대해서 토론하는 게 참 싫어졌거든요. 의미도 잘 못 느끼겠고. 홈스쿨링이 가장 나은 교육이라고 생각하진 않지만, 대안학교가 왕도라고도 생각지 않아요.

○ 그럼 홈스쿨링에 대한 정보는 어떻게 얻고 있나요?

이경숙 : 『한겨레신문』이나 『시사인』 『레프트21』 『녹색평론』 혹은 『르몽드 디플로마티크』 같은 시사지를 계속 보고 있어요. 지금 이 시대의 흐름을 계속 놓치지 않고 보면 거기서 나오는 정보들이 많아요. 예를 들어 어느 산촌유학센터에서 행사가 있다거나, 신간이 뭐가 나왔다거나 하는 것들이요. 그리고 관련된 몇몇 단체들이 있잖아요. 그런 곳은 후원을 하면서 계속 지켜봐요. 그러다가 좋은 것들이 있으면 연계해주기도 하고요. 그래서 홈스쿨링을 하려면 부모부터 공부해야 해요.

○ 부모가 시간을 많이 낼 수 없거나, 특히 어머니가 밖에서 계속 일을 해야 하는 경우는 현실적으로 홈스쿨링이 불가능하지 않을까요?

이경숙 : 그런 경우는 권하고 싶지 않아요. 아이한테 잔소리를 하면서 통제하라는 게 아니라, 계속 지켜보기는 해야 하기 때문이죠. 대화를 하지 않아도 아이가 무엇을 힘들어하는지를 알고 위로해줄 수 있어야 해요. 예를 들어 아이가 공부를 안 하고 하루 종일 컴퓨터 앞에만 앉

아 있어요. 그럼 무작정 그걸 하지 말라고 할 게 아니라, 더 재미있는 걸 할 수 있도록 자극해야 해요. 그런데 아이와 떨어져 있게 되면 어떻겠어요?

성인들조차 지켜보는 사람이 없으면 긴장이 풀리는데, 하물며 10대 아이들이 누가 쳐다보지 않아도 자기 생활을 열심히 하기를 바라면 그건 도둑 심보나 마찬가지예요. 행여 그런 아이가 있다고 해도, 전 그 아이가 커서 결코 행복할 거라고 생각하지 않아요. 만약 부모가 하루 중 반나절이라도 온전히 봐줄 수 없다면 홈스쿨링은 포기해야 하지 않을까요? 할머니 할아버지한테 맡겨야 하는 경우라면 더더욱 그렇죠.

○ 혹시 추천하고 싶은 청소년 공동체가 있나요?

유민호 : 추천하고 싶은 대안학교가 하나 있어요. '거침없는 우다다학교'라고 부산에 있어요. 지난해 4대강 사업의 참혹한 현장을 돌아보다가 마지막으로 우다다학교에서 묵은 적이 있어요. 거기 학생들이 내 또래인데, 다들 밝고 눈빛이 또랑또랑하더라고요. 악기도 멋지게 다룰 줄 알고. 우다다 학생들처럼 자신 있게 인생을 살아가면 정말 좋겠다는 생각이 들었어요. 이사를 가기가 힘들어 입학할 순 없었지만, 대안학교에 간다면 그쪽으로 가면 좋겠다 싶더라고요.

이경숙 : 저는 초등학생들에게 '보따리학교'를 권하고 싶어요. 말 그대로 보따리를 싸들고 가는 학교로, 자기 집을 열기로 한 농가를 방문하는 거예요. 이때 참가비는 없지만 어른 없이 혼자 가는 게 원칙이에요.

민호도 6학년 때 곡성까지 혼자 갔어요. 정해진 프로그램은 없고, 농가에서 만난 아이들끼리 그냥 3박4일 동안 노는 거예요. 사실 누구도 초등학생을 그 멀리까지 혼자 보낸다는 상상을 할 수 없는데, 그렇게 한번 하고 나면 굉장한 자신감이 생겨요. 그래서 아이들은 혼자 여행을 해봐야 해요. 최소한 목적지에 찾아갈 때까지는 정신을 바짝 차리고 생각을 하잖아요.

○ 홈스쿨링을 하면서 또는 여러 공동체에서 친구들을 만나면서 앞으로 하고 싶은 걸 발견했나요?

유민호 : 아직 막연하긴 한데 일단 공부는 계속 하고 싶어요. 예전엔 책 읽는 것, 공부가 뭔지 몰랐는데 요즘은 왜 공부를 해야 하는지 조금씩 감이 와요. 지금은 일단 공부를 하고 싶고, 나중에 여행도 열심히 다닐 거예요. 그러다 보면 뭔가 또 배우는 게 있을 것 같아요.

○ 마지막으로 홈스쿨링을 하려는 청소년들 그리고 부모들에게 몇 가지 조언을 해주세요.

이경숙 : 우선 부모가 아이의 멘토가 될 결심을 해야 해요. 멘토가 되려면 자기 주관이 뚜렷해야겠죠. 때문에 부모도 세상이 지금 어떻게 돌아가는지, 앞으로 10년 후 어떻게 흘러갈지 전망할 수 있도록 끊임없이 학습해야 해요. 요즘은 워낙 정보가 많다 보니 하나만 뚫어 놓으면 계속 연계될 거예요. 또 하나는 자녀가 스스로 숟가락을 들 때까지 2~3년은 기다려 주겠다는 각오가 필요해요. 놀듯이, 백수를 키우듯이

친구 같은 부모가 되는 게 좋겠죠. 홈스쿨링을 하는 부모들은 더더욱 자녀에게 많은 걸 기대해서는 안 됩니다. 아이가 어느 날 짐 싸들고 가출하려고 할 때 "돈 떨어지면 돌아와"라고 말할 수 있어야 해요.

유민호 : 삶을 좀 더 재밌게 살았으면 좋겠어요. 학교가 따분하고 싫어서 홈스쿨링을 선택했는데, 계속 스트레스를 받고 불안해하면 하나마나한 거잖아요. 사람은 누구나 다 달라요. 취해야 하는 것도 다르고, 개성도 달라요. 쌍둥이라도 절대 같을 수 없어요. 때문에 언젠가는 자기 특성에 맞는 걸 찾게 될 거라 생각해요. 대신 그 과정이 즐거워야겠죠. 내가 좋아하는 것, 내가 잘할 수 있는 걸 찾는 게 정답이 아닐까 싶어요.

Tip

- 너무 집에만 혼자 틀어박혀 있는 건 좋지 않다. 여행이나 운동 같은 활동적인 부분에 시간을 쓸 것.
- 컴퓨터나 TV에 빠져 살기보다 독서에 더 많은 관심을 가질 것.
- 초기에는 청소년들이 불안해하거나 무기력해질 수 있다. 이때 부모는 통제하려 하지 말고, 뭐가 중요한 가치인지 계속 들려주는 것이 중요하다.
- 홈스쿨링은 부모 중 한 사람이 반나절 정도는 자녀와 함께 있을 수 있어야 한다.
- 홈스쿨링에서는 자녀들의 개성을 인정해 주는 게 중요하다. 부모가 일일이 충고해 주는 것도 한계가 있는 법. 시행착오도, 실패도 본인이 직접 겪어봐야 한다.
- 홈스쿨링은 자녀뿐 아니라 부모의 학습도 중요하다. 세상이 어떻게 돌아가는지 끊임없이 학습해 확고한 교육 가치관을 가져야 한다.
- 대안교육을 시키고 싶지만 확고한 교육 철학이 서있지 않은 부모들은 혁신학교 입학을 고려해볼 만하다. 혁신학교는 대안교육을 시행하는 공립학교로, 교육비도 저렴하고 졸업하면 학력도 인정받는다.

스펙이 아니라 사회를 위한 공부를 하고 싶다면

중학교부터 대안교육기관을 활용하고 있는 김태균

19살 김태균은 일반 초등학교 졸업 후 어머니의 권유로 비인가 대안학교인 산청간디중학교에 진학했다. 초등학교 때부터 계절학기를 통해 체험학습을 했던 것이 대안학교 선택에 도움이 됐다. 중학교 졸업 후 간디고등학교와 하자센터 등으로 진로를 고민하다가 "3년 동안 산속에서 좋은 공기 마셨으니까 이제 서울에 나와서 활동을 하라."는 어머니의 권유로 귀경을 했다. 그 후 뚜렷한 커리큘럼 없이 자유롭게 홈스쿨링을 하며 6개월간 아름다운가게에서 자원봉사를 했고, 17살 때부터는 대안대학인 풀뿌리사회지기학교를 다니기 시작했다.

요리에 관심이 많고, 궁극적으로 사회적 기업가가 되고 싶다는 김태균은 2011년 하자센터의 영셰프 과정에 등록했다. 대학을 안 가고, 친환경 농산물을 사용해 요리를 하고, 취직하는 대신 사회적 기업가를 꿈꾸는 게 그에겐 더 이상 '대안적 삶'이 아니다. 다른 무언가의 대안이 아니라 당연한 자신의 삶이기 때문이다.

○ 산청간디중학교는 어떻게 선택했어요?

처음엔 제천간디중학교를 지원했어요. 근데 떨어졌죠. 27명 뽑는데 지원자가 200명이었어요. 그때 어머니가 "산청간디마을에 중학교가 생긴다는데 한 번 가보자." 라고 하셔서 지원을 했죠. 거기도 똑같이 3차까지 면접을 봐요. 1차는 서류, 2차는 부모님과 아이 면접, 3차는 아이들만 2박3일 O.T.였어요. 제천간디를 간 것보다 잘 된 것 같아요. 새로운 학교라서 학교 일에 직접 관여할 수 있는 여지가 더 많았거든요.

○ 산청간디중학교는 어떤 식으로 교육이 이루어져요?

일 년에 4분기씩 3년을 다니고, 자기가 원하는 과목을 공부해요. 수학을 해도 되고, 커피의 역사를 공부해도 돼요. 3학년 때는 논문을 준비하죠. 분기마다 자기주도 학습을 2개 선택할 수 있어요. 전 인체에 관심이 많아서 2년 동안 의학을 듣고, 나머지 하나는 축구, 탁구, 음악, 미술, 이렇게 바꿔가며 했어요. 그러다가 제가 요리를 좋아한다는 걸 깨닫고 3학년 때 논문 주제를 술로 정했어요. 술이 사회에 미치는 영향 같은 것에 대해 논문을 썼죠. 제가 주제를 정하면 거기에 맞는 선생님이 멘토처럼 붙어요. 선생님은 숙제를 내주시고, 자료도 찾아보고, 잘못된 것 조금 바꿔주는 정도만 하시고 나머지는 스스로 하는 거예요.

○ 자기주도 학습이란 건 누구나 할 수 있는 건가요?

그렇죠. 근데 어느 정도 주입식 교육에 물들고 나서 시작하면 적응하기 쉽지 않아요. 혼자 한다는 것에 두려움이 생겨요. 그래서 이도 저도 안 되는 경우가 있죠. 자기주도 학습을 하려면 용기가 있어야 하거든요. "나 이거 하고 싶다."고 말할 용기. 특히 소심한 아이들은 더 힘들어요. 친구 중에 신문에 대해 공부하고 싶은데 말을 못하는 아이가 있었어요. 전 어릴 때부터 어머니가 하고 싶은 공부를 하게 해주셨는데, 걔는 초등학교 때 "뭐 해보고 싶다" 그랬다가 다 거절당해서 용기가 없어진 거죠. 전 간디 들어가자마자 인체와 탁구를 공부하겠다 결정했는데 걔는 망설이다가 저한테 얘기를 한 거예요. "난 인체와 탁구를 한다는데 누가 뭐라는 사람 있냐?" 그랬죠. 결국 걔는 신문을 하게 됐는데 애가 너무 좋아하고 들떠서 표정부터 바뀌더라고요. 제가 걔를 굉장히 많이 도와줬거든요. 혼자 어떻게 해야 하는지. 인터넷으로 자료 찾아보고, 직접 가보고, 전화 해보고, 그러려면 용기가 많이 필요해요.

○ **어릴 때부터 자기주도 학습에 익숙해지면 부작용도 있을 것 같아요. 예를 들어 직장에 들어가면 그 직종에서 베이스가 되는 것들을 일방적으로 배워야 할 때가 있잖아요. 그런데 자기 주장이 강한 젊은이들은 그걸 못 견디거나, 실컷 가르쳐놓으면 제 멋대로 하는 경우가 있거든요. 주로 일반학교 나온 사람들이긴 한데, 대안학교 출신들은 어떨 것 같아요?**

대안중 • 고등학교 다 밟고 회사에 들어가서 배워야 한다면 대부분의 아이들은 오히려 잘 배울 거예요. 저도 중학교 애들을 교육시킨 적이 있는데, 애들 떠드는 건 다 똑같지만 대안학교 출신들은 사람이 말

270

을 할 때는 잘 들어요. 대안학교에서 가장 많이 하는 게 토론이니까 듣는 게 습관이 되어 있어요. 그런데 일반학교 애들은 그게 잘 안 되는 것 같아요. 똑같은 애들인데 다른 학교 나왔다고 이렇게 다를 수가 있구나 했어요. 어릴 때부터 홈스쿨링만 했다면 힘들 수도 있겠죠. 누군가에게 가르침을 받는 게 익숙지 않아서 혼돈이 오는 거죠. 하지만 대안학교 애들은 가르침을 아예 안 받는 게 아니라 밥 먹을 때도 식당 선생님한테 배우고, 제과제빵도 배우고, 다 배우는 거니까 어느 정도 배움에 익숙해요.

○ 대안학교에 잘 적응하지 못하는 아이들도 있어요?

아이들은 맞는데 부모가 안 맞는 경우가 많았어요. 부모가 약간 허황된 꿈을 가지고 오는 거죠. 기존 교육이 마음에 안 들어서 대안학교로 왔는데 여기도 마음에 안 드는 거예요. "애들을 공부 안 시키고 내버려 둔다는 게 말이 안 되지." 그런 분들도 있어요. 실제로 간디학교에서도 그런 의견 차 때문에 갈라져 나가 새로운 대안학교를 만든 분들이 있죠.

공동체 생활을 해야 하는데 자기 자식만 챙기는 부모님도 있어요. 그러다 보면 일반학교 중퇴했는데 대안학교도 중퇴하는 사태가 일어나는 거죠. 한 커플이 있었는데 여자애 부모님이 심하게 반대를 해서 애를 자퇴시키고 다른 대안학교로 보낸 경우도 있어요. 여자애는 계속 다니고 싶어 했는데, 기숙사 생활을 하니까 더 신경 쓰였겠죠. 저나 제 친구는 서로의 어머니를 '엄마'라 부르고, 양쪽 어머니들도 저희 둘 다 친자식처럼 생각하세요. 그렇게 해야 대안학교와 관계 맺기가 쉬운데 자기 아이만 지키려는 부모들이 많아요. 그런 식이면 대안학교에 다니는 의미가 없죠.

○ 검정고시는 봤어요?

아니요. 대학에 가야겠다고 마음먹으면 그때 한 번에 볼 거 같아요. 그런데 아마 대학에 들어가지는 않을 거예요. 진짜로 대학이란 데를 싫어해요. 좋은 대학, 안 좋은 대학, 삼류대학 서열을 나누잖아요. 우리나라는 계급사회가 아닌데 대학에 들어가서 계급이 생긴다는 게 싫어요. 프랑스처럼 대학이 평준화되어야 중고등학교 교육도 변할 거예요. 신촌에서 피켓 들고 수능 반대 시위를 해볼까 생각한 적도 있어요. 아직 구체적으로 실행한 건 없지만요. 프랑스 대학이 바뀐 것도 이성교제 금지에 반대하다가 점점 학생들이 모여들면서 바뀐 거니까, 그런 작은 계기들을 만들어가는 게 중요한 것 같아요.

○ 홈스쿨링 할 때는 어땠어요? 본격적인 커리큘럼을 가지고 한 건 아니었죠?

그렇죠. 그냥 시작한 거였고, 아름다운가게에서 자원봉사를 하는 데 시간을 가장 많이 할애했어요. 따로 공부한 건 중학교 때 하던 술 공부. 만들기도 많이 만들고요. 말만 홈스쿨링이지 사실 나른하게 시간을 많이 보냈어요. 그래도 많이 늘어지지 않은 게, 저는 부모님이 골프, 수영, 미술 같은 거 배워보라고 해서 그걸 다 했거든요.

다행히 저희 부모님은 '애가 안 한다 그러면 다른 거 시키면 되지' 이렇게 생각해서 스트레스를 덜 받으셨는데, 그렇지 않으면 부모님들이 굉장히 힘들 거예요. 홈스쿨링을 제대로 하려면 부모가 죽는다는 얘기가 있어요. 학교처럼 커리큘럼 딱 짜놓고 오전엔 공부, 오후엔 야외활동 이렇게 시키는 부모님들도 있는데 절대 안 지켜져요. 부모님이 애한테 계속 신경을 못 쓰잖아요. 홈스쿨링을 제대로 하려면 아이가 공부를 좋아해야 해요. 부모는 아이가 하고 싶은 걸 잘 찾아내는 능력이 있어야 하고. 제 경우는 어머니가 술 만드는 걸 말리지 않으셨어요. 그래서 어머니 말을 잘 들었던 것 같아요. 솔직히 말만 홈스쿨링이라고 하면서 학원 보내는 부모님도 많아요.

○ 중학교부터 대안학교를 다닌 친구들과 고등학교 때 시작한 친구들이 차이가 있을까요?

달라요. 간디중학교에서 한 시간만 걸어가면 간디고등학교가 나와요. 자매학교니까 친하게 지내는데 거긴 인가를 받았기 때문에 정규과정을 조금 공부해야 해요. 근데 일반중학교 나온 애들이 간디고에 가면 지식교과를 너무 조금 배우니까 불안한 거예요. 그래서 일반계를 다시 들어가는 경우도 있어요. 일반 고등학교처럼 분기별로 수학, 영어 열심히 공부해서 대학 들어가는 아이들도 있고요. 반면에 중학교부터 대안학교 다니다가 일반대학 가는 애들은 거의 못 봤어요. 가더라도 미술, 체육 전공이죠. 일반중학교 나와서 대안고등학교 간 아이들은 열심히 공부해서 대학 가고, 거기서 일반 회사에 취직하는 경우도 많은데 말이죠.

○ **일반학교에 안 다닌다는 이유로 오해를 받거나 차별을 당해본 적이 있나요?**

6학년 2학기 때 대안학교 갈 거란 사실이 알려지면서 선생님이 저를 안 좋은 눈초리로 보셨어요. 장난을 치다가 걸렸는데 선생님이 또 뭐라고 하신 거예요. '문제아 학교' 들어간다고. 제가 어이가 없어서 막 화를 내고, 부모님이 오셨어요. 결국 선생님이 죄송하다고 사과를 하시더라고요.

어릴 땐 "꼭 이런 데 다니는 애들이 어떤다." 얘기하는 아저씨한테 열 받아서 뭐라 그런 적도 있어요. "그러는 아저씨는 얼마나 좋은 데 나오셨냐." 원래 어른들한테 안 그러는데 너무 화가 나고 억울한 거예요. 보수적인 어른들이 대학은 꼭 가야된다고 그러시면 좋은 말씀이라 생각하고 잘 들어요. 그런데 중학교, 고등학교 안 나왔다고 뭐라 하는 건 짜증이 나요.

○ **대안대학에선 어떤 걸 배워요? 대학은 학위 따는 곳이라는 인식이 강해서 왜 대학까지 대안교육이 필요한가 의아했어요. 만일 공부를 하고 싶어서라면 집에서 해도 될 것 같고.**

인문학, 정치 이런 거 많이 배웠어요. 철학에 대해 토론도 많이 하고, 직접 토론회를 열기도 하고, 그런 게 좋았어요. 18살 때니까 그게 필요한 시기였던 것 같아요. 홈스쿨링을 하면 정치나 인문학, 철학을 혼자 공부하기가 정말 힘들어요. 철학은 책을 읽어도 해석할 수 있는 능력이 있어야 하니까 선생님이 필요해요. 정치는 진짜 3년 동안 의원을 하셨던 분에게서 배웠고, 사회적 기업 수업은 정말 그 분야에서 활동하던 분께 배웠어요. 그런 경험에서 우러나는 걸 배우니까 좋았죠. 영셰프 다니려고 휴학을 했는데, 나중에 다시 수강할 생각도 있어요. 그땐 더 체계가 잡혀 있겠죠. 아직은 초기라 아쉬운 부분도 많거든요.

○ 꿈이 '세상과 소통하는 요리사'라고 하던데, 어떤 의미에요?

꼭 요리를 하지 않더라도 유기농에 관해 연구를 한다든가, 아니면 작은 식당을 열되 직접 기른 친환경 재료를 쓰고 손님 취향에 맞는 음식을 한다든가, 그런 식으로 요리를 통해 사람들과 행복을 나누고 싶어요. 유명한 사례가 많잖아요. 예를 들어 영국 요리사 제이미 올리버가 불량아 15명을 요리사로 키우고, '피프틴'이라는 레스토랑과 사회적 기업을 만든 것처럼요. 그런 게 세상과 소통하는 거라고 생각해요. 제가 나중에 요리사가 되든 뭐가 되든 한 가지 바뀌지 않을 점은 다른 사람과 나눈다는 거예요. 하자센터 영셰프를 지원한 것도 그냥 요리학원에서 기술만 배우는 것보다 좀 더 공동체적이고, 요리를 하나의 문화로 생각하는 곳에 가고 싶어서였어요.

○ 하자센터 영셰프는 커리큘럼이 어떻게 돼요?

하자센터 내에 급식 식당도 있고 카페도 있어요. 그 두 개 학습공간에서 일 년 동안 학습을 해요. 과정을 모두 마치면 하자센터가 운영하는 홍대의 레스토랑에서 인턴으로 일하거나, 음식점에 취업을 하거나, 좀 더 공부를 할 수도 있어요.

○ 자퇴를 고민하는 친구들에게 해주고픈 말이 있나요?

꼭 탈학교가 답은 아니다, 라고 말해주고 싶어요. 학교를 다니면서 학원을 안 다니면 자기 시간이 많아지잖아요. 그때 자기가 하고 싶은 거 하면 되죠. 괜히 탈학교 해서 더 힘들어하는 아이들도 있어요. 학교 나오는 것 자체를 너무 쉽게 생각해서는 안 될 것 같아요.

탈학교라 해서 굳이 대안학교를 들어가야 한다는 생각도 별로예요. 요즘 서울을 중심으로 대안학교가 난립하면서 말만 대안학교지 교육도 별로고 환경도 열악한 곳들이 너무 많거든요. 비인가 학교들은 돈도 굉장히 많이 받아요. 산청간디학교도 고등학교는 인가를 받았기 때문에 지원을 받지만 중학교는 비인가여서 돈이 많이 들어요. 저희 중학교는 그런 걸 감수하면서까지 다닐 가치는 있었다고 생각해요. 하지만 학교를 나온 애들이 가정환경이 그리 좋은 애들은 아니잖아요. 그래서 대안학교가 더 힘들 수 있어요. 그리고 부모님이 대안학교를 원해도 애는 안 맞을 수 있어요. 동기 중에 그런 애가 있었어요. 대안학교에 적응을 못해서 불안해하고, 나가고 싶어 하는 거예요. 그런데 돈이 없으니까 애들 거 훔치고. 그게 문제가 돼서 자퇴를 했어요. 그렇게까지 상황이 번져요.

꼭 대안학교만 생각할 게 아니라, 탈학교 해서 스스로 공부할 수도 있고, 요리에 관심 있다면 처음부터 카페에서 일을 할 수도 있어요. 혼자 여행을 갈 수도 있죠. 아이를 학교에서 자퇴시킬 정도의 부모님이라면 하고 싶은 걸 하게 해줄 테니까요.

Tip

• 자기가 하고 싶은 일이 확실한 사람. 그 일이 일반학교의 가치관과 불일치하는 사람들에게 대안학교를 추천한다.

• 요즘은 대안학교의 종류가 무척 많아졌다. 자기주도 학습을 하는 곳도 있고, 입시위주 교육을 하는 곳도 있다. 성격에 따라 고르되 되도록 검증된 곳에 가라.

• 여러 대안학교를 다니며 상담을 받아보라. 대안학교 선생님들은 무턱대고 권유를 하는 게 아니라 학생에게 더 잘 맞는 학교를 추천해주기도 한다.

• 부모님과의 소통이 가장 중요하다. 탈학교 이후 무엇을 하든 부모의 지원이 반드시 필요하다.

여행은 나에 대해 배우는 시간

중3 때 첫 여행을 시작한 하수용 & 여행학교를 다니는 하승아

오빠 하수용은 초등학교 시절 '꽉 막힌 꼬마'였다. 고정관념 많고, 착한 아이 콤플렉스도 있었다. 생활기록부에는 늘 '성실하다'는 말이 따라다녔다. 아들이 그렇게 정해진 틀에서 살아가는 게 싫었던 어머니는 하수용을 전교생 12명의 시골 대안학교로 보냈다. 실상사작은학교에서 그는 전혀 다른 사람이 되었다. 중학교 졸업 후에는 우리나라 최초의 대안학교이자 입시명문으로 유명한 거창고등학교에 진학했다. 입시명문이건 말건, 대학 따위 포기하고 열심히 놀았다. 스무 살부터 아르바이트를 하며 여행을 다녔다. 그러다 문득 고3 때부터 품었던 꿈을 기억해냈다. 개인을 인정하고 자급자족하는 생태 공동체를 만드는 것이다. 그리하여 잠시 여행을 멈추고, 뜻이 맞는 사람들과 공부를 시작했다. 현재 그는 대안대학에서 일하며 공부를 하고 있다. 공동체를 만들겠다는 꿈은 '마을에 필요한 사람이 되겠다'로 바뀌었다.

동생 하승아는 모범생이었다. 오빠 둘이 대안학교를 다녔지만 자신은 그런 쪽에 관심이 없었다. 열심히 공부해서 대학에 가려고도 했다.

하지만 한 학년에 30명씩 4개 반이 있는 작은 중학교에서 학급이 18개나 되는 커다랗고 경쟁률이 치열한 고등학교로 진학하자 공부가 싫어졌다. 성적이 반으로 뚝 떨어졌다. 원체 완벽주의자라 뜻대로 안 되는 걸 참을 수 없었다. '이 길은 내 길이 아니구나.' 생각했다. 강제 야자도 싫었다. '내가 지금 뭐 하는 거지?'라는 생각을 일 년 동안 하다가 결국 자퇴를 했다. 지금 그녀는 여행학교인 로드스꼴라에 다닌다.

○ 실상사작은학교는 어떤 곳이에요?

하수용 : 제가 1기였는데 지금은 그때와 많이 달라졌어요. 학교의 철학이 '깨달음은 나무처럼 자라난다'예요. 자급자족을 중시해서 살림, 농사, 나무 다루기, 천 다루기, 집짓기 등의 과목이 있고 기본적인 영어 수학 과학 그리고 국어를 배워요. 검정고시를 위해 정규과정을 배운 것도 있지만 국어 같은 경우 우리말을 배운다는 취지가 더 강했어요. 보통 대안학교들이 기숙사 생활을 하는데 작은학교는 개념이 좀 달랐어요. '작은 생활반'이라 부르는 곳에서 학생 4~5명이 선생님 1~2분이랑 빨래하고 밥 먹고 장 보고 이런 모든 생활을 같이 하거든요. 제 꿈이 생태마을이나 자급자족 공동체를 되살리는 것인데, 중학교 때 그런 생활을 하며 자연스레 갖게 된 생각이에요. 그게 지구를 살리는 가장 빠른 길이라 생각하고요.

○ 그런 곳에 있다가 어떻게 거창고등학교에 간 거예요? 그 학교는 입학이 꽹

장히 어렵다던데?

하수용 : 그해 저희 학년에서 3명이 거창고를 갔어요. 거창고가 대안학교였는데 너무 학업 위주로 가는 거 아니냐는 비판이 많아서 교감 선생님이 저희 학교로 찾아오셨어요. 검정고시 점수 잘 나오는 학생들을 보내 달라고. 그런 특혜가 있어서 운 좋게 들어갔어요. 아버지 권유도 있었어요. 대안교육도 좋지만 공부를 포기할 수는 없다고 생각하신 거죠.

하승아 : 아버지는 꼭 대학 가라고 공부를 시키는 게 아니라 우리 나이 때 우선 공부를 해두면 그 다음에 하고 싶은 일을 할 때 밑거름이 될 거라 생각하세요.

o 거창고에서는 입시공부를 했어요?

하수용 : 놀았어요. 그 학교는 축제가 많거든요. 고1 가을쯤 자퇴도 생각했어요. 대안학교 다니다가 일반학교로 진학한 애들은 대부분 한 번씩은 자퇴 고민을 해요. 더구나 거창고는 기숙학교였고, 선배들이랑 사이도 굉장히 안 좋았어요. 내가 하고 싶은 것도 없는데 공부를 해야 한다는 사실도 받아들이기 힘들었어요. 그러다 우여곡절 끝에 그냥 다니기로 결심하곤 공부는 안 하고 행사 같은 걸 많이 했어요. 방송국 국장도 하고, 연극도 잠깐 했고, 봄 예술제 때 하는 반 대항 체육대회도 열심히 했고. 수업시간엔 거의 잤지만 3년 개근상도 받았어요. 지리 선생님을 좋아해서 관련 과목 3개는 1등급이었는데 전체 내신은 몇 등급이

었는지 기억 안 나요. 신기한 건, 보통 야간자율학습에 안 들어가거나 놀거나 하면 선생님들이 지적을 많이 하시는데 저에게는 한 번도 터치가 없었어요. 선생님들하고 굉장히 신나게, 친하게 지냈거든요.

○ 실상사작은학교에서 거창고에 간 학생 3명이 모두 비슷하게 지냈나요?

하수용 : 네, 모두 재미있게 지냈어요. 한 명은 지금 성균관대 법대를 다니고, 한 명은 성공회대 신문방송학과를 갔어요. 신방과 간 여학생은 2년 반 동안 세계여행을 하고 얼마 전에 들어왔어요. 근데 걔들은 공부 안 한다고 혼났거든요. 저만 아무도 터치를 안 했어요. 확신 있게 놀아서 그런가 봐요. 지금은 자퇴 안 하고 끝까지 다니길 잘했다고 생각해요.

○ 남들 다 입시공부 하는데 혼자 공부 안 하고 노는 게 초조하지 않았어요? 정반대로 주입식 교육에 익숙해진 친구들을 외부자의 시선으로 보면서 답답했을 것 같기도 하고요.

하수용 : 초조했죠. 틀 밖에 있다가 안으로 들어갔을 때 첫 번째 느낀 건 사회의 흐름을 거스르기가 진짜 쉽지 않다는 거였어요. 친구들은 저를 특이하다고 봤지만 대안학교 나왔다고 불안함을 떨쳐내기가 더 쉬운 건 아니에요. 작은학교 졸업생이 12명이었는데 지금은 그냥 스펙 쌓는 것에 정신 팔린 애들도 있어요. 졸업하고 나서 아르바이트하고 여행하고 그랬는데, 그렇게 하고 싶은 거 하면서도 이제와 느끼는 거지만, 방황했던 것 같아요. 지금은 제가 가려고 하는 길에 대한 확신이 있

어서 불안하지 않은데 당시엔 그랬어요.

대안학교 졸업생이라 일반학교 출신들을 보며 답답했다거나 그런 건 없어요. 대안학교 학생들은 대부분 자기가 특별하다고 생각해요. 저도 그랬고. 근데 일반학교 나온 애들이랑 대안학교 나온 애들이랑 사실 똑같아요. 대안학교 나왔다고 창의력이 더 뛰어난 것도 아니고, 일반학교에도 굉장히 참신한 애들이 있어요. 다른 길을 잠깐이라도 봤기 때문에 대안학교 출신들이 좀 더 열린 사고를 할 수 있다는 장점은 있죠. 근데 일반학교를 다녀도 그 안에서 클 수 있는 애들은 다 커요. 의식이 있는 아이들은 일반학교 내에서도 개혁을 시도하고. 다만, 저 같은 경우는 일반학교 갔으면 아무 생각도 못했을 것 같아요. 운 좋게 대안학교에 가서 긍정적으로 변화한 거죠.

○ 승아씨는 고등학교를 자퇴하고 로드스꼴라에 갔는데, 자퇴할 때 주변 반응이 어땠어요?

하승아 : 아빠가 엄청 반대하셨어요. 오빠 얘기를 하면서 놀아도 되니까 졸업만 하라고 그러셨죠. 제가 학교에서 모범생이었기 때문에 자퇴한다니까 선생님이 놀라셨어요. 자기도 자퇴서 처음 써본다고 그러시고. 친구들 반응은 두 가지였어요. "대안학교가 뭐야?" "너 양아치야?" 로드스꼴라 와서 일반학교 친구들 만났을 때는 부러워하는 아이들도 있었고요. 그런데 그땐 다들 수능시험 얘기밖에 안 해서 얘기가 잘 안 됐어요.

○ 로드스꼴라는 어떻게 선택한 거예요?

하승아 : 하자센터에 지원했다가 면접에서 떨어졌어요. "여기 들어와서 어떤 걸 하고 싶냐?" 그런 거 물어보는데 약간 심문 당하는 분위기라 어머니도 기분이 안 좋으셨대요. 그 후 로드스꼴라에 들어갔는데 저는 거기서 하는 수업이 다 좋았어요. 예전엔 안 해본 것들이었거든요. 전 여행에 대한 로망이 있었어요. 아버지 반대로 절대 혼자 여행을 갈 수가 없었거든요. 딸이라고 유독 저한테만 그러세요.

○ 여행학교라는 개념이 낯설어요. 계속 여행만 다니는 거예요?

하승아 : 여행은 한 학기에 한 번 정도 가고, 여행 다닐 때 필요한 영어랑 인문학, 글쓰기, 음악, 걷기 시간이 있어요. 음악은 또 하나의 언어라고 해서 배우는 거고, 전 퍼커션을 했어요. 걷기는 아침에 다 같이 한강까지 걸어갔다 오는 거예요. 여행 다녀와서는 결과물 발표를 해요. 그 한 과정이 1년씩 걸리고, 3년을 해야 졸업이에요.

○ 로드스꼴라에는 주로 어떤 친구들이 와요?

하승아 : 16명이 입학했는데 간디학교 졸업한 사람이 4명, 일반학교 다니다 온 친구가 저까지 4명, 나머지는 다른 대안학교 다니다가 온 사람들이에요.

○ 일반학교 적응 못해서 온 사람들도 있었나요?

하승아 : 애들하고 사이가 안 좋아서 적응 못하고 온 사람이 있었어요. 지금은 로드스꼴라를 그만뒀어요. 화가 나면 감정조절을 잘 못하는 친구라 길별(선생님)들이 여행을 못 가게 했어요. 말도 없이 학교 수업을 빠진 일이 있어서, 길별들이 '만약 여행을 갔는데 저렇게 없어져 버리면 감당할 수 없다'고 판단했나 봐요. 여행을 가기보다 혼자 남아서 자신을 돌아보는 시간을 가지라고 했대요. 대신 글쓰기 과제를 내면 수료시켜주겠다고 했는데 결국 대학을 가겠다며 나가더라고요.

○ 로드스꼴라 다니는 중에 대학에 가겠다고 준비하는 학생들도 있어요?

하승아 : 지금 한 명 있어요. 우리 학교가 바빠서 공부할 시간이 별로 없거든요. 그래서 큰 기대 안 하고 경험 삼아 수능을 봤는데 생각보다 잘 나왔대요. 이번 학기 수료식 하고 나면 열심히 공부해서 내년에 대학 들어가겠대요.

○ 지금까지 어디어디로 여행을 다녔어요?

하승아 : 처음에 열흘 국내 도보여행을 했어요. 그 다음엔 '마을 프로젝트'라고 해서 진안에 내려가 거기 사람들하고 12주 동안 같이 작업을 했어요. 다음 학기엔 백제라는 주제를 갖고 공주, 부여, 서산, 익산 갔다가 일본까지 가서 일주일 있었고, 그 다음 학기엔 공정무역을 주제로 네팔에 갔어요.

자퇴할까 ▮ 학교에 남을까

◦ 학비가 꽤 비싸겠네요. 얼마 정도씩 나와요?

하승아 : 한 학기 등록금이 200만원이고 여행갈 때는 또 돈이 들어요.

본격적인 로드스쿨링을 지향하는 학교는 로드스꼴라가 처음이지만 그 전에도 대안학교들이 캠프처럼 학교 안 다니는 친구들 모아서 여행 다니는 프로그램들이 있었잖아요. 그렇게 여행을 다니는 게 교육적으로 도움이 된다고 생각해요?

하승아 : 네. 그렇게 여행을 하고 싶었던 이유가, 책을 봤더니 여행을 하면 자기의 다른 모습이 많이 보인대요. 고1 때까지 소심하고 연약한 제 모습만 봤기 때문에 나한테도 다른 모습이 있을까 궁금했어요. 입학 지원서에도 나의 다른 모습을 보고 싶다고 썼고, 처음 도보여행을 할 때도 '이 여행이 끝나면 나의 다른 모습을 하나라도 볼 수 있을까?' 궁금했어요. 근데 특별한 건 없었어요. 그땐 도보여행이 처음이라 방법을 잘 몰랐던 것 같아요. 몇 번 더 여행을 다니면서 보이더라고요. 엄청 완벽주의자고, 약속은 무조건 지켜야 하고, 그런 모습이요. 그래서 성실해 보였나 봐요. 미처 몰랐던 면을 한 번 깨닫고 나니까 평소 학교생활 하면서도 계속 보이는 거예요. 예전엔 제게 이렇게까지 많은 모습이 있는지 몰랐거든요.

다른 사람들도 다 저 같은 줄 알았는데 아예 생각이 다른 사람들이 많다는 것도 알게 되었어요. 저 자신을 어떻게 바라봐야 하는지 알게 되고, 제가 하고 싶은 일이 뭔지 찾는 일에도 더 집중할 수 있게 됐어요.

근데 전 아직은 내 생각대로 여행을 할 수 없는 상황이에요. 여행하면서 사람들하고 관계 맺는 걸 하고 싶어요. 그건 학교에서 여행할 땐 좀 어렵고, 혼자 여행하면 더 잘할 수 있을 것 같아요. 근데 아버지가 아직 반대하세요. 실제로 여행지에선 여자보다 남자가 사고를 많이 당한다는데도 그래요. 처음 여행 간다고 했을 땐 결혼해서 남편이랑 가라 그러셨어요. 그래서 길게 편지를 썼죠. '난 이만큼 컸고, 혼자 여행을 가야겠다.' 그랬더니 25살 이후에 가래요. 아빠는 심지어 아르바이트도 못하게 하셨어요. 스스로 돈 벌어서 여행을 가고 싶은데 그것도 반대하시는 거죠.

○ 수용씨도 여행을 많이 다녔잖아요. 로드스꼴라처럼 커리큘럼을 준비해서 간 건 아니었을 텐데, 그것도 로드스쿨링의 범주에 넣을 수 있을까요?

하승아 : 로드스쿨링이라는 게 딱히 별 건 없는 것 같아요. 홈스쿨링이 그냥 집에서 공부하는 거잖아요. 자퇴했는데 홈이 아니라 밖에서 배우는 게 로드스쿨링이죠. 알바를 하든 뭘 하든 다 밖에서 배우는 거잖아요. 공부를 하려고 나온 건 아니지만 자기가 하고 싶은 걸 하려고 나온 사람들은 이미 로드스쿨러인 것 같아요.

○ 수용씨는 몇 살 때부터 여행을 다녔죠?

하수용 : 중학교 3학년 때 검정고시 끝나고 서울에서 통영까지 자전거 여행을 했어요. 친구들이랑 계획을 짜서 같이 떠났어요. 성당에서 재워달라고 하고, 창고에서 자기도 하고, 해변이나 경찰서, 초등학교

수돗가에서 자기도 했어요. 텐트도 없이 침낭만 가져갔거든요. 지금 생각하면 정말 어릴 때잖아요. 그걸 허락한 부모님들도 대단하신 것 같아요. 나중에 들은 거지만 어머니는 반대, 아버지가 허락하셨대요. 그 후 형이랑 동남아시아에 배낭여행을 가기도 했고, 캄보디아에 두 달 동안 자원활동을 다녀왔고, 한 달 동안 자전거 여행을 하기도 했어요.

근데 여행을 가려다 못 간 경우도 많아요. 뉴질랜드로 워킹 홀리데이 가려다가 갑자기 결핵판정을 받아서 못 가고, 완치 후에 다시 호주로 떠나려다가 결핵이 재발했어요. 태어날 때부터 다리가 안 좋아서 장기 도보여행도 힘들고요.

○ 로드스쿨링을 원하는 학생들을 위한 조언이랄까, 여행을 다닐 때 주의해야 할 점은 무엇일까요?

하수용 : 보여주기 위한 여행을 하면 안 된다는 것. 카메라 들고 남들 보여주려고 여행하는 건 안했으면 좋겠어요. 그런 여행에는 한계가 있어요. 다니다 보면 여행 자체가 무의미해지는 순간이 있거든요. 그걸 안 겪기 위해서는 정말 마음이 끌리는 대로 가야 해요. 중3 때 여행이 그랬어요. 그땐 카메라도 안 가져갔어요. 그 여행은 지금 생각해도 아름다워요.

돌이켜보면 전 여행을 다닌 게 보여주기 위해서였던 것 같아요. 다른 사람들한테 '나 여기 갔다 왔다' 과시하려고. 베트남 여행 중에 카메라를 잃어버리고서 깨달았어요. 보여주기 위한 여행이 아니었다면 카메라를 잃어버린 게 그렇게 힘들지 않았을 거예요. 원래 동생이랑 말 타고 몽골에서 유럽까지 가자고 부추겼는데 그걸 갑자기 엎은 것도 그 때문이에요. 스스로 깨닫고서도 계속 보여주기 위한 여행을 하려 했던 거죠. 그걸 완전히 인정하고 나니까 이 여행의 의미를 못 찾겠어서 안 가겠다고 했어요. 그러고 나서 운명인가 싶게 기회를 만나서 지금은 대안대학에서 일을 하고 있어요. 누구든 보여주려는 목적이 단 1%는 있을 거예요. 하지만 그게 많이 차지하지 않았으면 좋겠어요.

하승아 : 근데 보여주기 위한 여행이라는 것도 여행을 떠나서 깨달은 거고, 여행에선 얻을 수 있는 게 많잖아. 어찌됐든 여행은 좋은 것 같아.

○ 수용씨는 여행비용은 어떻게 해결해요?

하수용 : 고등학교 졸업하고 나서 용돈을 받은 적이 없어요. 계속 아르바이트를 했어요. 어머니가 발도르프 인형(어린이를 위한 독일식 헝겊인형)을 만드시는데 그 공방이 바빠요. 요즘은 거기서 틈틈이 알바를 하고, 대안대학에서 조교로 일하면서 장학금을 받고 있어요.

○ 승아씨는 로드스꼴라 수료 후에 어떻게 할 생각이에요?

하승아 : 남원에 내려가서 일 년 정도 농사를 짓기로 했어요. 태평농법이라고 해서 잡초랑 같이 키워요. 천연염색도 하고, 가을에는 감도 따고, 잣도 딸 거예요. 빨래랑 밥도 하고.

하수용 : 제 멘토가 한 분 계세요. 중학교 선생님이신데, 이분이 생활

학교를 만드세요. 일반적으로 말하는 학과 공부가 아니라 살아가는 방법을 배우는 학교예요. 승아가 거기 내려가서 일을 하기로 했어요.

○ **탈학교를 꿈꾸는 친구들에게 조언을 한다면요?**

하승아 : 전 자퇴를 잘했다고 생각하거든요. 그만큼 원해서 했으니까 후회는 없어요. 정말 원한다면, 그리고 책임질 수 있다면 하는 게 맞는 것 같아요. 자퇴 전과 후 가장 큰 차이는 이거예요. 전엔 '나중에 행복하게 살 수 있을 거야'라고 생각했고, 지금은 그냥 행복해요. 당장 행복하게 하고 싶은 일 하며 살 수 있어요. 근데 그게 꼭 자퇴를 했기 때문은 아니에요. 하고 싶은 일을 하고 있기 때문에 행복한 거죠.

하수용 : 저도 행복이 가장 큰 화두예요. 공부를 해도 자기가 하고 싶은 게 있고, 목적이 있다면 그로 인한 고통마

Tip

• 여행은 자신의 다양한 면모를 발견하고 새로운 사람들과 관계를 맺을 수 있는 좋은 계기다. 그러나 단지 과시하기 위해 가이드북에 나온 관광지에 들러 사진만 찍는다면 기념품은 남을지언정 마음과 정신에는 남는 게 없다. 자신만의 여행을 떠나라.

• 여행학교나 캠프는 체계적으로 여행을 준비하고 기록을 남길 수 있다는 점에서는 좋지만 단체행동에 따르는 제약들이 있다. 함께 프로젝트를 준비하는 과정에서 의견충돌도 생기고, 원치 않는 사람과 여행을 해야 할 수도 있고, 자신의 뜻대로 일이 진행되지 않을 수도 있다. 학교의 분위기를 충분히 파악한 뒤 입학을 고려할 것.

• 여행을 계획할 때는 자신의 스타일을 잘 파악해야 한다. 꼼꼼하게 일정이 정해지지 않으면 불안한 사람이 있는 반면 계획을 짜는 게 귀찮거나 변수를 즐기는 사람도 있다. 여행지에 대한 기본 정보를 공부해두면 더 많은 것을 보고 느낄 수 있지만 공부나 계획에 지나치게 얽매일 필요는 없다.

저 행복하다고 받아들일 수 있거든요. 반면 자기가 하고 싶은 걸 모른 채 막연하게 공부를 하면 힘들겠죠. 그렇지만 그 나이에는 단체에 소속돼 있는 게 정말 중요하거든요. 사람들과의 관계에서 배울 수 있는 게 정말 많잖아요. 그러니까 뭘 하고 싶은지 조그만 실마리라도 찾기 전엔 자퇴를 하면 안 돼요. 적을 둘 곳을 꼭 찾아본 뒤 그만둬야 하고요.

말하기가 조심스러운 게, 대안학교는 학비가 좀 비싸요. 대신 시골이든 마을이든 아르바이트 자리가 됐든 사람들이랑 무언가 할 수 있는 공간을 확보해두고 자퇴하면 좋겠어요. 그냥 혼자 나오면 막연하기도 하고, 그 다음엔 집에서 놀 확률이 커요. 요즘 제 고민은 행복을 좇는 건가, 행복이 나를 따라오게 하는 건가라는 거예요. 전 지금 행복하지만 그건 잘 모르겠거든요. 가장 중요한 건 동생도 말했듯이 자기가 하고 싶은 일을 하는 거예요.

창업, 준비할 게 끝도 없다

스무 살 트럭 카페 사장 이승미

'빵빵커피'는 인천의 명물이다. 2011년 초 KBS 1TV 〈인간극장〉에 '열아홉 승미의 희망 커피' 편이 방송되면서부터다.

이승미는 중학교 때부터 요리에 '미친' 아이였다. 학교에서도 온통 요리 생각뿐이었다. 결국 고등학교 1학년 때 자퇴를 했다. 빨리 직업학교를 마치고 세계로 나아가 더 많은 것을 배우겠다는 목표는, 그러나 지금 일시정시 상태다. 2010년 아버지가 급성간부전으로 쓰러지셨고, 이승미는 준비하던 운전면허 주행시험을 보러가는 대신 병원으로 달려가 아버지께 자신의 간 일부를 이식했다. 석 달 후, 건강이 안 좋은 부모님 대신 생계를 맡게 된 그녀는 아직 회복 중인 몸을 이끌고 장사에 나섰다. 작은 트럭을 사서 직접 샛노랗게 칠을 하고, '빵빵커피'라는 이름을 붙였다. 인천 서경백화점 옆 빵빵커피에서 그녀는 커피를 내리고, 어머니는 핫도그를 만든다. 건강이 많이 회복된 아버지도 자주 가게에 들른다. 아버지가 시음을 한 날엔 매상이 좋다는 징크스가 있다.

빵빵커피는 그리 단기간에 구상하고 창업했다는 게 믿기지 않을 만큼 센스 있는 인테리어와 전문적인 메뉴 구성을 자랑한다. 창업을 결심한 지는 얼마 안됐지만 5년 넘게 요리에 미쳐 살며 7개의 자격증을 따고, 수차례 국제요리대회에서 수상하고, 직업전문학교에서 창업 과정까지 들었으니 이승미는 이미 준비된 사장님이었던 것이다.

○ 맨 처음 제과제빵은 어떻게 시작한 거예요?

이승미 : 원래 먹는 걸 좋아해서 먹다 보니까 이걸 만드는 사람도 있겠단 생각이 든 거예요. 그래서 중학교 2학년 때부터 학원을 다녔어요. 초등학생 때부터 다니는 애들도 있어요. 몇 개월 과정이 있거든요. 제과제빵을 해보니까 잘 맞아서 요리도 해봤어요. 그건 더 재밌는 거예요. 배울 것도 더 많고.

○ 요리에 뜻을 품고 자퇴를 했다는데, 고등학교 졸업하고 대학 가서 배워도 되지 않나요? 아니면 직업학교로 전학을 갈 수도 있었을 텐데요?

이승미 : 대학 가서 시작하면 늦죠. 저보다 더 어릴 때 시작하는 사람들도 많으니까요. 직업고등학교에서 배우는 건 형식적일 것 같아 싫었어요. 전 중학교 때부터 요리대회에 나가서 상도 받았어요. 고등학교 때도 학원 다니면서 자격증을 땄고요. 그런데 인문계 고등학교라서 그런 걸 이해를 못하는 거예요. "너 지금부터 요리 배워서 뭐 할 거냐?" 이런 식이에요. 저한테 그 얘기는 "대학 가서 공부하면 되지 왜 지금 공부를 하느냐?" 이거랑 마찬가지예요. 그러다 보니 학교 다니는 게 무의

미했어요. 차라리 그 시간에 내가 원하는 공부를 하면 더 좋을 것 같았어요.

어머니 : 처음엔 자퇴를 반대했어요. 그런데 승미 얘기를 들어보니까 꼭 고등학교 나와야만 대학 가는 게 아니더라고요. 검정고시 봐서 2년제 들어가면 미국에 결연 맺은 학교가 있어서 유학도 갈 수 있고, 4년제 편입도 된대요. 들어보니 많은 길이 있고, 공부하기 싫은 거 억지로 시켜봐야 아침에 가방 메고 딴 길로 새면 그만이니까 "그럼 너 원하는 거 해라." 그랬어요. 솔직히 서울대 나와서 노는 사람도 많잖아요. 그러곤 검정고시 학원을 두 달 끊었는데 일주일도 안 갔나 봐요. 요리학원 가느라고. "너 그렇게 다녀서 떨어지면 어떡할래?" 그랬더니 승미가 "내일 내가 하니까 걱정하지 마." 그러더라고요. 그러니까 항상 믿었어요. 부모가 자식을 안 믿어주면 누가 믿어주겠어요. 자식이 원하는 건 밀어 줘야죠.

○ **다른 집들은 "자퇴할래요." 그러면 부모님이 "시끄러, 공부나 해." 그러는데, 이해심이 많으셨네요. 승미씨가 평소 미덥게 해서 그런 건가요?**

어머니 : 모든 사람이 다 공부만 잘해서 공부로만 간다면 다른 건 누가 하겠어요? 내가 공부를 못했다고 자식한테 "공부~ 공부~" 하는 사람들도 있는데 그러면 안 된다고 생각했어요. 대학교도 부모가 원하는 학과에 억지로 들어갔다가 입학금만 내고 그만두는 아이들 많잖아요. 공부든 뭐든 자기 적성에 맞는 걸 찾아서 해야죠. 승미를 가르쳐 보니

그래요. 세상이 참 혼자 살아가기 힘든데, 얘는 형제도 없이 혼자라 강하게 키운다고 여러 가지 가르쳐봤어요. 그랬더니 엄마한테 그만둔다고 말도 안 하고 그냥 가방 메고 와버려요. 근데 요리 하나는 끝까지 하더라고요. 결국 놔두면 자기 길을 찾아가는 것 같아요.

얘는 집에서 아프다가도 요리하러 가면 하나도 안 아프대요. 막말로 정말 미친 것 같았어요. 요리라면 자다가도 벌떡 일어나요. 새벽까지 학원 다니고. 처음엔 학교 자퇴를 괜히 시켰나 걱정도 했어요. 친구들 가방 메고 학교 가는 거 안 부럽냐고 물어보니까 자기 인생에서 가장 잘한 일이 자퇴라고 생각하니까 더 이상 묻지 말래요. 후회 같은 거 없다고. 그런데도 이렇게 뒷받침을 못해주니까 그게 마음이 아프죠. 아빠 건강이 이렇게 돼서 요리 공부를 중단했잖아요. 이것도 하나의 경험이라면 경험이지만 몸도 안 좋은데 가게도 아닌 이런 곳에서 일을 하고, 더구나 지난 겨울이 많이 추웠잖아요. 지금은 전기를 쓸 수 있어서 난로도 틀지만 처음엔 아무 것도 없었어요. 그런 게 가슴이 아프지, 자퇴한 것에 대해선 우리 가족들은 하나도 후회 안 해요.

◦ 원래는 이렇게 창업을 할 생각이 아니라 계속 공부를 하려고 했던 거예요?

이승미 : 그렇죠. 2년제 직업전문학교에 들어간 다음 일찍 졸업해서 유학 가고, 거기서 공부하면서 일을 하려고 했어요. 그래서 고등학교 중퇴하자마자 검정고시를 보고, 바로 한국외식조리전문학교라는 2년제 학사과정에 들어갔어요. 그런데 1학년 2학기 수업 시작하자마자 아

버지가 급성간부전으로 쓰러지신 거죠. 아버지께 간 이식을 해드리고, 몸 추스르자마자 바로 장사를 시작했어요.

○ **빵빵커피차는 어떻게 구상을 하게 됐나요?**

이승미 : 집에 수입이 없었어요. 아버지 수술비가 많이 들어갔고, 엄마도 몸이 안 좋으시니까 제가 뭐라도 해야 하는 상황이었어요. 그런데 제가 배운 요리로 업장 같은 데 들어가도 힘든 일을 해야 하잖아요. 저도 무리를 하면 안 되는 상황이라 그렇게까지 힘들지 않고 온 가족이 같이 할 수 있는 일이 뭘까 고민하다가 구상을 했어요. 마침 바리스타 자격증도 있으니까 이렇게 할 엄두를 낸 거죠. 직업학교 1학년 때 메뉴 컨설팅, 창업, 경영 수업을 들었던 게 도움이 됐어요.

○ **창업할 때 초기 자본금은 어떻게 마련했어요?**

이승미 : 제가 2학기 수업을 4일밖에 못 들었잖아요. 휴학을 하면 수업일수를 따져서 등록금을 환불해주는 규정이 있어요. 그렇게 학비 50% 환불받은 거랑, 보험 해약한 거랑 총 4백만원이 들었어요. 그걸로 0.5톤짜리 중고 트럭을 사서 도색하고, 기계들도 샀어요. 줄일 수 있는 건 최대한 줄여야 했기 때문에 처음엔 커피머신도 가정용으로 시작했어요. 돈도 돈이고, 전력도 안 됐죠. 그래서 커피 뽑는 데 시간이 오래 걸렸어요. 나중에 학교장님이 사정을 듣고 업소용으로 바꿔주셨어요.

○ **장사하는 거 힘들지 않아요?**

이승미 : 여기 계속 앉아있으니까 몸이 좀 힘들죠. 약주하고 오시는 분들도 있고. 근데 남의 주머니에서 돈 빼오는 건 원래 힘들잖아요.

○ **한창 친구들 만나서 놀고 싶고 옷 사고 싶고 그럴 때잖아요. 그건 괜찮아요?**

이승미 : 그런 거 다 필요 없더라고요. 정말 힘든 상황이 되어 보고 깨달았어요. 제가 아무것도 할 수 없는 상태일 때 옆에 있는 사람은 가족밖에 없잖아요. 그동안 돈 쓰고 다녔던 게 다 부질없는 짓인 거예요. 친구는 살아가는데 중요하긴 하지만 지금은 제가 그럴 때가 아니고, 옷도 중요한 거 아니잖아요.

○ **요즘 중요한 건 뭔가요?**

이승미 : 지금요? 생계 때문에 이러고 있지만 가장 중요한 건 건강이죠. 제가 팔다리 멀쩡하기 때문에 일을 할 수 있는 거고, 건강해야 하고 싶은 일도 할 수 있는 거니까요.

○ **장사를 하려면 광장히 준비할 게 많을 듯한데, 막연히 '나도 한 번 해볼까?' 생각하는 또래 친구들에게 조언을 한다면요?**

이승미 : 전 창업과정 듣고 계획해서 이렇게 하는데도 시행착오가 많았어요. 다른 분들도 장사 하려면 다 알아보신 후에 하는 게 좋을 거예요. 내가 몇 시부터 나와서 노점을 하겠다, 그러면 며칠 전부터 그 시간

에 나와서 조사를 해봐야 해요. 그리고 사람이 사람을 상대한다는 게 굉장히 힘들고, 얼굴에 철판을 깔아야 하기 때문에 장사라는 게 어려워요. 더구나 노점을 하면 쫓기는 날도 있고, 딱지를 뗄 때도 있어요. 위생 문제도 생각해야죠. 제가 커피를 선택한 건 그나마 이게 위생적이어서 그런 거예요. 또 물건을 어디서 뗄지, 가스통은 어떻게 설치하고 단가는 어떻게 맞출지 하나부터 열까지 다 조사해봐야 해요.

이렇게까지 고민하고도 실행에 옮기는 분들은 별로 없을 거예요. 근데 어느 정도 계획이 잡히면 용기 있게 뛰어들라고 말하고 싶어요. 최대한 초기비용을 줄여서. 이렇게 젊을 때 뭔가를 배운다는 게 살아가면서 도움이 될 거라 생각하거든요. 준비를 하다가 포기할지라도 그것조차 배움의 일부잖아요.

○ 〈인간극장〉 출연 후 백화점에서 배려해줘서 위치도 안쪽으로 옮기고 전기도 쓸 수 있게 되었다던데, 그럼 이제 노점이라고 쫓겨날 일은 없는 거예요?

이승미 : 옆 상가에서 민원이 들어오기 전엔 괜찮을 거예요. 원래 이 자리가 인도라서 차가 올라오면 안 되거든요. 근데 제가 또 상점에 들어가면 그분들하고 같은 입장일 거예요.

○ 방송 덕분에 홍보가 많이 됐을 것 같은데 수익이 나고 있나요?

이승미 : 첫 회 나간 뒤엔 손님이 엄청 많이 왔어요. 밖에 서서 기다릴 정도였거든요. 이제는 단골들만 남았어요. 첫날 딱 한 잔 판 거 생각하

면 그래도 좋아졌죠. 수익은 그냥 저냥이에요. 우유 값이 너무 올라서 단가 맞추기가 힘들거든요.

○ 차가 있으니까 여름엔 전국을 돌아다니면서 해도 되겠네요? 온 가족이 해수욕장 같은 데 가서 장사하면 좋겠어요.

이승미 : 그러려면 발전기를 사야하는데 그게 굉장히 비싸요. 7~8백만원 하거든요. 쉬운 일이 없는 것 같아요.

○ 학교 관둘까 말까, 공부는 하기 싫은데 뭐 딴 걸 해볼까, 고민하는 아이들에게 승미씨 사례가 좋은 교훈이 될 것 같아요.

이승미 : 그건 복에 겨워서 하는 소리예요. 엄마 아빠가 학비 대줄 때 다니는 게 좋아요. 제가 벌어보니까 그래요.

○ 그럼 승미씨처럼 하고 싶은 일이 확고하고, 그게 미용이나 비보이 같은 거라 국영수를 왜 배워야 하는지 모르겠다 그러는 친구들에겐 어떻게 말해줄래요?

이승미 : 자기가 정말 원하고 그것에 대한 확신이 있다면 밀어붙이라고 하고 싶어요. 근데 하고나서 후회하지 않을 확신이 있고 계획이 있을 때 자퇴해야죠. 아무리 자신이 있어도 한 번 더 생각해 보시고요. 전 계획이 있었잖아요. 그런데도 나와서 흐트러졌어요. 제 주위에도 자퇴를 한 친구들이 많지만 개중엔 그냥 아무 생각 없이 나온 애도 있고 이런저런 애들이 있어요. 그런 애들은 소속감이 없어지면 십중팔구 나태

해져요. 같이 어울려 다니면서 저도 그 랬어요. 그러다 '내가 지금 뭐하는 건 가' 생각이 들었죠. 이러다간 정말 아무 것도 안 될 것 같고. 자퇴서 쓴 날 엄마 손 붙잡고 학교 나왔는데 그렇게까지 해주시는 부모님한테도 못할 짓이고, 저한테도 실망을 많이 할 것 같아서 다 시 마음을 다잡았어요. 그런데 거기서 못 헤어나고 마냥 노는 친구들도 있거 든요.

자퇴를 하면 자유가 생기지만 그만 큼 책임질 일도 많아요. 일찍 경험해보 고 싶다고 해도 막상 나가보면 안 그래 요. 차라리 아르바이트를 해보든지, 학 교 다니면서 체험을 해본 다음 선택을 해도 안 늦어요. 자기가 사고를 치든 뭘 하든 언제까지 부모님이 책임져줄 수 도 없는 거고, 자기 인생 자기가 책임져 야 하니까 어린 마음에 혹해서 결정하 지 말았으면 좋겠어요. 전 자퇴를 인생 에서 가장 잘한 일이라고 생각하지만 그렇다고 자퇴를 권하는 건 아니

Tip

- 직업 때문에 자퇴를 하고 싶다면 우선 학 교를 다니며 아르바이트 등을 통해 경험 해보는 것이 좋다. 아무리 마음을 다잡아 도 자퇴 후 소속이 없으면 나태해지기 십 상이기 때문이다.
- 소자본 창업을 할 때는 실무와 경영을 동 시에 맡아야 하므로 관련 분야에 대한 전 문지식을 습득해야 한다. 때문에 남들이 대박 났다는 아이템을 무작정 좇으면 안 되고, 자신이 가장 좋아하고 잘할 수 있는 분야를 선택하는 게 좋다.
- 창업을 할 때 철저한 조사와 분석은 필수 다. 어떻게 해야 할지 막연하다면 경험자 들의 말에 귀를 기울이고, 관련 서적도 찾 아 읽고, 필요하면 직업훈련기관에서 강 의를 들어보는 것도 좋다.
- 장사는 사람을 상대하는 일이다. 구차한 소리를 해야 할 때도 많고, 열 받게 하는 손님들도 있을 것이며, 뻔뻔하게 굴어야 할 때도 있다. 모두 감내할 자신이 있을 때 시작하라.

에요. 이게 좋다, 맞다, 이런 게 아니라 개인차가 있어요. 돌아가든 바로 가든 자기 목표에만 갈 수 있으면 되는 거잖아요. 돌아가면 돌아간 만큼 발이 아프면서 배우는 것도 있겠죠. 그러니까 신중했으면 좋겠어요.

정말 하고 싶은 일이 따로 있었는데 자퇴를 하고 나니까 힘이 딱 풀리면서 허무해지는 순간도 있을 거예요. 자퇴 전에 자기가 하고 싶은 걸 최대한 해보고, 그래도 안 되면 부모님이랑 잘 얘기해보는 게 맞고. 자기가 저지르고 부모님이 책임져야 하는 그런 선택은 안 했으면 좋겠어요.

○ 이거 다음 목표는 뭐에요?

이승미 : 지금 장사가 노점이잖아요. 어디에 들어가서 안정적으로 장사를 하는 게 목표예요. 그게 자리가 잡히면 복학해서 학교를 끝마쳐야죠. 이것도 하나의 경험이자 공부라고 생각해요. 여기서 요리도 하고 있고. 근데 공부는 계속 하고 싶어요. 요리가 좋은 게 죽을 때까지 배워도 끝이 없잖아요, 다른 것도 물론 그렇겠지만. 그래서 아직 보지 못한 것들, 경험하지 못한 많은 것들을 계속 알아가고 싶어요.

하자, 미래의 예술가들이 자라는 곳

하자센터 1세대 제리(박재식)

1983년생인 제리는 고등학교 1학년 때 자퇴를 했다. 원래 검정고시를 봐서 유학을 갈 생각이었지만 공부는 하다 말았고, 유학은 포기했다. 그 무렵 하자센터가 문을 열었다. 멋진 인테리어에 반해 하자에 들어갔고, 센터 내 대안학교인 하자작업장학교가 생기는 과정부터 함께했다.

초등학교 땐 교회가 집인 양 살았고, CCM 록밴드에 반해 드러머가 되려고 했다. 그러다 음향으로 진로를 수정했다. 하고 싶은 일이 생기면 인터넷 검색만 죽어라 하다가 지레 포기하는 게 아니라 일단 저지르고 보는 성격 덕에 중학교 때부터 음향회사 사람들을 따라 행사를 다녔다. 하자센터 녹음실에서도 음향 일을 했고, 그러다 점점 문화기획을 병행하기 시작했다. 하자작업장학교 졸업 후 문화기획자로 일하던 그는 홀연 국제자원활동가로 변신했다. 이때 불교로 개종했고, 다년간의 불교 수련은 현재 그의 삶을 아우르는 철학의 토대가 됐다.

2007년 하자센터에 담임교사로 돌아온 그는 음악반 아이들과 함께 퍼커션을 치기 시작했다. 지금은 두 개의 타악밴드에서 퍼커션을 연주한다. 와중에 공익근무를 하고, 정토회에서 불교 수련을 하고, 보컬 트레이닝을 받고, 상상마당 아카데미에서 컴퓨터 음악 수업을 듣고, 생계를 위해 예식 사진을 배운다.

이 모든 게 한 사람이 해왔거나 하고 있는 일 맞다.

◎ 고등학교 자퇴를 결심한 이유가 뭐예요?

거기가 공고였는데, 모범생은 아니지만 재미있게 다니고 있었어요. 초등학교 때 컴퓨터 출장 AS 기사가 장래희망이었어요. 중학교 때도 그걸로 알바해서 돈을 벌었고요. 그래서 컴퓨터공학과가 있는 학교를 간 거죠. 한 학년에 반이 3~5개밖에 없고 워낙 미달도 잦은 학교라 3년 장학금 받고 입학했어요. 그때 제 짝이 백댄서 한다고 학교 그만뒀다가 무릎 부상 때문에 돌아온 아이였는데 성격이 굉장히 좋았어요. 반장이고 공부도 잘했어요. 같이 잘 놀다가 어느 날 걔가 "학교를 다시 그만둘까?" 그러는 거예요. 제가 말렸죠, "학교를 왜 그만두느냐. 최소한 고등학교는 나와야지."라고.

근데 설득을 하다 보니까 제 얘기가 타당성이 없는 거예요. 졸업장? 그냥 메달 같은 거고, 검정고시를 봐도 되죠. 친구? 교회를 열심히 다녔기 때문에 항상 친구들은 만나서 놀 수 있었어요. 게다가 전 어릴 때 드럼을 하다가 부모님이 '딴따라'라고 반대해서 음향으로 방향을 틀었고, 고교 졸업 후 버클리 음대로 유학 가겠다는 목표가 있었거든요. 근데 얘기를 하다보니 검정고시 봐서 좀 더 일찍 버클리 음대로 가면 되겠더라고요. 그리 생각하니 학교에서 보내는 시간이 아까워서 일주일 뒤 자퇴서를 냈어요.

○ 평범하게 살라고 '딴따라' 대신 음향을 시켰는데 그것 때문에 자퇴했으니 부모님 충격이 컸겠네요?

그렇죠. '딴따라'하게 두셨어야 했죠. 전 음향을 해도 뮤지션이라 생각했는데 부모님은 기술자라 생각하셨어요. 그래서 제가 집에 들어오건 말건 음향을 한다고 하면 다 오케이였어요. 중학교 때 PC통신하다 만난 음향회사 사장 형을 따라 행사를 다녔거든요. 학교 끝나면 바로 공연장 가고, 방학 때면 지방 출장 간다고 집에도 거의 안 들어갔는데. 분명한 꿈도 있고, 현장에서 일도 하니까 이 길로 계속 가면 되겠다 생각하신 거죠.

자퇴를 한다니까 아빠는 계획이 있는지 추궁하셨어요. 30분 동안 이야기를 했죠. "검정고시 보고 영어학원도 다닐 거고 버클리로 유학을 갈 거다. 한국엔 음향을 전공할 수 있는 대학이 없다. 어차피 갈 거면 빨리 가는 게 낫지 않나." 아빠가 딱 한 마디 하셨어요. "각서 써." 근데 각서에 쓴 것 다 안 지켰죠. 검정고시는 스물여덟 살 때 땄고, 영어학원도 다니다 말았으니까요. 전 그때까지 아빠가 검정고시 출신인 줄 몰랐어요. 아빠는 돈이 없어서 공부를 못했는데 나중에 법학을 공부했고 지금도 법무부에 다니세요. 그래서 제가 변호사나 판검사가 될 줄 아셨대요.

돈이 없는 것도 아니고 공부 다 시켜줬는데 왜 자기처럼 어렵게 가냐고 그러셨죠.

○ 학교에서는 뭐래요?

우리 반에서만 제가 5번째 자퇴예요. 입학 전 예비 소집부터 안 나오는 애들도 있고, 1학기 내내 안 나오다가 선생님이 자퇴 안 시키고 기다려줘서 2학기 때 처음 본 애들도 있어요. 좀 논다거나 성적이 바닥인 애들이 주로 오기 때문에 그런 분위기였어요. 아침에 몇 대씩 맞고 시작하죠. 반장선거 때 후보 안 나온다고 3일 동안 맞았어요. 5개 학급 중에 두 반은 야간인데 야간 애들도 다 낮에 오거든요. 걔네는 의자랑 책상 절반이 뒤에 가 있어요. 다 자퇴를 해서. 1학년 때 그 정도였으니 뒤엔 더 많았겠죠.

자퇴할 때 기분 좋게 보내주는 경우도 있어요. 우리 반 4번째 자퇴생이 코요테 백댄서였거든요. 선생님이 잘돼서 나가니까 격려해주라고 인사를 시키셨어요. 전 조회 끝나고 선생님 뒤를 졸졸 쫓아갔어요. 선생님이 돌아보며 "왜, 너도 자퇴하려고?" 그러시기에 깜짝 놀라서 "어떻게 아셨어요?" 그랬죠.

○ 그렇게 확고한 목표와 계획을 갖고 각서까지 쓰며 그만뒀는데 검정고시는 왜 안 봤어요?

신설동의 수도학원이라고 유명한 검정고시 학원을 한 달 다녔는데 노느라 진도를 못 따라갔죠. 학원에서 또래들이랑 친해져서 끝나면 같이 밥도 먹고 그러다 점심시간이 아닌데도 슬슬 나가 놀기 시작했어요. 같이 놀던 친구 중엔 학원을 여러 번 옮겨서 검정고시 학원 분위기에 빠삭한 애들도 있어요. 검정고시는 1~2년 준비하는 게 아니라 단기간에 빠짝 하기 때문에 한 번 진도를 놓치면 바로 아웃이거든요. 고1 과정만 열심히 하면 합격하는 시험인데 전 일주일에 8시간씩 납땜 배우는 학교에 다녔으니까요.

그때 평소 못 만나던 애들을 많이 만났죠. 원조교제하는 애들도 있고. 지금 생각하면 그때 엄청 심심했거든요. 2시에 학원 끝나면 도무지 할 일이 없어요. 학교 친구들은 같이 나이트라도 다니는 사이면 모를까 자퇴 전에도 굳이 방과 후에 만나지 않았는데 새삼 만날 이유가 없잖아요. 너무 심심해서 음악 하는 형들 집에 가서 자고, 게임하고, 초등학교 졸업앨범 주소록 보고 여자애들 집에 전화했다가 스토커냐는 소리나 듣고……. 너무 심심해서 미치겠고 사람이 고프니까 학원 친구들 사이에 껴서 커피숍 가서 놀고 그런 거예요.

검정고시 당일엔 PC방에서 밤새 게임하다가 비몽사몽 상태로 가서 졸다가 모르는 건 다 1번 찍었어요. 도시락 싸가야 하는 줄 몰랐는데 점심시간이 있는 거예요. 그래서 오전만 하고 집에 왔어요. 이듬해 다시 갔는데 그땐 잘못된 정보를 입수하는 바람에 한 과목 남기고 나와 버렸어요. 대입 검정고시를 통과해도 고등학교 안 나왔으면 공익근무인데 전 검정고시 보면 현역이 되는 줄 알았거든요.

○ 버클리 음대는 어떻게 됐어요?

검정고시도 합격 못한 채 엄마한테 유학 가겠다고 했어요. "네가 돈 벌어서 간다는 거 아니었냐?" 그러시는 거예요. 제 입장에선 완전 황당했죠. 그런 얘기는 자퇴 전에 하지. 중학교 때부터 용돈을 받아본 적이 없으니까 엄마는 당연히 내가 벌어서 갈 거라 생각했나 봐요. 그땐 친구들한테 게임CD 불법으로 구워 팔아서 돈을 벌었거든요. 그래도 유학까지는 너무 심하잖아요. 그 후로 버클리 간다는 생각은 한 번도 안 했어요.

○ 검정고시와 유학을 포기한 후에도 음향공부는 계속 했어요?

네. 음악동호회에 들었는데 그 동호회에서 벤처로 음향회사를 차렸어요. 거기 매일 죽치고 있었죠. 얻어먹기만 해도 욕 안 들을 나이니까 프로 엔지니어 형들 사이에서 놀면서 배우고, 얻어먹고, 얻어 자고, 일할 때 따라 나가서 조금씩 용돈도 받았어요. 당시 알바로는 컴퓨터를 팔았어요. 용산에서 부품을 딜러가에 받아다 주변에 팔고 전 10만원 정도 남기는 식이었죠. 조립도 해주고. 그렇게 지내다 얼마 안 가 하자센터를 알게 됐어요. 누나가 보는 여성잡지에 하자센터가 나왔는데 다른 건 모르겠고 인테리어가 예쁘더라고요. 벽이 노랑색, 주황색이고. '여기 센스 있네, 가봐야겠다' 생각하던 차에 한 달 1만6천원으로 음향을 공부할 수 있는 과정이 있기에 다니기 시작했죠.

○ **이미 프로들과 일을 하고 있어서 하자센터의 교육 수준이 성에 안 차거나 하진 않았어요? 게다가 하자센터 1기니까 체계가 안 잡혀 있었을 텐데요.**

다른 학원들과 다를 바 없는데 시립이라 학비가 쌌어요. 또래들과 놀고 싶기도 해서 간 거죠. 그땐 하자에 대안학교가 없었어요. 아직 청소년센터였죠. 거기서 한동안 놀다가, 직원분이 제가 음향을 했다는 걸 알고 하자센터 녹음실 인턴으로 일해보라고 했어요. 그래서 매일 출근하게 됐죠. 그땐 아이들이 그냥 죽치고서 뭔가를 배우거나, 영화를 만들거나, 각자 작업을 했어요. 나중에 그걸 체계화한 게 하자작업장학교죠. 학교가 생길 때 저를 비롯해 하자센터 다니던 학생 4~5명도 학교 만들기 프로젝트에 같이 참여했어요. 그렇게 3년 8개월 동안 하자센터를 다녔어요.

○ **하자센터 초창기는 대안학교가 흔치 않을 때라 선망의 대상이기도 했고, 자기주장 강한 아이들, 지식인 엘리트 집안 자제들이 가는 곳이란 선입견도 있었잖아요. 실제론 어땠어요?**

나도 좀 그랬으면 좋겠는데, 그런 분위기 아니라고 해도 아무도 안 믿어요. 다들 가난뱅이들이었어요. 교수 아들, 딸도 아니고. 살만해서 예술을 꿈꾸는 게 아니라 너무 못살거나 편치 않은 경험들이 많은 나머지 표현하고 싶은 게 많은 거였죠. 첫 입학생은 학교 생기기 전부터 하자에 죽치던 애들이라 다들 하고 싶은 게 분명했어요. 영화, 연극, 음악, 디자인 등. 그런데 다음부턴 그냥 학교 그만둔 애들이 오는 곳으로 변했어요. 이건 엄청난 차이예요. 학교 적응 못한다고 부모들이 보내서 오는 애들이 많으니까 학교에 '길찾기'라는 프로그램이 생겼어요. 처음엔 그게 필요 없었는데 말이죠. 2007년에 담임교사로 돌아가서 보니까 애들이 딱히 뭘 해야 할지 모르더라고요. 문제는, 뚜렷이 하고 싶은 게 없으면 못 버틴다는 거죠. 학교에 나올 이유도 없고.

○ 커리큘럼은 어땠어요?

하자는 교육 프로그램이 아니에요. 가르치는 게 아니라 계기를 제공해요. 공연을 준비한다든지, 음반을 만든다든지 하는 중에 수업이 있는 거죠. 예를 들어 힙합 수업은 일주일에 한 번이지만 매일 아무나 와서 랩을 해도 돼요. 일반학교 다니는 아이들도 올 수 있고요. 연습실과 녹음실이 있고, 축제들도 있고, 매달 하자센터 공연장에서 콘서트도 있었거든요. 그러니까 애들이 매달 공연을 하기 위해 연습을 했어요. 악기 수업과 밴드 프로젝트 수업을 듣고, 센터에서 만난 애들끼리 밴드 만들어서 매달 공연을 하는 거죠.

○ 문화기획도 하자센터에서 시작한 거예요?

처음 2년 정도 음향을 하다가 나중에 병행했어요. 하자에는 행사가 엄청 많거든요. 자체 행사, 하자에서 기획하는 서울시 행사, 시민의 날 행사 중 일부로 들어가는 것, 넥슨이랑 같이 했던 온라인 페스티벌……. 그런 행사에 음향으로 참여하다가 점점 분야가 넓어졌어요. 예를 들면 어떤 애가 미디어 퍼포먼스를 하자고 제안을 하면 제가 연출 부분까지 같이 얘기를 하는 거예요. 하자에서 외부 청소년들 모집해서 캠프를 가면 음향에 대해 얘기하다가 이런저런 기획이 필요하겠다 추가 의견을 내고, 그러다 보면 본의 아니게 제가 기획자가 되어 있고. 그러다 졸업할 때는 문화기획이 전공이 된 거죠.

○ 대부분 대안학교들이 공동체 중심인 것에 비해 하자작업장학교는 좀 더 개인적이라는 느낌이 들어요. 동기들끼리 친하게 지냈어요?

제가 이상했을 수도 있는데 전 안 그랬어요. 아무래도 작업장학교잖아요. 거긴 작업하고 일하면서 만나는 사이지 술 마시고 친해지는 관계는 아니란 암묵적인 뭔가가 있었어요. 그런 게 뭐 중요하냐, 작업 결과물을 잘 만드는 게 중요하지, 뭐 그런 분위기? 모두 그렇게 느꼈는지는 모르겠어요. 저도 대안학교 출신 친구들이 여럿 있거든요. 근데 하자는 굉장히 달라요. 기숙학교 출신들은 더 정이 있죠. 물론 하자 애들이라고 다 그런 건 아니에요. 제가 거길 다녀보고 교사도 해보니까 학기마다 애들이 너무 달라요. 뒤로 갈수록 공동체, 정 이런 게 점점 강해져요. 1999년, 2000년 아이들이 친구들과 어울리기보다 자기 작업에 충실했다면, 요즘 아이들은 내가 어떤 걸 하겠다는 건 사라지고 점점 친구들끼리 뭉쳐요. 내가 하고자 하는 게 흐려질수록 남과 잘 어울리게 되는 건 법칙 같아요.

◦ 하자작업장학교는 어떤 사람들에게 추천하고 싶어요?

노골적으로 말해 책을 읽은 애들이 오는 게 좋아요. 오토바이 좀 타다가 부모님이 "여기 가볼래?" 해서 오는 애들도 있는데 이 학교 스타일과 안 맞으면 3개월 이상 못 버텨요. 그럴 바엔 애초에 안 오는 게 낫죠.

◦ 하자작업장학교는 일반학교의 대안이라기보다 문화예술학교의 대안인 것 같군요.

그런 것 같아요. 뭘 할지 모르겠는 아이들이 와서 카메라를 들고 악기를 들고 그럴 수도 있고요.

◦ 사회에서 일을 하다보면 고등학교 중퇴 경력이 걸림돌이 될 때가 있지 않아요?

오히려 장점이었죠. 2003~2004년 무렵부터 탈학교 청소년이니, 대안학교가 어쩌니, 요즘은 외고 다니는 애들이 그만두네 말이 많아지면서 학교 안 다니는 애들이 오히려 엘리트가 되더라고요. 똑똑한 애들이 그만두는 거라고. 난 멍청해서 그만둔 건데 말이죠. 당시 자퇴한 애가 한 얘기인데, 학교 안 다니는 애는 엄청나게 똑똑하거나 그냥 멍청이래요. 적당히 똑똑한 애들은 학교 다니면서 할 거 다 한다고. 하자센터에도 자퇴 안 하고 교복 입고 와서 배울 거 배우고 가는 애들이 있거든요. 그런 애들이 똑똑한 거죠. 전 지금도 누가 학교 그만두겠다고 하면 권

자퇴할까 ♟ 학교에 남을까

장하지 않아요. 학교 다니면서 자기 할 거 다하는 게 똑똑한 거라고. 따로 검정고시 안 봐도 되지, 생각 바뀌면 딴 거 할 수도 있지, 대학 가고 싶으면 갈 수도 있지. 지금은 생각 없다고 하지만 밖에 나와서 영화를 만들어보니 영화과 가고 싶더라, 그럴 수도 있거든요.

○ 하자 졸업 후엔 어떻게 살았어요?

하자 있을 때랑 비슷했어요. 프로젝트성 문화기획을 했어요. 공연, 캠프 등. 그러다가 23살 때 그만뒀어요. 당시 문예진흥기금 받아서 오지에 가서 콘서트를 해주는 일을 했어요. 취지는 좋았지만 방송국 온다고 구색 맞추기 위해 주민들에게 이거 해 달라 저거 해 달라 못살게 구는 경우도 있었고, 이거 한 번 한다고 그 사람들 삶이 달라지나 싶고, 매일 컴퓨터 앞에 앉아 밤 새는데 그럼 내가 희생한 만큼 누군가는 좋아야 하는데 대체 누가 좋은 건지 모르겠고, 그렇다고 내가 돈을 많이 버는 것도 아니고⋯⋯ 그런 생각 하다가 "에잇 나 안해!" 그래버린 거죠.

다시 문화기획 일을 안 하기로 하고 미국으로 뜨려고 비자를 신청했어요. 사람들한테 언제 들어올지 모른다며 작별인사까지 다 했어요. 그런데 비자면접 보기 전에 친구랑 연대 학생회관에서 밥을 먹고 나오는데 국제자원활동 포스터가 보이는 거예요. "저기에 가야겠다." 느낌이 팍 왔어요. 인도와 필리핀을 가는 거고, 그날이 마감이었어요. 참가비가 130만원인가? 모아둔 돈도 없지만 바로 신청을 했죠. 문경 정토원에서 사전교육을 받았는데 그때 느낌이 너무 좋아서 정토불교대학에도 입학신청서를 바로 냈어요. 그때부터 인도, 필리핀, 중국, 일본, 러시아 등지로 자원활동 다니고, 그러려면 돈이 필요하니까 한국 들어오면 돈 벌고, 불교대학이나 절에 가서 수련하면서 3년을 지냈어요.

○ 돈 때문에 하고 싶은 걸 못한 적은 없어요? 혹은 그렇게 될까봐 조조하다 거나?

해외를 많이 다니면서 배운 건데, 하고 싶은 걸 하면 돈은 생겨요. 빌리든 달라고 하든. 예를 들어 인도에 처음 갈 때 돈이 없었어요. 그래서 머리를 썼죠. 80명이 같이 가는데 완전 오지기 때문에 등산복, 침낭 같은 장비가 필요했어요. 시장조사를 다 해본 다음 게시판에 공동구매를 제안했어요. 제가 조사를 아주 치밀하게 하거든요. 1백~2백만원어치 주문이 들어왔어요. 그들은 저한테 현찰을 줬어요. 전 누나 카드를 빌려서 3개월 무이자로 긁고요. 현찰 받은 걸로 신청비를 내고, 카드 값은 인도 갔다 와서 회사에 다시 들어가 번 돈으로 메웠죠.

여름에 또 인도를 갔는데 그땐 빌려서 갔어요. 그 다음 겨울에 갈 땐 빚은 다 갚았지만 더 이상 빌릴 수가 없었어요. 그래서 중학교 때부터 사용한 이메일 계정에서 보낸 사람, 받은 사람을 다 모았어요. 1천명 정도 됐어요. 그들에게 이메일을 보냈죠. '나는 이제 긴급구호가 되는 게 꿈이다. 이런 활동들을 했다.' 그 밑에 사진도 넣었어요. '지금 또 어딜 간다. 이런 활동을 하려고 가는 거다. 나한테 밥 사줄 사람은 5천원, 술 사줄 사람은 1만원 이상, 나를 후원해 줄 사람은 5만원 보내라.' 그랬더니 3백만원 정도 모금이 됐어요. 1천명 중 50명쯤 답장이 왔고, 그 중 돈을 보낸 사람은 20~30명이었어요. 10만원~20만원씩 보낸 사람도 있고.

○ **스물여덟 살에 검정고시를 본 이유는 뭐예요?**

대학 가려고요. 졸업장 없어도 사는 데 지장은 없죠. 근데 공익근무 2년이 너무 아까운 거예요. 일도 못하는데 쉬는 김에 사이버대학이라도 가려고 했죠. 작년에 사이버 외대 영어학부 갔다가 얼마 전 자퇴했어요. 실용음악과로 바꾸려고요.

○ **'이대로 있으면 내 꿈에서 멀어질 거야. 자퇴를 해버릴까? 근데 만일 국영수 안 하고 딴 길을 팠다가 실패하면 어떡하지? 그럼 다른 애들처럼 대학도 못 가고 취업도 못할 텐데. 일단 대학에 들어갈까?' 많은 청소년이 이런 고민을 해요. 그들에게 조언을 한다면?**

"그때까지 망설이면 너는 그냥 X되는 거야! 대학 다녔어, 취업도 잘했어, 그래봤자 넌 망할 거야! 이건 확실해. '내가 공장의 부속처럼 뭐하는 거지? 난 원래 딴 걸 하고 싶었는데'라는 생각이 들어서 서른다섯 살에 회사 때려 치고 피아노 학원 등록할 거라고!" 이렇게 말해주고 싶네요. 뭐 안 그럴 수도 있지만, 하고 싶은 일이 따로 있으면 삼성에 취업해서 월급 5백만원을 받아도 그 답답함이 해결되지 않을 거예요.

전 초등학교 때 드럼을 치려다 반대에 부딪쳐 음향을 시작했고, 하다

보니 문화기획을 하게 됐고, 여러 가지 다른 일을 하다가 결국 퍼커션을 치잖아요. 진짜 하고 싶었던 건 음악인데 돌아온 거죠. 정말 하고 싶은데 못하면 뭔가가 계속 남는 거예요. 그러니까 빨리 하는 게 좋죠. 전 이제 음악을 해도 성공할 확률은 많지 않아요. 이제 아이돌도 끝났어요. 좀 있으면 중년이죠. 그걸 떠나 초등학교 때부터 드럼을 친 애랑 뒤늦게 시작한 저랑은 비교가 안 돼요. 연주는 특히 시간이 증명하는 것이거든요. 그런 면에서도 일찍 시작하는 게 좋아요. 이런 사실을 알면서도 전 음악계의 중심에 안 가봤으니까 계속 미련이 남죠. 그냥 이런 사실을 모른 체 하면서 음악을 하는 거예요.

o 자퇴하고 나온 후에 잘 살아가려면 어떻게 해야 할까요?

끊임없이 배워야죠. 내가 하는 일은 계속 변하고, 직업도 마찬가지예요. 지금은 이 일을 하고 있지만 10년 뒤엔 딴 걸 할 수도 있죠. 그러니까 기술을 배우는 건 중요하지 않아요. 어떤 방식으로, 어떤 생각으로 결정할 것인가 하는 삶의 철학과 가치관이 우선이죠. 철학과 가치관은 그냥 생기는 게 아니라 오히려 공부하고 배워야 하는 것 같아요. 제 경우는 욕심 없이 사는 법을 배우는 게 가장 좋다고 봐요.

서울시 청소년 공간 | 어디서 놀고 배우고 쉴까?

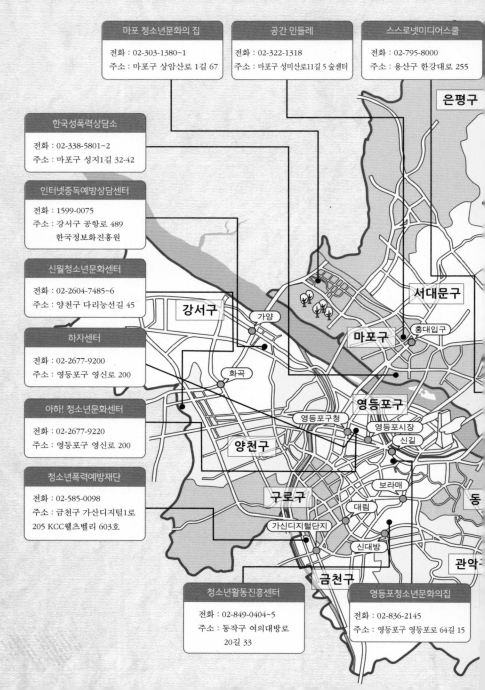

마포 청소년문화의 집
전화 : 02-303-1380~1
주소 : 마포구 상암산로 1길 67

공간 민들레
전화 : 02-322-1318
주소 : 마포구 성미산로11길 5 숲센터

스스로넷미디어스쿨
전화 : 02-795-8000
주소 : 용산구 한강대로 255

한국성폭력상담소
전화 : 02-338-5801~2
주소 : 마포구 성지1길 32-42

인터넷중독예방상담센터
전화 : 1599-0075
주소 : 강서구 공항로 489
　　　한국정보화진흥원

신월청소년문화센터
전화 : 02-2604-7485~6
주소 : 양천구 다리능선길 45

하자센터
전화 : 02-2677-9200
주소 : 영등포구 영신로 200

아하! 청소년문화센터
전화 : 02-2677-9220
주소 : 영등포구 영신로 200

청소년폭력예방재단
전화 : 02-585-0098
주소 : 금천구 가산디지털1로
205 KCC웰츠벨리 603호

청소년활동진흥센터
전화 : 02-849-0404~5
주소 : 동작구 여의대방로
20길 33

영등포청소년문화의집
전화 : 02-836-2145
주소 : 영등포구 영등포로 64길 15

은평구
서대문구
강서구
가양
마포구
홍대입구
화곡
영등포구
영등포구청
영등포시장
신길
양천구
보라매
구로구
대림
가산디지털단지
신대방
관악
금천구
동

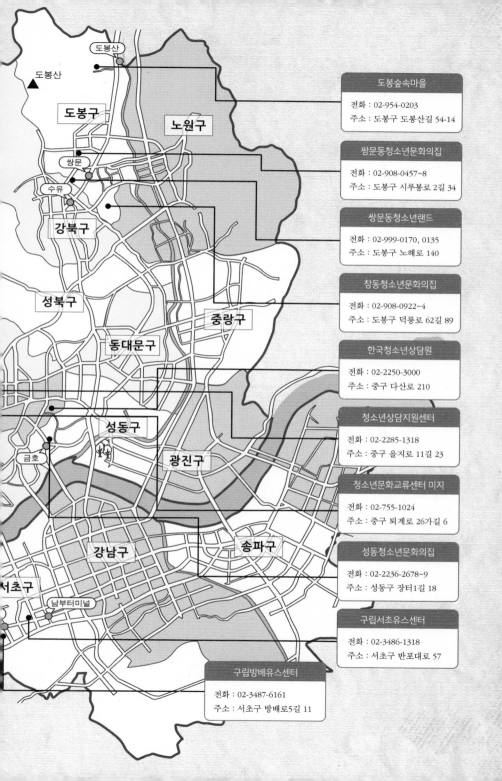

도봉숲속마을
전화 : 02-954-0203
주소 : 도봉구 도봉산길 54-14

쌍문동청소년문화의집
전화 : 02-908-0457~8
주소 : 도봉구 시루봉로 2길 34

쌍문동청소년랜드
전화 : 02-999-0170, 0135
주소 : 도봉구 노해로 140

창동청소년문화의집
전화 : 02-908-0922~4
주소 : 도봉구 덕릉로 62길 89

한국청소년상담원
전화 : 02-2250-3000
주소 : 중구 다산로 210

청소년상담지원센터
전화 : 02-2285-1318
주소 : 중구 을지로 11길 23

청소년문화교류센터 미지
전화 : 02-755-1024
주소 : 중구 퇴계로 26가길 6

성동청소년문화의집
전화 : 02-2236-2678~9
주소 : 성동구 장터1길 18

구립서초유스센터
전화 : 02-3486-1318
주소 : 서초구 반포대로 57

구립방배유스센터
전화 : 02-3487-6161
주소 : 서초구 방배로5길 11

학교 밖 청소년들을 위한 공간

| 문화교육센터 |

• 마포청소년문화의집

www.mycc.or.kr | 02-303-1380~1 | 서울시 마포구 상암산로 1길 67

명지전문대학에서 위탁 운영. 청소년 상담, 다문화 이해 체험활동, 교육 및 스포츠 문화 프로그램, 독서 · 영화감상 · 놀이문화 체험을 위한 공간 제공.

• 성동청소년문화의집

www.sungdongyc.or.kr | 02-2236-2678~9 | 서울시 성동구 장터1길 18 성동청소년문화의집

서울YWCA가 위탁 운영. 동아리 활동, 경제 · 금융교육, 환경교육, 청소년 방과후아카데미 개설. 독서실과 북카페 이용 가능.

• 영등포청소년문화의집

www.ssoul.org | 02-836-2145 | 서울시 영등포구 영등포로 64길 15

독서실, 유스카페, 동아리방, 사랑방, 인터넷 미디어실, 음악연습실, 공연연습실 구비. 청소년 문화캠프, 청소년예술문화학교(실용음악과 보컬반, 실용음악과 밴드부, 힙합댄스과, 방송영상과), 사회교육강좌 운영.

• 신월청소년문화센터

www.swyouth.or.kr | 02-2604-7485~6 | 서울시 양천구 가로공원로 86

(재)한국천주교살레시오수녀회가 위탁 운영. 보드게임, 도서, 포켓볼, 노래방이 갖춰진 유스존을 비롯해 미디어카페 등 다양한 시설 이용 가능. 방과후 취미활동, 직업체험, 영상활동, 각종 여행 · 캠프활동 지원.

- **쌍문동청소년랜드**

  www.youthland.net | 02-999-0170, 0135 | 서울시 도봉구 노해로 140

  취미생활, 학습능력 향상을 위한 교육 프로그램과 사회교육 프로그램 운영, 야외활동 개설. 인
  터넷 부스, 독서실, 도서관 음악연습실, 창작공방 등 시설 제공.

- **쌍문동청소년랜드**

  www.smy.or.kr | 02-908-0457~8 | 서울시 도봉구 시루봉로 2길 34

  사회교육 프로그램, 가족영화관(매주 토요일), 장애 청소년 활동, 방학기간 중 캠프, 동아리 활
  동 등 운영. 창작공방, 공연연습실, 음악연습실, 비디오 부스 등의 시설 제공.

- **창동청소년문화의집**

  www.dazzl.or.kr | 02-908-0922~4 | 서울시 도봉구 덕릉로 62길 89

  한국청소년연맹(아람단, 누리단, 한별단)이 수탁 운영. 생활체육, 사회교육, 천문교육 프로그램
  운영. 동아리 활동 지원. 구비 시설은 천문대, 인터넷 카페, 동아리실, 노래방, 공연연습실, 어
  학실, 농구장 등.

- **도봉숲속마을**

  www.forestville.co.kr | 02-954-0203 | 서울시 도봉구 도봉산길 54-14

  청소년 체험활동 전문기관. 도봉산에서 진행되는 자연 생태 프로그램, 환경 프로그램, 서브웨이
  문화탐방, 리더십 프로그램 등 개설. 당일형과 숙박형이 있다.

- **서울청소년문화교류센터 미지**

  www.mizy.net | 02-755-1024 | 서울시 중구 퇴계로 26가길 6

  서울시의 위탁을 받아 유네스코한국위원회에서 운영 중. 만 9세부터 만 24세까지의 청소년들이
  자유롭고 편안하게 즐길 수 있게 마련된 공간. 국내외 잡지와 정기간행물, DVD 자료, 보드게
  임, 모임터 제공.

- **청소년미디어센터 스스로넷**

  www.ssro.net | 02-795-8000 | 서울시 용산구 한강대로 255

  미디어를 통한 교육과 놀이를 할 수 있는 곳. 미디어 제작 체험, 영상캠프, 미디어 아카데미, 미디어 중독 예방센터, 스스로넷 동아리 운영. 영상 창작에 필요한 미디어 장비와 시설 대여.

- **청소년활동진흥센터**

  www.sy0404.or.kr | 02-849-0404~5 | 서울시 동작구 여의대방로 20길 33

  봉사활동에 관심 있는 청소년들이 주목할 만한 곳. 해외봉사 및 국제활동, 특성화 동아리 지원, 소외 청소년 멘토링 활동, 시청각 교육자료 제공.

- **구립서초유스센터**

  www.scy.or.kr | 02-3486-1318 | 서울시 서초구 반포대로 57

  외국어 · 음악 · 스포츠 강좌, 초등학교 대안교실, 해외캠프, 심리검사, 집단 상담 운영.

- **구립방배유스센터**

  www.bb1318.com | 02-3487-6161 | 서울시 서초구 방배로5길 11

  청소년 독서실, 청소년 상담, 봉사활동 연계, 동아리 지원, 국제교류 캠프, 독서논술 · 외국어 · 음악 · 창의력 수학 · 미술 등 다양한 강좌 개설.

- **중구청소년문화의집**

  www.purun1318.org | 051-247-8425 | 부산시 중구 보수대로 124번길 24-2

  재단법인 내원 청소년단이 부산시 중구 지역 청소년을 위해 위탁 운영하는 문화공간. 도서관, 인터넷 부스, A/V 감상실, 창작공방, 동아리방 구비. 문화교실, 전통체험 프로그램 등 진행.

- **늘함께청소년성문화센터**

  www.say2008.or.kr | 051-558-1224~5 | 부산시 동래구 충렬대로 171 율곡빌딩

자궁방, 임신체험복, 신생아 안아보기 등 체험 위주의 성교육 문화공간. 청소년 성 상담, 청소년 학교 및 캠프, 청소년 성문화 페스티벌 및 캠페인 운영.

- **남구청소년미디어센터**

  www.camf.or.kr | 032-880-4897~9 | 인천시 남구 주안로 82 청소년미디어센터
  인천시 남구에서 운영하는 미디어 전문시설. 방송, 영화, 디자인 만화 등 청소년들의 미디어 활동 지원. 미디어를 활용한 논술, 예술 활동 등 다양한 교육 프로그램 구성.

- **평택시청소년문화센터**

  www.ptycc.or.kr | 031-654-5400 | 경기도 평택시 평남로 616
  일일체험, 청소년 리더십 아카데미, 청소년 해외 문화탐방, 상설공연, 청소년 자치활동 등. 시설로는 탁구실, 당구실, 무용연습실, 북카페, 시청각실, 영상편집실, 미용실, 양재실, 요리실, 치과진료실 등이 있다.

| 상담센터 |

- **서울특별시 청소년상담지원센터**

  www.teen1318.or.kr | 02-2285-1318 | 서울시 중구 을지로 11길 23
  개인 상담, 집단 상담, 전화 상담, 사이버 상담, 심리검사, 취약계층 청소년 자립 지원, 위기 청소년 긴급구조 및 서비스 지원, 일시보호소 운영.

- **아하! 청소년성문화센터**

  www.ahacenter.kr | 02-2677-9220 | 서울시 영등포구 영신로 200

YMCA가 서울시의 지원을 받아 운영하는 청소년 성교육 상담 전문기관. 섹슈얼리티 체험관 성교육, 개인 상담, 응급지원 상담, 성교육 워크숍, 십대 성문화운동활동가 워크숍, 성교육 캠프, 성문화 축제 등.

• 한국청소년상담원

www.kyci.or.kr l 02-2250-3000 l 서울시 중구 다산로 210 홍진빌딩
심리검사, 전화 상담, 사이버 상담, 개인 상담, 집단 상담, 인터넷 중독 상담 · 치료, 학업중단 청소년을 위한 학습 지원, 취약계층 자립 지원, 청소년들이 다른 또래의 문제 해결을 돕는 솔리언또래상담 등.

• 인터넷중독예방상담센터

www.iapc.or.kr l 1599-0075 l 서울시 강서구 공항로 489 한국정보화진흥원
인터넷 중독의 해소를 위해 예방-상담-치료-재활을 종합적으로 지원. 전화, 사이버, 센터내방, 가정방문 상담 제공.

• 청소년폭력예방재단

www.jikim.net l 02-585-0098 l 서울시 금천구 가산디지털1로 205 KCC웰츠벨리 603호
전화 상담, 사이버 상담, 면접 상담, 중재 상담, 심리검사 상담, 무료법률 상담 등. 친구 사귀기 캠프, 대인관계 향상 프로그램 운영.

• 한국성폭력상담소

www.sisters.or.kr l 02-338-5801~2, 3562 l 서울시 마포구 성지1길 32-42
전화 상담, 면접 상담. 전화 상담은 월~금 10:00~17:00

• 근로청소년복지관

www.boram.or.kr l 02-898-4944 l 경기도 광명시 오리로 784

자퇴할까 학교에 남을까

심리검사, 사이버 상담, 개인 상담, 집단 상담, 테마 별 직업체험 프로그램, 자원봉사학교, 청소년 성교육, 문화체험활동.

- **경기도청소년상담지원센터**

  www.hi1318.or.kr | 031-248-1318 | 경기도 수원시 장안구 송원로 55 행정동우회관 1층
  학교폭력 신고, 근로권 침해 신고, 위기 청소년 상담, 인터넷 중독 상담 및 치료 심리검사.

※ 1388 청소년 전화 – 국번 없이 1388(휴대폰은 지역번호+1388)

  24시간 청소년 상담, 심리 상담, 인권 상담, 구조 요청, 신고

| 청소년 쉼터 |

- **강남구청소년쉼터**

  www.ts7942.or.kr | 02-512-7942~3 | 서울시 강남구 광평로 185 태화기독교사회복지관 6층
  10~19세 남자 청소년(정원 15명), 보호기간 1일~6개월

- **강서청소년쉼터**

  www.ishelter.or.kr | 02-2697-7377 | 서울시 강서구 초록마을로 10길 201호
  9~19세 남자 청소년(정원 10명), 보호기간 3개월(1회에 한하여 연장 가능)

- **노원구청소년쉼터**

  www.nowonshelter.net | 02-948-2664 |
  서울시 노원구 공릉로 59 나길 6 삼성시티빌 103동 205호
  9~19세 여자 청소년. 일시보호 1개월 이내, 단기보호 3개월 이내. 가정 복귀가 가능한
  청소년에 한해 기간 연장하거나 다른 기관으로 연계.

- **금천청소년쉼터**

  www.youthzone.or.kr | 02-3281-8200 | 서울시 금천구 가산디지털1로 118
  9~24세 여자 청소년(정원 20명), 보호기간 단기

- **안젤라의 집**

  http://cafe.daum.net/goodangela | 02-916-8778 | 서울시 성북구 장위로 32길 11
  9~24세 여자 청소년, 보호기간 1개월~24개월

- **서울YMCA청소년쉼터 청소년누리로 통합**

  www.nuryworld.kr | 02-3142-1318~9 02-718-1318 | 서울시 용산구 만리재로 156-1
  12~19세 여자 청소년(정원 10명)

- **유프라시아의 집**

  http://cafe.daum.net/uprgs | 02-2614-5808 |
  서울시 구로구 개봉로 11길 17-14 착한목자센타
  10대 가출 청소년들을 위한 공간. 숙식, 의료, 교육, 상담 서비스 제공.

- **성심디딤돌청소년쉼터**

  www.ssdidimdol.org | 02-2688-1318~9 | 서울시 구로구 경인로9길 16
  16~19세 여자 청소년(정원 7명). 보호기간 6개월에서 자립 준비가 될 때까지.

- **애란원**

  www.aeranwon.org | 02-363-4750 | 서울시 서대문구 연대동문길 138

  호적상 미혼인 임산부, 출산 후 만 6개월 미만의 청소년 및 여성. 보호기간 1년(필요한 경후 상담 후 1년까지 연장 가능). 단, 양육모자는 아이가 100일이 되면 미혼모자 공동생활가정으로 이사.

- **구세군두리홈(서울 여자관)**

  www.sawoman.or.kr | 02-363-5722 | 서울시 서대문구 독립문로8길 41

  임신한 미혼모들 누구나. 보호기간 1년(필요한 경우 상담 후 6개월 연장 가능). 구세군 미혼모자 공동생활가정 '디딤돌' 연계.

- **서울특별시 청소년일시쉼터**

  www.nuryworld.kr | 02-718-1318 | 서울시 용산구 만리재로 156-1

  9~24세 남녀 청소년. 미성년자 및 위기 청소년 우선 이용.

- **부천모퉁이쉼터**

  motungii.bucheon4u.kr www.motungii.or.kr | 032-343-1880 |

  경기 부천시 원미구 부일로 763번길 16-23

  9~24세 여자 청소년. 보호기간 3개월(사례판정회의를 거쳐 최대 6개월까지 연장 가능)

- **부산광역시 여자단기청소년쉼터**

  www.shelter1004.org | 051-756-0924 | 부산시 수영구 광인해변로 255번길 58

  9~24세 여자 청소년

* 그 밖의 전국 청소년 쉼터 정보는 한국청소년쉼터협의회(www.jikimi.or.kr) 참조.

| 참고문헌 |

- 21세기재테크연구소, 『2011년 도전해 볼만한 이색직업』, 큰방, 2011
- 가야마 리카, 『십대답게 생각하라』, 눈과마음, 2010
- 고글리, 『로드스쿨러』, 또하나의문화, 2009
- 김종우·유은희, 『우리 집 아이들은 학교에 안 가요』, (재)대화문화아카데미, 2003
- 남성현, 『꿈은 이루어진다』, 신진리탐구, 2009
- 레이 볼만, 『홈스쿨링』, 규장, 2003
- 매트 헌, 『학교를 버려라』, 나무심는사람, 2004
- 메리 그리피스, 『홈스쿨링 우리는 이렇게 하고 있어요』, 미래의창, 2001
- 민들레 편집실, 『대안학교 길라잡이』, 민들레, 2010
- 민들레 편집실, 『홈스쿨링, 오래된 미래』, 민들레, 2003
- 박용규, 『직업을 알면 진로가 보인다』, 생활지혜사, 2002
- 박은몽, 『자퇴선언』, 살림friends, 2010
- 신규진, 『자퇴 상담: 학교를 떠나는 아이들』, 우리교육, 2009
- 양희규, 『꿈꾸는 간디학교 아이들』, 가야북스, 2005
- 여태전, 『간디학교의 행복 찾기』, 우리교육, 2004
- 윤구병·김미선, 『변산공동체학교: 어제, 오늘 그리고 내일』, 보리, 2008
- 이병한·김영순, 『대안교육의 실천과 모색』, 학지사, 2008
- 이보라, 『길은 학교다: 열여덟 살 보라의 로드스쿨링』, 한겨레출판, 2009
- 전효관·김희옥·최수정, 『놀자! 하자: 프로젝트로 말하는 하자센터 이야기』, 또하나의문화, 2002
- 조한혜정 외, 『가족에서 학교로 학교에서 마을로: 돌봄과 배움의 공동체』, 또하나의문화, 2006
- 탈학교모임친구들, 『자퇴일기』, 민들레, 1999
- 학벌없는사회, 『학교를 버리고 시장을 떠나라』, 메이데이, 2010
- 한주미, 『노래하는 나무: 발도르프 학교에서 나의 체험 이야기』, 민들레, 2001
- 서울시대안교육센터, 『서울은 즐거운 학교다』
- 서울시대안교육센터, 『작은 학교 큰 그림: 2009 서울시대안교육센터 네트워크학교 안내서』
- 격월간 대안교육 잡지 『민들레』
- 시사 주간지 『시사in』 109호
- 교육인적자원부, 『대안교육백서 1997~2007』
- 교육통계서비스 cesi.kedi.re.kr

자퇴할까 학교에 남을까

자퇴를 고민하는 학생 그리고 교사,
학부모를 위한 가이드

초 판 1쇄 | 2011년 7월 19일

개정판 1쇄 | 2015년 5월 11일

지은이 | 신민경, 이숙명

기 획 | 김봉석

편 집 | 김재범, 민소연

디자인 | 김남영

펴낸이 | 강완구

펴낸곳 | 도서출판 써네스트

출판등록 | 2005년 7월 13일 제313-2005-000149호

주 소 | 서울시 마포구 양화로 156, 925

전 화 | 02-332-9384   **팩 스** | 0303-0006-9384

이메일 | sunestbooks@yahoo.co.kr

ISBN 979-11-86430-01-9 (03370) 값 16,000원

*이 책은 〈자퇴 매뉴얼〉의 개정판 입니다.

정성을 다해 만들었습니다만, 간혹 잘못된 책이 있습니다.
연락주시면 바꾸어 드리겠습니다.

이 도서의 국립중앙도서관 출판시도서목록(CIP)은 서지정보유통지원시스템 홈페이지(http://seoji.nl.go.kr)와 국가
자료공동목록시스템(http://www.nl.go.kr/kolisnet)에서 이용하실 수 있습니다. (CIP제어번호 : CIP2015011574)